■ 普通高等学校新商科复合型人才培养融媒体精品教材

税收原理与筹划实务

主　编 ◎ 徐江琴
副主编 ◎ 鄢圣鹏

THE PRINCIPLES OF
TAXATION AND TAX PLANNING

华中科技大学出版社
http://press.hust.edu.cn
中国·武汉

内 容 提 要

本书是一本关于税收筹划课程的应用型教材,将税收原理与筹划实务结合起来,帮助学生系统掌握税收筹划实务技能。第一至三章是税收原理部分,主要介绍税收的逻辑起点,如税收与公共商品的关系、税收原则、税收负担、税制结构、税收与效率、税收公平与税负归宿等。第四至八章是税收筹划实务部分,分别介绍税收筹划理论、增值税税收筹划、消费税税收筹划、企业所得税税收筹划和土地增值税税收筹划等。本书案例丰富,适合财会专业的学生使用。

图书在版编目(CIP)数据

税收原理与筹划实务/徐江琴主编. —武汉:华中科技大学出版社,2024.5
普通高等学校新商科复合型人才培养融媒体精品教材
ISBN 978-7-5772-0804-6

Ⅰ.①税… Ⅱ.①徐… Ⅲ.①税收理论-高等学校-教材 ②税收筹划-高等学校-教材 Ⅳ.①F810.42

中国国家版本馆 CIP 数据核字(2024)第 096858 号

税收原理与筹划实务
Shuishou Yuanli yu Chouhua Shiwu

徐江琴　主编

策划编辑:周晓方　宋　焱　庞北麟
责任编辑:董　雪　庞北麟
封面设计:廖亚萍
责任校对:张汇娟
责任监印:周治超

出版发行:华中科技大学出版社(中国•武汉)	电话:(027)81321913
武汉市东湖新技术开发区华工科技园	邮编:430223

录　　排:华中科技大学惠友文印中心
印　　刷:武汉市籍缘印刷厂
开　　本:787mm×1092mm　1/16
印　　张:12.25
字　　数:305 千字
版　　次:2024 年 5 月第 1 版第 1 次印刷
定　　价:49.90 元

本书若有印装质量问题,请向出版社营销中心调换
全国免费服务热线:400-6679-118　竭诚为您服务
版权所有　侵权必究

前言
Preface

  会计专业硕士的培养目标强调学生应系统掌握会计基础理论、专业知识和职业技能,具有较强的发现、分析和解决实际会计问题的能力。随着人工智能等新技术的兴起与应用,市场越来越看重具备战略眼光、善于分析和解决问题的高端会计人才,而那些只掌握基础会计处理技术的从业人员极有可能被人工智能取代。在这样的时代背景下,对会计专业硕士学生的理论素养和战略眼光的培养至关重要,这既是适应行业发展的现实需要,也是专业培养目标的要求。高校会计专业硕士人才培养必须适应这一变化,从只重视学生硬能力的培养转变到硬能力、软能力同时培养方面来。因此,会计专业硕士学生在会计课程学习过程中,不仅需要熟练掌握税收筹划等实务知识,也需要掌握税收原理等理论知识,从而夯实理论基础,提升分析问题和解决问题的能力。目前,会计专业硕士课程多讲授税法等实务知识,较少涉及税收原理等理论内容。正是在这样的背景下,本书将从理论和实务两个方面系统地为读者梳理税收相关知识。

  本书将税收原理和筹划实务相统一。第一至三章是税收原理部分,主要介绍税收的逻辑起点,如税收与公共商品的关系、税收原则、税收负担、税制结构、税收与效率、税收公平与税负归宿等。第四至八章是税收筹划实务部分,分别介绍税收筹划理论、增值税税收筹划、消费税税收筹划、企业所得税税收筹划和土地增值税税收筹划等。

  本书的特色主要体现在以下三个方面。

  一是具有理论特色。现有税收筹划教材鲜少涉及税收原理方面的模型与税制设计相关内容,而会计专业硕士课程体系中通常也没有税收理论相关的课程,因此本书可以帮助学生弥补理论知识的不足,加深学生对基本原理的理解和掌握。

二是体现课程思政要求。现有的税收理论主要源于西方经济学,但是一个国家的税收制度通常具有自身鲜明的属性。本书强调我国税制设计"取之于民,用之于民"的思想,从而彰显制度自信,体现民生为本。

三是选用案例丰富。税收筹划实务部分每章选用多个经典案例,通过对案例的分析和解读,让学生深入领会税收筹划的技巧与方法。

本书主要适合于财会专业的学生使用,尤其适用于研究生阶段与税收相关的课程的教学,也适合想提升自我、有一定经济学和财政学基础的财会人员阅读。

本书是笔者在湖北大学多年教授税收筹划课程的阶段性总结。感谢北京物资学院鄢圣鹏老师对理论部分重要内容的撰写和统稿,感谢我的研究生帮忙整理资料和画图以及所做的其他诸多辅助工作,感谢华中科技大学出版社庹编辑的耐心和帮助。

本书在 2023 年 12 月完成初稿,疏漏和不妥之处在所难免,欢迎读者批评指正!

徐江琴

2024 年 3 月 24 日于湖大琴园

目录 Contents

第一章 税收基本概念 / 1
- / 1 第一节 税收的逻辑起点
- / 7 第二节 税收的定义与分类
- / 10 第三节 税制要素

第二章 税收效率与公平 / 17
- / 18 第一节 税收公平与税负归宿
- / 20 第二节 税收公平的局部均衡分析
- / 30 第三节 税收效率与超额负担
- / 35 第四节 超额负担的衡量

第三章 税收制度选择理论 / 43
- / 43 第一节 税制设计理论
- / 46 第二节 最适课税理论
- / 48 第三节 最适商品税
- / 53 第四节 最适所得税
- / 57 第五节 税收制度选择理论的比较

第四章 税收筹划概述 / 61
- / 61 第一节 税收筹划的含义
- / 66 第二节 税收筹划的相关理论
- / 69 第三节 税收筹划的目标与原则
- / 72 第四节 税收筹划的主要方法

第五章　增值税税收筹划

- /81　第一节　增值税筹划的概念
- /86　第二节　有关增值税纳税人的税收筹划
- /91　第三节　有关增值税计税依据的税收筹划
- /102　第四节　增值税税率的税收筹划
- /107　第五节　增值税减免的税收筹划
- /111　第六节　增值税出口退税的税收筹划

第六章　消费税税收筹划

- /116　第一节　消费税税收筹划的概念及原理
- /122　第二节　消费税纳税人的税收筹划
- /123　第三节　消费税计税依据的税收筹划
- /127　第四节　消费税税率的税收筹划
- /132　第五节　消费税纳税时间的税收筹划

第七章　企业所得税税收筹划

- /136　第一节　企业所得税税收筹划的概念及必要性
- /139　第二节　企业所得税纳税人的税收筹划
- /143　第三节　企业所得税计税依据的税收筹划
- /150　第四节　企业所得税税率的税收筹划
- /155　第五节　企业所得税优惠政策的税收筹划
- /160　第六节　企业所得税纳税时间的税收筹划
- /161　第七节　合并分立与资产重组的税收筹划

第八章　土地增值税税收筹划

- /168　第一节　土地增值税税收筹划的概念
- /174　第二节　利用分散收入进行税收筹划
- /176　第三节　适度加大建造成本进行税收筹划
- /178　第四节　利用费用转移进行税收筹划
- /179　第五节　利用利息支出进行税收筹划
- /180　第六节　利用征免税规定进行税收筹划
- /182　第七节　利用"起征点"优惠进行税收筹划
- /186　第八节　利用公共配套设施进行税收筹划

第一章 税收基本概念

本章是税收原理部分的基础章节。首先从理论上阐明了税收的逻辑起点,基于税收与公共商品、税收与垄断、税收与外部性、税收与信息不对称这四对关系,对税收基本原理加以论述。其次介绍了税收的定义、分类,以及税收的属性。最后重点介绍了税制要素的相关内容,如对不同类型税率的累进性和累退性进行理论分析,并对税制与税法的关系作简要介绍。通过本章学习,读者可以对税收相关概念和理论有基本认识。

第一节 税收的逻辑起点

正确的税收观念是一个国家建立有效税制的基础。要想全面、准确地理解什么是税收,就应从理解税收的逻辑起点开始。税收是伴随着国家的出现而产生的古老范畴,要想厘清税收的逻辑起点,必须先了解国家机器的存在需要什么来维系。马克思说:"捐税体现着表现在经济上的国家存在。官吏和僧侣、士兵和舞蹈女演员、教师和警察、希腊式的博物馆和哥特式的尖塔、王室费用和官阶表,这一切童话般的存在物于胚胎时期就已安睡在一个共同的种子——捐税之中了。"[1]由此可见税收的重要性。本节将主要从税收与公共商品的关系、税收与垄断的关系、税收与外部性的关系,以及税收与信息不对称的关系四个方面探讨税收在理论上存在的必要性。

一、税收与公共商品

(一)国家需要与公共商品

无论国家通过什么途径建立,其一旦建立就同时存在两方面的需要:一是一部分人会脱

---

[1] 马克思.道德化的批判和批判化的道德[M]//马克思,恩格斯.马克思恩格斯全集:第4卷.北京:人民出版社,1958:341.

离生产领域,进入国家公共部门从事公共事务管理,而这部分人的生存需要必须得到保障;二是全体国民存在共同需求,如为防止或抵抗外来侵犯采取一些武装措施,为维系共同信仰进行祭祀等。以上这些可以笼统地称为国家需要。

公共商品(public goods)就是满足上述国家需要从而维持国家机器运转的商品。公共商品的含义是与私人商品(private goods)相对的。从理论上说,此种性质的商品(包括无形的商品、劳务)能够使消费者获得的利益和好处在消费情境中拥有非竞争性和非排他性的特点。其中非竞争性(nonrival)是指商品能够由两个及以上消费者分享,并且其他消费者所分享的商品数量并不会因此变少,即个体消费某一种类商品的行为并不会影响其他个体消费同一种类商品,并且社会系统向其他个体消费者分配该种类商品所花费的边际成本为零。然而,生产额外一单位的公共商品必然需要消耗资源,因此其边际成本总是为正的。非排他性(nonexclusive)是指个体消费一种商品的行为并不会影响甚至排斥其他个体消费此种商品。换言之,公共商品并不是某个人专用的,而是每个人都能够享受到的。在经济上,排斥其他个体与自己同时消费公共商品会导致效率低下,而且排斥他人共同消费或者是不可能的,或者成本十分高昂。公共商品的这两个特点也阐释了为什么"无法阻止其收益被穷人享用的商品,以及收益由广大消费者群体共同分享的商品就是公共商品"。

(二) 税收与公共商品

税收是指国家公共部门或政府部门利用政治权力,采取强制性手段,向政治权力覆盖范围内的国民、企业、机构等各种经济主体征收国家发展过程中所需要的人力、资金以及物资的一种社会分配方式,也是国家公共部门或政府部门获取资源、补偿公共商品成本的最优方式。一般而言,国家主要采取财政支出的形式来提供公共商品,所以税收最先表现为国家提供公共商品从而获取财政收入的形式。从古至今,国家获取财政收入的手段和方式种类多样,然而使用时间最长、应用范围最广、积累财政资金效果最好的方式当属税收。

虽然人人都需要公共商品,但是要让每个个体自愿地为享有公共商品付出代价,几乎不可能做到。换句话说,仅仅依靠自由交易的市场机制难以有效供给公共商品。如果想要满足群众对公共商品的需求,最便利的途径便是依靠政府供应。在资源配置方面,政府部门的作用之一便是供给那些市场无法供应的公共商品。但是,这并不代表公共商品必须由政府自己生产。政府的突出优势在于其可以利用征税权利破除搭便车难题,通过强制性税收解决供给公共商品的成本问题,但公共商品的生产可以有多种途径。这里需要对公共商品供给的含义进行准确的理解。

公共商品供给一方面可以指提供生产公共商品所必需的投入品的供给,另一方面可以指公共商品收益的产生。毫无疑问,公共商品所产生的收益属于一种自然垄断商品,然而投入品并不属于公共商品或自然垄断商品,因为它们完全能够通过市场进行供给。例如,国防所提供的公共安全利益显然属于一种自然垄断商品,但是国防建设所需要的军事装备等并不属于自然垄断商品,因为它们可以由不同的供应商供应。

衡量公共商品的有效供给的具体标准如下。

(1) 社会边际收益等于社会边际成本,其决定了对公共商品的供给成本的有效支出(例如国防的有效支出)。

(2) 公共商品收益是否能够有效获取,其衡量标准是期望从公共商品中获取收益的所有个体是否都能够毫无障碍地、不耗费任何成本地取得这一收益,因为依据公共商品的概念,增加公共商品的获益者并不会使其他人获取的收益受到影响。

(3) 公共商品的收益供给是自然垄断的,可以实现供给成本最小化。因为公共商品的收益供给具有垄断特征,所以政府有理由负担起供给公共商品的责任,以避免其被私人垄断或出现搭便车的行为,这为通过公共财政供给公共商品提供了充足的理由。但是公共商品并不是只能在公有制框架下实现有效供给,私有制也能够很好地实现公共商品的供给。此外,公共商品的公共支出与公共供给显然也是有区别的。

二、税收与垄断

完全竞争市场的效率条件要求厂商的技术条件表现为规模收益不变或递减。如果在某一产业中存在规模收益递增并达到相当高的产出水平,那么帕累托最优(在没有使任何人的境况变坏的前提下,使得至少一个人变得更好)将不复存在。在规模收益递增条件下,产业结构不会引致竞争性行为。但由于规模经济的出现,大厂商将通过较低的生产成本强迫小厂商退出经营,如果大厂商利用规模经济持续扩张,那么其所在产业最终将成为垄断产业。由于垄断定价通常不会使价格等于边际成本,因而这不符合总体帕累托最优条件,不能实现资源的有效配置。此外,即使该产业存在竞争性市场结构,或该厂商被迫按照竞争性产业中的厂商一样行事,私人部门在维持边际成本定价不变的情况下,也将不能获得盈利。这是因为规模收益递增条件下,厂商的平均成本曲线将是一条向下倾斜的曲线,而边际成本将小于平均成本(见图 1.1)。按边际成本定价,价格将总是处于平均成本以下,所以厂商无法弥补平均成本。正因如此,私人部门不会按照帕累托最优规则行事。

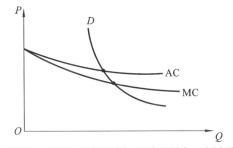

注:P 为价格,Q 为产量,AC 为平均成本,MC 为边际成本,D 为市场需求。
资料来源:郝春红.税收经济学[M].天津:南开大学出版社,2007.

图 1.1 垄断市场中的成本与价格

以上说明的是由规模经济引起的自然垄断不会像竞争市场那样实现资源的有效配置。与此同时,经济社会中还存在非自然垄断。非自然垄断可能是由于部分稀有资源被某些企业所控制,如国家基于安全、财政、居民健康和社会福利等方面的考虑,以法律形式赋予某一企业生产经营某些商品的特权。非自然垄断也可能在不具有自然垄断性质的行业中经由市场竞争逐渐形成(政府通常并不鼓励)。无论是何种形式的垄断,都不能实现有效产出,它们在减少产出的同时又抬高价格,使价格上升到边际成本之上,使消费者的购买量减少到有效率的水平之下,从而导致资源低效配置和社会福利损失。

(一)税收与自然垄断

在自然垄断的情况下,政府可以采用以下三种方法进行干预,以避免出现福利损失。一是政府要求垄断企业按边际成本定价,如果垄断企业不能收回生产成本而出现亏损,政府则对亏损部分进行补贴。二是政府要求垄断企业按平均成本制定价格。但此时仍存在额外的效率损失,而且厂商没有追求成本极小化的动力,不利于生产效率的提高。三是由政府直接管理,向商品使用者收取相当于边际成本的价格,这需要一定的财政实力作后盾。

显然,第二种方案是低效率的,应在第一种方案与第三种方案中选择。第一种方案与第三种方案在本质上是类似的,即以边际成本作为定价的基础,政府补贴资金主要来自矫正税。但存在这样的两种情况:假如补贴资金来源于无扭曲的税收,则对自然垄断产生的低效率问题便起到了矫正作用;但假如补贴资金来源于扭曲性的税收,则在矫正一种扭曲的同时产生了新的扭曲,此时可能不会提高资源配置的整体效率。但问题是几乎所有的税收都有扭曲作用,因此需要在税收的扭曲作用和垄断的扭曲作用之间作出权衡。为了纠正自然垄断,政府通常会对定价进行规范,以避免价格被垄断控制。

(二) 税收与非自然垄断

在非自然垄断的情况下,政府控制方式与在自然垄断的情况下不同。有些垄断行业在国家政策体系里是允许存在的(如盐、烟草、药品的独占性经营),政府对它们一般实行高税负措施,以平衡其与其他行业(竞争行业)的利润空间(这是在公平方面作出的努力)。从效率角度看,这里的政府管制主要体现在价格方面,而价格管制主要体现为限价措施。因为这些行业中,商品的高价格往往不是源于成本的高昂,所以限价的同时不必配合政府的补贴政策(也就不存在用扭曲的税收作为财政补贴)。因而,这方面的矫正税是不存在的。而对于国家不允许存在的非自然垄断而言,国家通常是采取明确的禁止和打击政策。从税收角度出发,国家可以设计这样一种方案:对竞争性行业征收更高的商品税,税率以垄断行业的商品价格与边际成本的平均偏差为基础来设定,从而阻止垄断行业过度扩张,最终达到消除垄断的目的。实施这种方案要求政府充分掌握信息,首先须准确测量垄断价格与边际成本的平均偏差,这无疑增加了管理上的难度。此外还可以考虑这样一种方案:对竞争行业按产量征收商品税,对垄断行业按利润征收累进所得税,对处于垄断行业和竞争行业之间的行业综合其利润和产量征税。对竞争行业征收商品税,可以促使资源流出,限制行业扩张。对垄断利润征税不会造成要素或商品相对价格的变化,也不会造成资源配置的扭曲,但是需要精确计算垄断利润,这无疑又增加了管理的成本和难度。而且对非自然垄断程度的判定需要掌握非常充分的信息,但这往往很难做到,所以征税后仍会产生扭曲,只不过这种扭曲相对来说不是很大。

为了保证市场有效发挥资源配置作用,就必须有充分的竞争,这要求政府面对垄断时选择适当的政策措施,如可以通过规定垄断的价格或收益率来规范垄断行为。当然,在某种程度上,政府可以不对垄断行为采取行动,允许社会对因垄断而损失的经济福利进行补偿,社会也可以从垄断行业中的创新技术和商品中受益。但是在一个富有活力的社会中,竞争是应当被鼓励的,政府应该为社会的充分竞争提供更多保障。

三、税收与外部性

当考虑公共商品时,经济学就从关注一个处于相互隔离状态下的人,转变为探讨人们之间的共同利益,并且分析在共同分担成本的情况下人们之间的关系。这时就必须考虑外部性(externality)的问题。

有关外部性的定义很多。外部性是相对于市场体系而言的,指的是不受市场机制约束的经济活动的副商品或副作用。这些经济活动的副商品或副作用,在价格系统中没有得到考虑,它们可能是有益的,也可能是有害的。

(一) 市场外部性

许多商品和服务都具有私人商品的特征,但其成本或收益具有显著的外部性,即此类商品的生产或消费可以绕过价格机制,直接影响经济环境和他人的经济利益,从而为他人创造额外的利益或成本。根据萨缪尔森的定义,外部经济效果或外溢是指一个实体的行为对另一个实体的福利产生的影响,这些影响没有反映在货币或市场交易中。负外部性,也叫外溢成本或外部成本(external cost),是指没有反映在商品的市场价格中,由买方和卖方以外的第三方承担的成本。现实中有许多负外部性的例子,如工业污染对个人健康和财产的损害、商业活动的噪音等,遭受污染损害的一方是商品或服务的买方和卖方以外的第三方。又如,造纸厂的私人成本包括材料采购费用、运输费用、资本投入、劳动力支出、管理费用等,但对于整个社会来说,生产纸张的成本除了上述所有私人成本之外,还包括生产过程中出现的废水和废气给社会福利带来的损失,即污染成本。正外部性是指一个人或厂商实施的行为不仅使行为人受益,而且还可能使其他个人或厂商受益,即未反映在价格中的,除买方和卖方以外的第三方的收入,也称外溢利益或外部收益(external benefit)。产生外部收益的情况有很多,如厂商对劳动力的培训、发明创造、个人对疾病的防治、植树造林等都会产生外部收益。

当存在外部性时,市场价格就不能准确地反映交易的所有社会边际收益或社会边际成本。在市场经济中,经济活动决策是基于私人成本和利益的比较而产生的,如果私人成本与社会成本不一致,或者私人利益与社会利益不一致,那么企业或个人的最优决策对社会而言可能就不是最优的。所以,在存在外部性的情况下,完全竞争不会导致资源的有效配置。如果不对外溢成本进行补偿,私人经营者的成本将低于其活动的总成本,这会导致私人经营者过度参与相关经营活动;如果不对外溢利益进行补偿,则可能导致私人经营者对产生共同利益的活动的参与度降低。

(二) 解决外部性的方式:庇古税

外部性可以通过法律系统和政府管制进行控制,如借助税收手段等实现资源的最优配置。为寻找最优产量,经济行为的成本与收益应该对等,这需要使外部收益和外部成本内部化。在外部收益存在的情况下,应使私人边际成本等于私人边际收益与社会边际外部收益之和,用公式来表示就是 $MC=MBA+\sum MB_i$,其中 MBA 为私人边际收益,MC 为私人边际成本,MB_i 为 n 个受影响者中第 i 个人的边际外部收益。在外部成本存在的情况下,应使私人边际收益等于私人边际成本和社会边际外部成本之和,用公式来表示就是 $MBA=MC+\sum MD_i$,其中 MD_i 为 n 个受影响者中第 i 个人的边际外部成本。私人边际成本、私人边际收益与社会边际成本、社会边际收益的偏差可通过矫正税(或补贴)来矫正,从而使私人决策最优水平等于社会最优水平。这种方式是英国经济学家庇古(A. C. Pigou)于20世纪20年代在《福利经济学》一书中首先提出的。他指出应由污染者承担社会边际成本与私人边际成本之间的差额,这一差异称为庇古税(pigouvian taxation)。

矫正税分两种,一种是关于负外部经济场合的正值矫正税,每单位税值相当于社会边际成本和私人边际成本之间的差异;另一种是关于正外部经济场合的负值矫正税,即财政补贴,每单位补贴相当于社会边际收益和私人边际收益之间的差额。在征收矫正税后,私人最优产出等于社会最优产出水平,效率损失消失。如向对社会带来污染的企业征收污染税、燃油税等,将生产者造成的外部成本内部化,可以激励他们消除或减少这种成本外溢现象。

四、税收与信息不对称

(一) 税收与不确定性

帕累托最优建立在具有完全确定性的市场模式的基础之上,不管是生产者还是消费者,都被假定为清楚地知道所有商品及要素现在和将来的价格。但是在现实世界中,未来事件的发生是无法确定的,未来的价格也是难以确定的,它们很容易受到天气、人口、技术,以及各种突发性事件的影响。在经济运行过程中,确定性只存在于特殊情况中,不确定性才是常态。正如冯·诺依曼和摩根斯坦所说,社会科学的任务不是去找到一个问题的解,而是去界定所有解的集合。阿罗(K. J. Arrow)指出,在一个具有不确定性的世界里存在着一系列能够使资源得到有效配置的环境集,但其需要的条件是十分苛刻的。它需要三个假设:假设未来可按照不同的"状态"来划分,每一种状态都有各自独特的气候、技术、偏好等;假设每个人和每一种正发生的状态都有发生的主观概率,所有概率相加为1;假设具有既定数量资源禀赋的个人知道未来每种可能的状态中,其资源禀赋将给他带来的资源配置。现在假定在每种可能的未来状态中,存在着每类商品或生产要素的"要求权"市场,这些市场经常被称为"或有市场"。对状态 S 中的某种商品的"或有要求权"的购买,等于状态 S 实际发生时对该种商品数量的要求权的购买。如果状态 S 没发生,则个人什么也得不到。比如汽车保险单就与或有要求权相关,人们为未来特定情形下可获取收益的要求权支付保险金。简言之,或有要求权就是在个人的初始商品或所得禀赋既定的情况下,个人可以基于现行价格在或有市场(或未来市场)上购买各种将来状态的一种要求权。

因为在现实社会之中并不存在这种或有市场的完整集,所以常常存在市场失灵。一些物品的确存在着未来市场,如保险单可使一个人购买对未来某种状态(如事故、死亡等情形下的收益)的要求权。但是,一般来说,很少有商品存在着完美的或有市场。在一个不确定的世界中,保险是一种非常重要的商品,但仍存在某些事件是无法在私人市场上买到相应保险的。例如,你想买份保险以消除变穷的可能性,这在或有市场中就是买不到的,因为竞争性保险市场不会经营无利可图的"贫困保险"。假如在竞争性市场中有这种保险,那么,买了保险的人就不再努力工作。为了限制这种行为发生,提供这种保险的人必须监视买保险的人的行为以确定其收入低是由于运气不好还是不努力工作。然而,这种监视是很难的,甚至是不可能的。因此,"贫困保险"在市场上是买不到的,这里实际上面临的是一个信息不对称问题。为何没有发育完美的或有市场?这里至少有两个重要的原因:其一是考虑到交易者的数量,建立这种市场的交易成本太高;其二是存在信息不对称现象,也称为委托代理问题,它会导致道德风险问题和逆向选择的发生。

(二) 税收与信息不对称

理想的市场机制假设市场参与者都具有充分的信息。但是,现实中的市场常常出现信息不对称,比如销售者往往比消费者更了解商品的情况,雇员比雇主更清楚自己的能力,企业经理比股东更了解企业的经营状况。

1970年，乔治·阿克尔洛夫的研究成果《柠檬市场：质量的不确定性和市场机制》发表，该书在信息经济学领域举足轻重。柠檬市场理论较为简单，但是其研究意义不容小觑，运用也十分广泛。在美国俚语中，"柠檬"一般主要是指次品或者不中用的东西，所以"柠檬市场"特指旧货市场或次货市场。阿克尔洛夫认为，假如在一个市场中，卖方比买方率先掌握了更加有利的信息，他就能够隐藏商品的一些信息，进而以次充好。处于信息不对称的情景之下，消费者总担心商品的质量，为此出价很低。而理性的销售者面对消费者的低价，不会愿意出售品质较好的商品，这可能导致消费者最后用较低的价格购买了品质较差的商品，进而让消费者认为市场上的商品就是质量差的商品。于是在下一轮的交易中，消费者还是出低价，销售者还是提供质量差的商品。如此循环，最终市场被质量差的商品充斥，劣货追逐良货，这实际上就是一个逆向选择的过程。政府可以建立中介机构对商品的质量进行评估，并及时向市场发布信息，使次货和良货的市场分离。在信息不对称的情况下，政府一定要担负起提供信息的职责，这就需要以税收来提供相应的物质基础，当然也可以直接以税收作为提供信息的工具。

第二节 税收的定义与分类

一、什么是税收

税收是一个古老的经济范畴，与国家的历史同样悠远。在中国古代历史上，贡、助、彻、役、银、钱、课、赋、租、捐等全都是税的别称。税收不但是国家获取财政收入的一种重要工具，而且影响并改变着人们的行为方式。学术界对税收的定义并不统一。在《新大英百科全书》中，税收是指一种固定性征收，并具有强制性的特征，税收具有无偿性质且无法通过交换方式进行获取。美国《经济学词典》给税收的定义为：税收是居民个人、公共机构或者团体向政府部门强制性让渡的货币（偶尔也使用实物或者劳务的形式），税收的征收对象为财产、收入或资本收益，或是来自附加价值或具有畅销性的大宗货物。日本《现代经济学词典》给税收的定义为：税收是为了筹集满足社会公共需要的资金，国家或者地方公共团体按照法律的规定，对私人强制性征收货币的一种形式。《中国大百科全书（第三版）》将税收定义为：国家为实现其职能，满足社会公共需要，凭借公共权力，按照国家法律法规所规定的标准和程序，参与国民收入分配，强制取得财政收入的一种特定分配方式。综合而言，这些说法实质上大同小异。本书将税收定义为政府为了满足日常开支以及社会公共福利的需求，依据一定规则的法律程序，利用政治权力，强制、固定、无偿地获取财政收入的一种财政分配形式，属于公共收入的一种基本形式。

二、税收的分类

税收根据征收方式、用途和目的、属性等的不同，可以有诸多不同的分类。本书主要介绍五大分类。

(一) 按照课税对象的性质划分

根据课税对象的性质划分,税收一般分为所得税、商品税和财产税三大类;也有划分为五大类的,我国税种就分为所得税、商品税、财产税、资源税和行为税五大类。

所得税是指以纳税人的净所得(纯收益或纯收入)为课税对象的税收,一般包括个人所得税、企业所得税、社会保障税、资本利得税等;商品税是指以商品为课税对象的税收,如增值税、营业税、消费税、关税等;财产税是指以各类动产和不动产为课税对象的税收,如房产税、契税、车船税等;资源税是指以各种自然资源为课税对象的税收,一般包括城镇土地使用税、土地增值税、耕地占用税等;行为税是指以纳税人的特定行为为课税对象的税收,一般包括印花税、城市维护建设税、环境保护税、车辆购置税等。

(二) 按照税负能否转嫁划分

按照税负能否转嫁划分,税收一般分为间接税和直接税两类。间接税是指税负能够转嫁的税种,如商品税;直接税是指税负不能转嫁的税种,如所得税和财产税。

(三) 按课税对象度量方法划分

按课税对象度量方法划分,税收一般分为从价税和从量税两类。从价税是指以课税对象的价格为标准征收的税种,其税率是商品价格的某一百分比,从价税额等于商品总价格乘以从价税率,从价税额与商品价格的高低成正比;从量税是指按课税对象的数量、重量、容量或体积计算的税。

(四) 按课税对象的价格计算方式划分

按课税对象的价格计算方式划分,税收一般分为价内税和价外税两类。价内税是指税金包含在商品价格内,构成价格组成部分的税收。价内税的计税依据称为含税价格;价外税是指税金不包含在商品价格内的税种,税金只是价格的一个附加部分。价外税的计税依据称为不含税价格。一般认为,价外税比价内税更容易转嫁,价内税的课征对象侧重于厂商或生产者,价外税的课征对象侧重于消费者。

(五) 按照税收管理和归属权限划分

按照税收管理和归属权限划分,税收一般分为中央税、地方税、中央地方共享税三大类。我国自1994年实行分税制改革后,就根据税收的管理和使用权限以及隶属关系的不同对税种进行了划分。中央税是指税收立法权、管理权和收入支配权归中央的税收,具体包括消费税、关税等;地方税是指税收立法权或税收管理权与收入支配权归地方的税收,具体包括土地增值税、屠宰税、房产税、城镇土地使用税、耕地占用税、车船税、契税等;中央地方共享税则是由中央和地方按照一定比例支配使用的税种,具体包括增值税、企业所得税、个人所得税、资源税、证券交易印花税等。这种税收划分会随着政治经济环境的变化而变化,处于一个动态调整的状态,但也具备相对的稳定性。

本章列举了一些国际机构的税收分类情况,如表1.1、表1.2所示。

表 1.1 经济合作与发展组织(OECD)对税收的分类

所得税	对一般所得、资本收益等征收的税
社会保险税	对雇员、雇主以及自营人员征收的,税款主要用于各种社会福利开支的税

续表

薪金及人员税	对雇主支付给员工的工资或薪金以及员工自己支付的任何类型的收入征收的税
财产税	包含不动产税、财产税、遗产继承与赠与税等
商品与劳务税	包含商品税、销售税、增值税、消费税、进出口关税等
其他税	

表1.2　国际货币基金组织(IMF)对税收的分类

所得税	对一般所得、利润、资本利得征收的税
社会保险税	对雇员、雇主以及自营人员征收的,税款主要用于各种社会福利开支的税
薪金及人员税	对雇主支付给员工的工资或薪金以及员工自己支付的任何类型的收入征收的税
财产税	包含不动产税、财产税、遗产继承和赠与税等
商品与劳务税	包含商品税、销售税、增值税、消费税等
进出口关税	分为进口关税和出口关税
其他税	

三、税收的属性

关于税收的属性,不同学者及流派有不同的阐述。马克思认为"赋税是政府机器的经济基础而不是其他任何东西"。西方经济学关于税收属性的规定可以追溯到英国哲学家托马斯·霍布斯的"利益交换说",他认为税收是人们享受政府提供的公共事业服务而付出的代价。目前的新税收学说认为,税收除为政府提供公共商品筹措经费外,还发挥着经济调节功能,如弥补市场失灵、调节宏观经济等。我国学界广泛认可的社会主义税收属性包括"三性"——强制性、无偿性和固定性,税收"三性"又被认为是税收区别于其他财政收入的形式特征。

(一) 税收的强制性

税收的强制性体现在国家凭借政治权力,通过颁布和实施法令进行征税,任何单位和个人都不得违抗。税收的强制性是税收作为一种财政范畴的前提条件,也是国家满足社会公共需要的必要保证。

(二) 税收的无偿性

税收的无偿性是指政府征税以后,税款即为政府所有,既不需要偿还,也不需要对纳税人付出任何代价。其与政府债务所具有的偿还性不同。税收的无偿性与财政支出的无偿性并存。

(三) 税收的固定性

税收的固定性是指政府征税前就以法律的形式规定了征税对象以及征税数额的核定方式,并只能按预定的标准征税,不得随意更改。税收的固定性表明征税必须有一定的标准,而且这个标准具有相对稳定性。

税收的"三性"可集中概括为税收的权威性,税收的权威性源于国家政权的权威性。

第三节 税制要素

一、税制与税制结构

税制即税收制度,包括国家的各种税收法律法规、税收管理体制、征收管理制度以及税务机关内部管理制度等。

税制有广义和狭义之分。广义的税制是指一个国家设置的由各个税种组成的税收体系及各项征收管理制度,主要包括税收法律、条例、办法、暂行规定等税收基本法规,以及税收管理体制、税收征管制度和税收计划、会计、统计制度等。狭义的税制是指具体税种的课征制度。它由若干税收要素构成,如纳税人、课税对象、税率、减免税、纳税期限、纳税环节、纳税地点等。

税制结构亦称税制体系,是整个税收制度的分类、层次、构成、比例以及相互关系的总和。它是社会经济制度及其变化在税收领域中的反映,是社会经济现象在税收制度上的具体体现。一般来说,税制结构主要包括以下内容:税制中税收的分类和构成;税类中税种的布局和构成,即每一税类由哪些税种构成,以哪一种或哪几个税种为主,税种相互之间如何配合等;税制要素(即纳税人、征税对象、税率等)的构成;征管层次和地区、部门间的税类、税种的组合和协调。

二、税制要素

税制要素指的是构成税收制度的基本元素,它说明谁征税、向谁征税、征多少税以及如何征税的问题。税制要素是构成税种的基本元素,也是进行税收理论分析和税制设计的基本工具。税制要素一般包括课税对象、税目、纳税人、税率、计税依据、减免税、纳税环节、纳税期限和纳税地点。其中课税对象、纳税人和税率是税制的三大基本要素,它们旨在解决税收的三个最基本的问题,即对什么征税、由谁纳税,以及征多少税。

(一)课税权主体

课税权主体表明谁征税,通常指通过行政权力取得税收收入的政府及其征税机构。按课税权属主体不同,税收一般可分为本国税和外国税,或者中央税和地方税。

(二)课税主体

课税主体表明向谁征税,其在法律上就是纳税人,又称为纳税主体,指税法规定的负有纳税义务的单位和个人。纳税人既可以是自然人,也可以是法人。法人是指依法成立并能独立行使法定权利、承担法定义务的社会组织,主要是各类企业。

课税主体在经济上是指负税人,即最终负担税款的单位和个人。

(三)课税对象

课税对象表明对什么征税,又称税收客体,指税法规定的征税目的物,它是征税的根据。

课税对象是一种税区别于另一种税的主要标志。在现代社会中,政府的征税对象主要包括所得、商品和财产三大类,税制往往也是以这三类课税对象所对应的所得税、商品税和财产税为主体。

与课税对象相关的税收要素还有税源和税目。税源是指税收的经济来源或最终出处。税源是否丰裕直接影响税收收入的规模;税目是指课税对象的具体项目或课税对象的具体划分。税目规定了一个税种的征税范围,反映了征税的广度。

(四)课税基础

课税基础是税收的课征基础,简称税基。课税基础表明了税收的计算依据,即建立某种税或税制的经济基础或依据。课税基础不同于课税对象,如商品税的课税对象是商品,但其税基是厂家的销售收入或消费者的货币支出;课税基础也不同于税源,税源总是以收入的形式存在的,但税基可能是支出。

税基包含两层含义。就税收的征收广度而言,税基是指课税对象的范围,如商品、财产、行为、所得等。狭义的税基也称作课税标准,指以金额或数量的形式将税收客体数量化,以此作为计算税额的基础;就某一税收的计算而言,税基指计税依据,即计算应纳税额的依据或标准。税基一般有两种:一是从价计征,即以计税金额为计税依据,计税金额是指课税对象的数量乘以计税价格所得的数额;二是从量计征,即以课税对象的重量、体积、数量等为计税依据。具体而言,所得税的税基为所得金额,遗产税及赠予税的税基为财产价值,房产税的税基为财产现值,增值税的税基为销售货物与提供应税劳务的对价金额。

(五)税率

税率是对课税对象征税的比率(纳税额与课税对象的比值),是国家税收制度的核心。它反映征税的深度,体现政府的税收政策,是分析税收调节效果的工具。税率可划分为比例税率、定额税率和累进税率三类。一些使用比例税率或定额税率的税种,可能具有累退性特点。

1. 比例税率

在比例税率情形下,对同一课税对象,不论其数额大小,都统一按比例征税。比例税率可分为以下几种类型。

(1)行业比例税率:按行业的差别规定不同的税率。

(2)商品比例税率:按商品的差别规定不同的税率。

(3)地区比例税率:对不同地区实行不同的税率。

比例税率的同一课税对象的不同纳税人,其负担相同,因而具有鼓励生产、计算简便和有利于税收征管的优点,适用于商品课税;缺点是有悖于量能纳税原则。

2. 定额税率

定额税率亦称固定税额,即按课税对象的一定计量单位直接规定一个固定的税额,而不规定征收比例。其优点是计算更为便利,而且由于采用从量计征办法,不受价格变动的影响;缺点是具有累退性,负担不尽合理。

3. 累进税率

累进税率按课税对象数额的大小,划分若干等级,每个等级由低到高规定相应的税率,课税对象数额越大税率越高,数额越小税率越低。累进税率因计算方法的不同,又分为全额累进税率和超额累进税率。

（1）全额累进税率：把课税对象全部按照相应的税率征税，即按课税对象对应的最高税级的税率统一征税。

（2）超额累进税率：把课税对象按数额大小划分为不同的等级，每个等级由低到高分别规定税率，各等级分别计算税额，一定数额的课税对象同时使用几个税率。

表1.3是全额累进税与超额累进税的比较示例。

表1.3　全额累进税与超额累进税的对比（示例）

税　级	税率	适用全额累进税率的应纳税所得额（元）	适用超额累进税率的应纳税所得额（元）	全额累进税额（元）	超额累进税额（元）
25000元以下	20%	25000	25000	5000	5000
25001～50000元	30%	50000	25000	15000	7500
50001～75000元	40%	75000	25000	30000	10000
75001～100000元	50%	100000	25000	50000	12500

全额累进税率与超额累进税率都是按照量能纳税原则设计的，但两者又有不同的特点。

（1）全额累进税率的累进程度高，超额累进税率的累进程度低，在税率级次和比例相同时，前者的负担重，后者的负担轻。

（2）在所得额所处税级的临界值处，全额累进税率会出现税额增长超过所得额增长的不合理情况，超额累进则不存在这种问题。

（3）全额累进税率在计算上简便，超额累进税率计算复杂。

4. 按其他方式分类的税率

从经济分析的角度考察，税率还分为名义税率和实际税率。名义税率是税率表所列的税率，是纳税人实际纳税时适用的税率。实际税率是纳税人真实负担的有效税率，在没有税负转嫁的情况下，它等于名义税率。

税率还分为边际税率（marginal tax rate，MTR）和平均税率（average tax rate，ATR）。边际税率本来是指按照边际效用相等原则设计的一种理论化税率，其主要功能是使社会福利的牺牲最小化，实质上就是一种按照纳税人收益多寡分等级课税的税率。由于累进税率大体上符合边际税率的设计原则，因而西方国家在经济分析中，往往将边际税率看作累进税率。平均税率是指实纳税额与税基价值的比例。它往往低于边际税率。比较两者之间的差额，是分析税率设计是否合理、税制是否科学的主要方法。一般来说，平均税率接近实际税率，而边际税率类似名义税率。

边际税率和平均税率的计算公式如下：

$$MTR = \frac{纳税总额的增加额}{税基价值的增加额}$$

$$ATR = \frac{纳税总额}{税基价值}$$

边际税率和平均税率的差异可由表1.4的示例数据表示。

表 1.4　边际税率和平均税率的差异示例

收入(元)	应纳税额(元)	平均税率	边际税率
2000	−200	−0.10	
3000	0	0	0.2
5000	400	0.08	0.2
10000	1400	0.14	0.2
30000	5400	0.18	0.2

表 1.4 的数据表明纳税时应先从收入中减去 3000 元,剩下的收入按照 20% 税率纳税。

从平均税率角度来看,平均税率随着收入增加就被称为累进税率,平均税率随着收入减少就被称为累退税率。可以用两个方法来衡量税率的累进性:平均税率法和税收收入弹性法。

平均税率法衡量税率累进性的计算公式如下:

$$v_1 = \frac{\dfrac{T_1}{I_1} - \dfrac{T_0}{I_0}}{I_1 - I_0}$$

税收收入弹性法衡量税率累进性的计算公式如下:

$$v_2 = \frac{\dfrac{T_1 - T_0}{T_0}}{\dfrac{I_1 - I_0}{I_0}}$$

其中,T_0、T_1 分别为初始阶段和新阶段的纳税总额,I_0、I_1 分别为初始阶段和新阶段的总收入。v_1、v_2 是表示累进性的值,值越大表示累进性越强。

此外,我们还可以用用平均税率和边际税率来定义比例税率、累进税率和累退税率,分别见图 1.2、图 1.3、图 1.4。

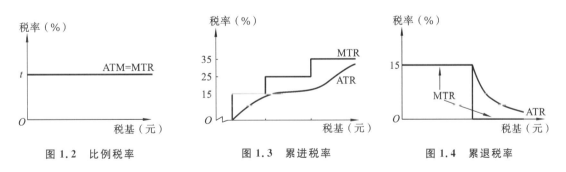

图 1.2　比例税率　　　　图 1.3　累进税率　　　　图 1.4　累退税率

(六)课税环节

课税环节是指税法规定的纳税人履行纳税义务的环节。它规定了纳税行为在什么阶段发生。一般分为单一环节的税收和多环节的税收。

(七)税制结构

税制结构是指整个税制的总体结构。它表明各类税收在整个税制中的相对地位,一般分为单一税制和复合税制两类。复合税制又分为以所得税为主体的复合税制、以商品税为主体的复合税制,以及所得税和商品税并重的复合税制。

三、税制与税法的关系

税收制度与税法的关系极为密切。在法律上,税收制度是一个国家的税收法律、法规和各种征税方法的总称,代表了政府征税的法律依据和工作方法。在现代社会中,每个国家的税收制度都必须以法律的形式出现,税法的制定要经过法定程序,税收行政法规和税务部门各种规章制度的制定和公布,也应受到法律规定或得到法律授权。总之,税收的法律规则构成了税收制度的基本内容。因此,税收制度也被称为税收的法律制度。

(一)税法的概念和特点

税法是国家法律法规的重要组成部分,是规范国家与纳税人之间有关税收权利与义务关系的法律规则的总称。其具有如下特点。

1. 税法结构的规范性

税法主要涉及税收征纳关系,其对象的单纯性决定了税法的规范性或统一性。例如,作为税法主体的税收实体法,通常是在单个税种的基础上制定的。每个税种都有相应的法律规定,不同税种的主体、纳税人和税率都不同。就税收实体法的形式结构而言,大多数税种的规格基本相同,都必须包含某些同类的税制要素。例如,每种税法都必须在立法内容上界定征税对象、纳税人、税率等。如果缺少这些要素,就不是完整的税法。

2. 税法规范的成文性

税法是确认公民纳税义务的法律,反映了国家政治权力与私人财产权之间的特定关系。税法规范在法律意义上属于"侵权规范"。为了使国家有效预测税收规模,保障税收的经济调节作用,税法体系必须保持相对稳定。一般来说,税法是通过成文法的形式进行规范的,但有些国家的税法在规定减轻或免除纳税人某些特定纳税义务时,有时也采取习惯法。

3. 税法规范的刚性

由于税收分配具有强制性特征,体现在税法上就是大量带有刚性内容的法律条款。除了少数弹性条款之外,税法的大多数条款都具有不可逆性。关于纳税人或税务机关的义务和责任的条款规定了纳税人或税务机关必须做和不应该做的事情,同时确定了纳税人或税务机关在违反这些规定的情况下应承担的法律责任。

(二)税收法律关系

税法法律关系一般被理解为国家和纳税人之间在征税方面的权利和义务关系,这种关系得到了税法的认可和规范,其具有如下特点。

1. 税收关系的主体之一始终是国家及其税务机关

法律关系是一种社会关系,没有参与其中的主体,法律关系就无法存在。在税收征管过程中,国家及其税收征管部门从一开始就作为主体之一参与到税收法律关系中,而另一个主体则可以是不同的法人。这是税收法律关系区别于其他法律关系最明显的特征之一。例如,民事法律关系的主体可以不涉及国家。而税收法律关系是国家在参与社会商品分配的过程中建立的特殊社会关系。如果没有国家及其税务机关作为主体,那么税收法律关系是无法建立的。

2. 税收法律关系是具有特定权利和义务的社会关系

授予权利和设定义务是法律调节社会关系的特殊方式。法律关系是一种社会关系,因为它包含了由法律决定的当事人之间的权利和义务。权利和义务在不同的法律关系中是不同的。税收法律关系中的权利和义务主要表现为税务机关征税的法定权利和纳税人缴税的法定义务。税务机关如果没有这种权利，就很难保证纳税人普遍、及时、全面地履行纳税义务，从而无法有效保障国家利益。纳税义务是法律要求纳税人履行的义务，没有这些义务，就不可能形成国家参与纳税人收入分配的税收关系。因此，税收关系的实质是税收权利和税收义务的分配。

3. 因征税而产生的税收法律关系，其本质是一种单方面的权利或义务

就普通法律而言，法律关系中的两个或多个当事人所享有的权利和义务通常是对等的、相互关联的。例如，金融法确定了借款人和贷款人在申请、获得、使用和偿还信贷的过程中，以及在授予、批准和收取信贷的过程中各自的权利和义务。但是，在税收法律关系中，在征税和纳税过程中产生的权利和义务是不对等的，也就是说，国家及其税务机关作为法律关系的主体，与纳税主体的地位是不一样的。一般来说，国家及其税务机关是权利主体，有依法征税的单方面权力；而纳税人是义务主体，有依法纳税的单方面义务。但这是从税收法律关系的直接意义上来理解的，一般来说，纳税主体和税务机关的权利和义务之间存在着非常明显的对应关系。

4. 税收法律关系的建立以行为或事件的实现为前提

法律关系的存在总是以相应的法律事件的存在为前提。在一般的法律关系中，法律关系的产生不仅取决于上述条件，而且还取决于法律关系主体双方的意愿。例如，经济合同法是经济合同法律关系产生的法律依据，但只有该因素尚不能形成现实的法律关系。只有当事人经过充分酝酿和协商，在自愿基础上正式签订合同之后，经济合同法律关系才正式成立。此外，在某些法律关系中，法律权利和义务的产生、变更和消灭可以随着主体的意志而转移。例如，在行政程序中，一方当事人的起诉行为，可以引起法律关系的产生；当事人的撤诉行为，又引起法律关系的消亡。税收法律关系的不同之处在于，它的产生取决于纳税人根据税法实施的行为或事件。例如，企业生产、销售货物后，就发生了相应的纳税义务，必须依法缴纳增值税；我国的居民取得个人收入超过法定免税限额时，要依法缴纳个人所得税等。当上述行为或事实发生时，就产生了税收法律关系，纳税人必须依法履行纳税义务，不得拒绝履行；征税机关必须依法履行征税义务，不得拒绝履行。同时，征税单位和纳税人无权就纳税义务进行协商。如果征税单位和纳税人违反上述法律规定，就要接受司法调查并承担法律责任。

5. 税收法律关系的特点是单方面转让财产的所有权或支配权

大多数法律关系都涉及财产和经济利益。在一般的民法和经济法中，财产所有权或控制权的转移通常是基于客体双方的平等协商，并以对价公允为基础。这一特点存在于许多涉及商业法律关系的经济活动中，如买卖交易、租赁交易、信贷交易等。但在税收法律关系中，纳税人履行纳税义务，依法纳税，意味着他拥有或处置的部分资产被授予国家，成为国家的收入，并且不再返还给纳税人。这可以理解为，税法关系中的资产转移具有一定程度的单向性和连续性，只要纳税人进行交易，或者只要税法规定的事件发生，且税法没有变更，这种转移就会持续下去。

1. 从"公地悲剧"这一现象出发,应怎样理解税收的必要性?
2. 纳税和死亡一样不可避免,那么国家征税可以任性而为吗?
3. 如何利用税收机制解决外部性问题?
4. 税制的基本构成要素有哪些?
5. 区别超额累进税率和全额累进税率的关键点是什么?

假如一个政府规定公民的所得税按5%的税率统一征收,但是对个人的应纳税所得额超过500000元以上的收入部分和低于100000元的收入部分不征税。请根据下面三个不同纳税人的收入情况,回答每个人的边际税率和平均税率是多少?(按每个人的当期收入水平来评估边际税率),不同纳税人的个人所得税对于其收入是累进的、累退的还是比例的?(应纳税额与收入的比率是平均税率,平均税率随收入增加而上升,则为累进税率,下降则为累退税率,不变则为比例税率)

A. 一位年收入达90000元的非全日制工人
B. 一位年收入达450000元的售货员
C. 一位年收入达6000000元的广告经理

第二章

税收效率与公平

本章着重介绍税收的两大基本原则——"公平"与"效率"的理论基础。核心内容包括税收负担与超额负担的内涵、计量和影响因素等。关于税收效率主要介绍其含义及效率损失产生的原因,还有税负对收入(劳动)与休闲的选择等的影响。关于税收公平主要介绍其含义及衡量标准。本章也对税收效率与公平的抉择与权衡作了理论分析和解释。通过本章的学习,能够提升读者对税收原则的理论认知水平,从而让读者能更好地理解税制设计的原理。

社会各界关于税收的争论主要集中在税收负担分配是否公平,征税对本地经济产生什么影响上,即对税收公平和税收效率的讨论。前者指的是政府征税形成的税收负担在不同人之间的分配,势必引起相关主体福利变化。不同主体对各自福利的变化的看法各异,由此引发了对税收负担分配的争论。后者是指税收课征导致相关市场主体的行为变化,引发市场资源配置结构改变,影响市场效率。税收公平和税收效率,一直是公共经济学研究的重要课题。传统的学说阐明了税收的基本原则,认为税收应当符合横向公平和纵向公平,对经济激励应当保持中立,易于管理等。经济学家如今把这些专门的指导原则与福利经济学原则整合在一起,以研究税收公平和税收效率。要想对公平和效率这样的问题展开清晰的讨论,就需要理解经济学的实证分析方法在这些问题上所起的作用。

本章考察税收的公平问题,其重点在于法定归宿和经济归宿之间的差异程度,以及税收转嫁的决定因素;同时,本章还将讨论超额负担的理论及其衡量方法,并阐述它在评价现实税制时的重要性。

第一节　税收公平与税负归宿

如何评价税收公平？征税影响不同个体的收入；税法可以明确纳税人，便于征税和管理。但实际的负担到底由谁承担？只有知道谁承担了税收，才可以在不同个体间进行比较。市场主体只有认识到自己承担了多少税负，才能形成各自对征税公平的看法。理论上，税收对收入分配的影响可以从税收负担及其归宿来探讨。但我们对所说的税收负担到底是什么的看法可能并不是那么清晰。

考虑一个简单的筹资方案，对在本地销售的某品牌的酒征税，从而为本地的公共服务筹资。假定征税前一瓶酒的价格是 10 元，政府对每瓶酒征税 1 元。征税方式是以卖酒者为纳税人。无论酒卖给谁，每出售一瓶酒，卖方缴税 1 元。谁承担了税收负担？调查酒水市场运行的结果，无外乎三种情形。第一种可能情况是，这种税使每瓶酒的价格上升到 11 元。显然卖方每卖一瓶酒得到的钱与纳税前一样，这种税并没有使他的境况变差，消费者以支付更高价格的形式缴纳了全部税款。第二种可能情况是，征税后每瓶酒的价格仍是 10 元，如果发生了这种情况，消费者的境况不变，卖方承担了全部税负。相对复杂的是第三种可能情况，假设征税后价格上升不到 1 元，1 元的税负在买卖双方之间分配。在这种情况下，卖方每卖一瓶酒只得到了比 10 元多但不到 11 元的收入，每瓶酒的收益减少，他的境况变差；同时，消费者的境况也变差了，因为他们要为每瓶酒多付一点钱（不到 1 元）。在这种情况下交易双方分担了税负。

表面上是卖方缴纳了税收，似乎是卖方承担了税收负担，实际上并非如此。税收负担最终由买方承担，或者由买卖双方共担时，问题就比表面上看起来的更复杂。我们可以引入几个概念便于我们分析。税负的法定归宿（statutory incidence）表明的是谁在法律上负责纳税，案例中纳税人是卖酒者。从法定归宿是卖方这个意义上说，上述三种情况都一样。但是思考到底谁真正承担了税负时，情况就大不一样了。由于价格会因征税而发生变化，故知道法定归宿对于弄清谁真正付税无济于事。而税负的经济归宿（economic incidence）是指税收引起的私人实际收入的分配变化。因此，我们讨论的税收负担，即是指税负的经济归宿。

一、税负归宿

税负的经济归宿会引导我们找到税收负担的真正分配，以此为基础，我们才能相对明确地回答税收公平问题。看待公平的出发点和标准很多，税负归宿涉及的研究角度也不少。这里有必要阐释一些税负归宿有关的基本情况，比如谁承担税收负担，税负归宿的研究涉及哪些方面，如何看待这些因素对税负归宿的影响，等等。这样我们就可以梳理一些模糊的观点，理解经济学家对税负归宿的关注点。

（一）税负的最终负担者是人

税收课征于个人、家庭、公司以及其他类型的企业，无论课税对象是什么，税收的法定缴纳者无外乎自然人和法人。这就导致税收公平问题上的混乱。比如，很多人会计算公司的税收负担(率),甚至比较不同企业税收负担的大小。但在经济学家看来,只有股东、员工、业主、消费者等才能负担税收,而公司不能。公司等机构的收入会分配给所有生产要素的所有者,相应地,公司缴纳的税收也由生产要素的所有者承担。

既然只有人才能负担税收,那么在进行税负归宿分析时,应如何对人进行分类呢?一般的做法是按人在生产中的作用进行分类,即他们在生产过程中提供什么样的生产要素。这种分类强调的是税制如何改变收入在生产要素的所有者之间的分配,即所谓的功能收入分配(functional distribution of income)。以此为基础,在得知人们的收入来自生产要素的分配比例之后,功能收入分配的变化可以转化为规模收入分配的变化。研究税收如何影响总收入在人们之间的分配,即规模收入分配(size distribution of income)。

我们还可以很容易地想到其他一些例子,比如按性别、年龄等对税负归宿分类。在某些特定问题上,其他分类方法也许会很有意思。当有人建议增加烟草税时,区域归宿将备受关注;当有人建议要改革房产税时,分析人员常常要考察阶层归宿。

(二)收入的来源和用途一样需要考量

在前面提到的酒税的例子中,人们会很自然地假定:税收的分配效应主要取决于人们的支出格局。由于酒价格上涨,喝酒较多的人的境况会变差。然而,如果税收使酒的需求下降,酒的生产过程中所需要的要素也会遭受收入损失。因此,税收通过影响收入的来源,也会改变收入用途。假定穷人用于购买酒的收入比例比较大,但生产酒的投入品往往都是由富人拥有。于是,从收入的用途方面看,税收分配是把穷人的收入拿走;而从收入的来源方面看,税收是把富人的收入拿走。总体归宿取决于收入的来源和用途受到怎样的影响,这种区别对于理解关税的争论非常重要。关税的反对派不仅来自消费者群体,也来自相关产业的工人和企业。前者担心原料和商品进口价格的上涨,让他们的境况变差;后者也会担心关税导致投入品价格上涨,推动成本上升,同时消费者对相关商品的需求降低,从而减少他们的收入。

在实践中,经济学家在研究对商品课税时,常常忽略税收对收入来源的影响;而在分析对生产要素课税时,又常忽略税收对收入用途的影响。如果商品税主要对收入用途产生系统性影响,生产要素税主要对收入来源产生系统性影响,那么这种分析方法就是合适的。这种假设简化了分析,但我们必须在每种实际情况下考虑其正确性。

二、税负归宿取决于什么

(一)税负归宿取决于价格是如何决定的

从酒税的税负归宿的案例来看,研究税负归宿的关键是确定税收如何改变价格。显然,对于谁真正承担税负这个问题,不同的价格决定模型所得到的答案可能完全不同。本章将考察几种不同的模型,并比较其结果。

与此同时,必须注意到在分析税负归宿时,时间维度是一个不可忽视的因素。价格变化需要时间来实现,而价格变化的长期反应往往大于短期反应。因此,税负的短期归宿和长期归宿可能存在差异。这就意味着,在评估某项税收政策时,我们必须明确指出我们所关注的时间范围。

(二)税负归宿取决于税收收入的用途

平衡预算归宿是指政府课税和用税收进行融资的支出对经济产生的综合影响。税收的分配效应取决于政府如何使用这些资金,不同的支出项目会产生截然不同的结果。有些研究假设政府对税收收入的使用与消费者自己支配这笔钱是完全一样的,就好像把这笔钱一次性退还给消费者并由他们自行支配一样。由于税收收入通常不专门用于特定支出,我们最好不考虑政府如何使用这笔钱。相反,我们可以在保持政府预算不变的情况下,比较一种税种取代另一种税种时的税收分配情况,这就是差别税负归宿的概念。为了进行比较分析,我们需要一个参照点,通常我们将"其他税"作为假设基础,这是一种不依赖于个人行为的总付税。总付税通常被认为不会扭曲市场价格,因为它与个人经济行为无关。例如,10%的所得税就不是总付税,因为它取决于个人的收入;而500元的人头税与个人收入无关,因此是一种总付税。

此外,还有第一章介绍的税率的累退、累进属性也会影响税负归宿的大小。绝对税负归宿(absolute tax incidence)考察的是某种税在其他税种和政府支出都不变时产生的影响。宏观经济模型在分析改变税收水平以实现某种社会经济稳定目标时最关注的是绝对税负归宿。

第二节 税收公平的局部均衡分析

通过对税负归宿的深入探讨,我们可以更好地理解税收如何影响收入分配,进而了解税收制度如何体现公平性。在后续的分析中,我们将运用局部均衡模型,结合完全竞争条件下的供求模型,深入剖析税收对价格的影响,从而揭示税收政策对收入分配的作用。这将有助于我们更好地理解税收政策如何影响公平性,为政策制定者提供参考。

一、对商品课税

(一) 从量税的归宿

从量税又称单位税,即按照每单位商品征收固定税额。例如政府对每升香槟酒征收3.40元的单位税,对每包香烟征收1.01元的单位税。

香槟酒的价格和数量由市场供求关系决定,征税前,需求量和价格分别为 Q_0 和 P_0。在征税过程中,消费者和供给者面临的价格不同。传统的供求分析需要对价格进行修正,以适应这种双重价格现象,即买方价格和卖方价格不同。但最终的法定归宿是购买者,这意味着法律上购买者承担了税负。

根据图2.1,我们详细分析税收对香槟酒市场的影响。首先,税收并没有改变消费者对香槟酒的基本评价,他们愿意支付的最高价格仍然是 P_a。然而,对于生产者来说,税收对他们的收益产生了显著影响。在征收单位税后,生产者每加仑香槟酒能收到的钱从 P_a 减少到 $P_a - u$。此外,税收还导致了供给曲线的变化,使得供给者可获得的需求从 a 点变为 b 点。这些分析结果有助于我们更好地理解税收对香槟酒市场的影响,以及税收政策如何影响生产者和消费者的行为。

在市场经济中,征税对供需关系产生了一定影响。供给者在产量为 Q_c 时,得到的是需

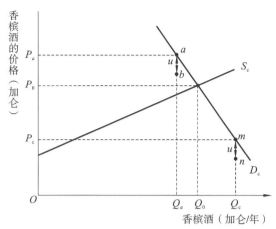

说明：当单位税为向每加仑香槟酒征收u元时，它将重塑供给者所面临的需求曲线。以一个具体的例子来说，当人们购买Q_a加仑商品时，他们愿意支付的最高价格为P_a。在征税之后，消费者支付的价格仍为P_a，然而，生产者所能获得的每加仑价格却降至P_a-u（对应需求曲线上的b点）。新需求曲线的位置相较原需求曲线降低了u元。

图 2.1　税前价格和数量

求曲线上的n点对应的价格。这个价格是由m点减去u的距离得出的。如果我们在需求曲线的每个点上都重复这个步骤，就会得到一条新的需求曲线，它的位置恰好比原需求曲线低u元。在图2.2中，这条新的需求曲线被称为D'_c。对于供给者来说，D'_c曲线才是最关键的，因为它告诉他们每销售一单位产品能获得多少收入。

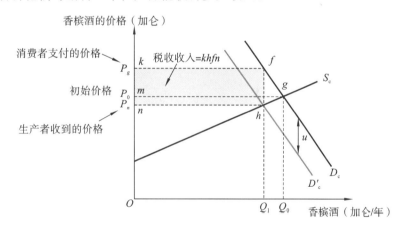

图 2.2　课征于需求方的单位税的归宿

现在我们可以找到课征单位税后香槟酒的均衡数量了。供给曲线和新的需求曲线相交的地方就是新的均衡点h，此时销售量等于产量，为图2.2中的Q_1。因此，征税使销售量从Q_0降低到Q_1。

在新的均衡状态下，实际上存在两个价格：生产者收到的价格和消费者支付的价格。这两个价格分别位于有效需求曲线D'_c和供给曲线S_c的交点h上，对应价格P_n，以及h点向上垂直移动与原需求曲线D_c的交点f上，对应价格P_g。生产者收到的价格是市场均衡价，但它并不是消费者实际支付的价格。消费者支付的价格实际上是P_n加上单位税u。为了在图上找到这个价格，我们需要从P_n点开始向上垂直移动距离u。这个过程实际上是通过图形构建来完成的，即让曲线 D_c 向下垂直移动的距离等于 u。找到消费者支付的价格后，我们可以从 D'_c 和 S_c 的交点开始向上到原需求曲线 D_c，确定含税价格 P_g。由于 P_g 包含了税收，因此通常称之为含税价格。相反，P_n 则是不含税价格。

税收对消费者的影响是不利的，因为他们需要承受比原价更高的新价格 P_g。然而，消费者所支付的价格并未全额反映出税收的影响，$P_g - P_0$ 实际上小于 u。与此同时，生产者也需要承担一部分税收，这体现在他们每加仑的收益价格下降上。在税收实施前，他们原本可以获得的价格是 P_0，而现在只能得到 P_n。因此，这种税收不仅影响了消费者，也影响了生产者。意味着消费者和生产者共同"分摊"了税负的压力。

根据定义，税收收入等于销售量 Q_1 乘以每单位税额 u。从图形上看，Q_1 是长方形 $kfhn$ 的长，u 是高，税收收入就是这个长方形的面积。

无论是对香槟酒的消费者还是供给者征收单位税，其结果都是一样的。假设我们对供给者征收相同的单位税 u 元。观察图 2.3 中的原供给曲线 S_c，供给者生产 Q_0 单位的香槟酒，每单位的价格至少为 P_0。在征收单位税后，供给者仍需保证每单位的价格至少为 P_0。这意味着消费者必须支付的单位价格变为 $P_0 + u$。现在，我们可以清晰地看到，要找到消费者能获得的那条供给曲线，原供给曲线 S_c 必须向上移动，移动的距离就是单位税的数额。这条新的供给曲线即为 S'_c，其与 D_c 相交，决定的税后均衡产量为 Q'_1。交点决定的价格为 P'_g，这是消费者支付的价格。要找到生产者获得的价格，我们需要从 P'_g 中扣除 u，得到 P'_n。通过对比观察图 2.2 可以发现，$Q_1 = Q'_1$，$P_g = P'_g$，$P_n = P'_n$。因此，单位税的最终负担与税收政策针对市场哪一方无关。

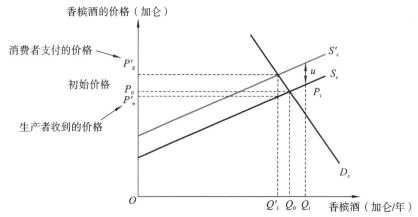

说明：对供给者课征单位税，使供给曲线按单位税额上移。税后的均衡数量、消费者支付的价格以及生产者收到的价格，都与法定归宿落在消费者身上时的一样。

图 2.3 对供给方课征单位税的归宿

也就是说，税负的法定归宿是谁和最终负担人也就是税负的经济归宿可能不一致。想象一下，有税务人员就守在消费者身边，当消费者每次付款时就拿走 u 元，或者守在售卖者身边，在他们每次收款时拿走 u 元，两种方式的结果是一样的，对税收最终由谁承担没有影响。图 2.2 和图 2.3 已经说明，重要的是税收使消费者支付的价格和生产者实际收到的价格之间的差额大小，而不在于该差额名义上由谁来交。税收引起的消费者支付价格和生产者收到价格之间的差额，称为税收楔子。

在探讨单位税的最终负担时，供求弹性起着决定性的作用。在上述例子中，消费者承担了大部分的税收负担,这是因为他们在购买商品时,多支付的金额远大于生产者少收到的金额。这种现象的出现,完全是由供求曲线的弹性决定的。供求弹性是影响单位税归宿的关键因素。需求弹性越大,消费者负担的税负越轻;供给弹性越大,生产者负担的税负越轻。这一理论有助于我们理解税收政策如何影响市场参与者,并为制定公平合理的税收政策提供了重要的参考依据。

图 2.4 和图 2.5 分别描绘了两种极端的市场情况,揭示了单位税在不同供给弹性条件下的转嫁情况。在图 2.4 中,商品 X 的供给曲线显示完全无弹性。这意味着,无论税收如何变化,生产者无法调整供给量;图 2.5 则展示了商品 Z 在供给具有完全弹性情况下的情况。这意味着,无论价格如何变化,生产者可以无限量地供给商品。这两种极端情况帮助我们便于理解税负转嫁机制。在实际市场中,供给弹性通常处于完全无弹性和完全弹性之间,这意味着税负的转嫁将介于两种极端情况之间。

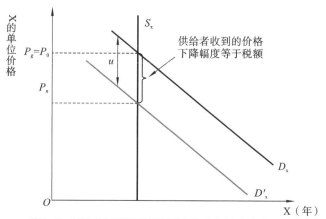

说明:对一些供给完全无弹性的物品课征单位税,使生产者收到的价格下降的幅度等于税额。因此,生产者承担了全部税负。

图 2.4 供给完全无弹性时的税负归宿

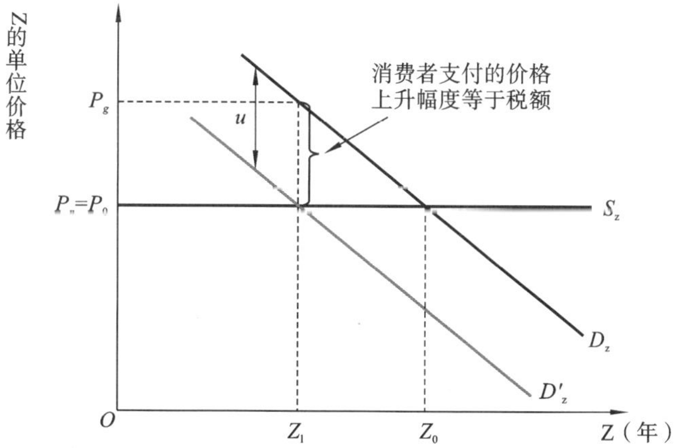

说明:对一种供给具有完全弹性的商品课征单位税,使消费者支付的价格上升的幅度等于税额。因此,消费者承担了全部税负。

图 2.5 供给具有完全弹性时的税负归宿

基于供给完全无弹性的状况,我们可以讨论一下税收资本化的问题。税收资本化是后转嫁的一种特殊的形式,是指纳税人在购买不动产或有价证券时,将以后应纳的税款在购买价格中预先扣除,虽然名义上是买方在按期缴纳税款,但实际上是由卖方负担。这同样属于买方向卖方的转嫁。税收资本化,即税收可折入资本冲抵资本价格的一部分。当然,税收资本化是有条件的。其一,交易的财产必须具有资本价值,可长时间使用,并有年利率和租金,如房屋、土地等。这类财产税款长年征收,如为其他商品一次征税后即转入商品价格,无须折入资本。其二,冲抵资本的价值可能获取的利益应与转移的税负相同或相近。从各国的情况来看,税收转化为资本必须具备以下几个条件。

第一,供给固定,或者用途唯一。比如购买债券的人,依据政府规定,凡债券收入按20%税率纳税,但用债券收入再投资,或继续购买债券可免除征税。这样,对购买者来说,如果他想获得债券收入,就要纳20%的税。如果此人用债券收入再投资或继续购买债券,他就免纳20%的税款。这20%税率确定的税额就成为他投资的资本。

第二,耐用,能承受多次课税,而且每年课税税额相同才可能预计出今后各年应纳的税额总数。比如土地、房地产等。这些商品税额的确定有助于将税款从课税商品的资本价值中扣除。

第三,课税商品必须具有资本价值,而且拥有年利率和租金。例如长期债券和土地等均可作为资本,它们既有应纳税款,又有年利率与租金,便于税款一次性收取及转嫁的分期进行。

第四,课税商品不能是生产工具。因为生产工具,如机器、设备、厂房等课税后税负会转移到产品的价格上去,能随产品出售而转移给消费者,所以没有必要将其折入资本价值。对生产工具课税是不能达到税收转化为资本的目的及要求的。

在分析消费者对税收反应的过程中,一个关键的前提是消费者对所承受的税率有充分和准确的认识。然而,消费者对税收感知的大小可能与其税负的明显程度或突显性有关。以便利店商品为例,有研究表明,将税收明确标注在商品货架上,使消费者在购物时能够直观地看到,相较于将税收含糊地包含在最终的支付价格中,会对商品的需求量产生更大的影响。这一发现提示我们,在评估税收的实际效果时,需要考虑到非突显性税种对需求弹性的潜在影响。

(二)从价税的归宿

现在,我们来探讨从价税的归宿问题。从价税,顾名思义,是一种税率按照商品或服务价格的一定比例来确定的税种。例如某地对食品购买征收了5.5%的从价税。实际上,我国的增值税和消费税大多属于从价税的范畴。

从价税与单位税在分析方法上的确存在相似之处,都是通过观察税收如何改变有效需求曲线来找出新的均衡点。不过,两者对需求曲线的影响有所不同。单位税导致需求曲线按绝对额下移,意味着无论购买多少单位,价格都固定地增加一个额度。而从价税则是使曲线按相同比例下移,意味着价格增加的幅度与购买量成正比。以图2.6为例,食品的需求曲线为 D_f,供给曲线为 S_f。在没有征税时,食品的均衡价格和均衡数量分别是 P_0 和 Q_0。现在,假定对食品消费征税,按含税价格的25%征收,情况就发生了变化。征税后,P_r 仍然是消费者购买 Q_r 磅食品所愿意支付的最高价格,r 点与横轴之间从下往上的垂直距离的75%以 s 点表示。因此,s 点是生产者可得到的有效需求曲线 D'_f 上的一个点。同样,m 点向横轴垂直下移25%的距离得到 n 点。为了确定生产者面临的有效需求曲线,我们需要对 D_f 上的每一点都重复这一步骤,即图2.7中的 D'_f。接下来的分析与单位税的情况类似:供给曲

线 S_f 与有效需求曲线 D'_f 的交点就是新的均衡点。在这个均衡点上,交易量为 Q_1,食品生产者收到的价格是 P_n,而消费者支付的价格是 P_g,和以前一样。税负归宿由供求弹性决定。

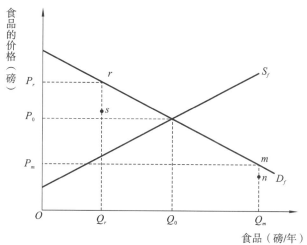

说明:对消费者课征从价税,使需求曲线在每一产量水平上按相同比例向下移。

图 2.6　课征从价税

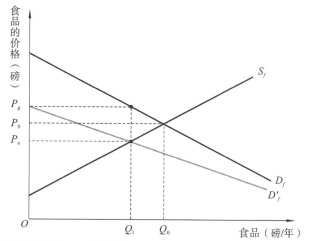

说明:课征从价税后,新的均衡数量是 Q_1,生产者收到的价格是 P_n,消费者支付的价格是 P_g。

图 2.7　从价税的归宿

这种分析方法是普遍适用的。假定图 2.7 说明的不是食品市场而是住房租赁市场,其核心逻辑依然成立。事实上,我们可以明确,财产税的负担并非简单地由房东或房客中的某一方承担,而是由市场的供求关系所决定。这与人们通常因房东负责交税就认为他们完全承担税负的观点是相悖的。

二、对要素课税

截至目前,我们讨论的都是对商品课税,这种分析方法也适用于生产要素。生产要素中,劳动和资本是主要的被课税对象。政府针对劳动征税,主要是为了筹集社会保障资金。这些税收在不同国家可能有不同的名称,比如工薪税、社保税费等,但无论征收机关和征收制度如何变化,其本质都是对劳动所征收的税费。通过这种方法,政府能够确保社会保障体系的稳定运行,为劳动者提供必要的保障和福利。

(一) 工薪税

工薪税主要用于为社会保障制度筹集资金。假设雇主需按照员工收入的7.65%纳税,而员工自身也需按相同税率缴税,两者合计税率高达15.3%。这种税收分摊方式有着深厚的历史背景,它体现了立法者对于工薪税应由雇主和雇员平均分担的坚定信念。但是,员工和雇主之间的这种法定区分是无关紧要的。实际上,工薪税的归宿主要取决于税收楔子的大小,即雇员实际得到的工资与雇主实际支付的工资之间的差额。这一差额直接反映了税收对劳动市场的实际影响,是分析工薪税归宿不可忽视的关键因素。

这一点可以通过图2.8来说明。图2.8展示了劳动的需求曲线 D_L 和供给曲线 S_L。为了简化分析,我们假设劳动供给曲线 S_L 是完全无弹性的。征税前,均衡工资水平为 w_0。对劳动课征从价税,有效需求曲线会向下位移至 D'_L。与之前的分析类似,D_L 与 D'_L 之间的距离代表了需求者支付的价格与供给者收到的价格之间的税收楔子。征税后,员工得到的实际工资下降到 w_n。然而雇主支付的价格 w_g 仍为 w_0。这意味着尽管法律上规定了雇主和员工共同分担这一税负,但在实际经济效果上,员工得到的工资率下降了与税额相等的幅度。换句话说,员工实际上承担了全部的税负。

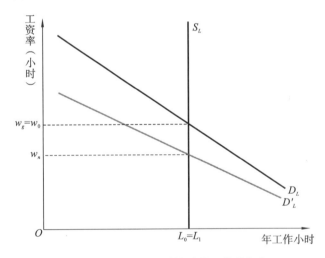

图2.8 劳动供给无弹性时的工薪税归宿

当然,对于劳动供给曲线的设定,如果我们将其画成具有完全弹性的形式,就会得到正好相反的结果。我们必须牢记的核心问题是:如果无法确切知道相关行为的弹性,那么我们就无法准确地确定税负的最终归宿。事实上,虽然劳动供给弹性的估计值千差万别,尽管立法机构在设定工薪税时试图实现税负的公平分担,但在短期内,由于各种因素的综合作用,员工很可能承担了大部分的工薪税负担。

(二) 资本税

资本税与工薪税的分析方法基本相同。通过绘制供求曲线图,我们可以根据税额的大小(税额由税率决定)调整或旋转相关曲线,并对比税前、税后的均衡状态。在封闭经济环境下,以下几个假设是符合逻辑的:资本的需求曲线呈向下倾斜趋势,即当资本价格上升时,企业对资本的需求会相应减少;而资本的供给曲线则呈向上倾斜,意味着随着储蓄收益率的提高,人们会倾向于增加资本供给,也就是增加储蓄。在这种情况下,资本所有者承担部分税负,而具体承担的比例则取决于供求双方的弹性大小。

在开放经济环境下,我们假设资本在各国间能够完全自由流动,存在一个统一的全球性资本市场。在这样的市场中,资本供给者会寻求最高的收益率,如果在一个国家无法获得当前全球通行的收益率,他们便会将资本转移到其他能提供更高收益的国家。用供求图形表示,对某一国家来说,资本的供给展现出完全弹性:只要满足当前市场的收益率,该国的公民就能够购买到任意数量的资本;但一旦收益率低于这一水平,他们将无法购买到任何资本。与图2.5类似,资本使用者支付的税前价格正好上升了该税额的幅度,而资本供给者则不承担任何税负。直观地说,资本对税负非常敏感,一旦税负增加,资本就会流向国外,因此,为了维持资本流动,税前收益率必须相应上升。

在当今高度一体化的世界经济中,资本在各国间的流动并非完全自由。以美国为例,尽管其资本市场规模相对全球而言较大,但其资本供给曲线的弹性仍有待商榷。不过,一些忽视全球化影响的政策制定者往往会高估他们将税收负担转嫁给资本所有者的能力。只要资本具备国际流动性,对资本家征收的税往往会间接转嫁至其他经济主体身上。因此,认为资本税具有明显累进性是一种误解。

三、不同市场结构下的税负归宿

在分析税负过程中,竞争市场假设起到了至关重要的作用。接下来,我们将探讨在其他市场结构下,税负归宿将如何发生变化。

(一)垄断市场

在经济学中,垄断与竞争是两个截然不同的概念。垄断,作为竞争的极端对立面,指的是市场上仅存在一个供应商的情形。图2.9描述了一个垄断者的经营状态,它专注于生产商品X。征税前,垄断者所面对的需求曲线D_X及其对应的边际收入曲线MR_X构成了其市场决策的基础。同时,生产商品X的边际成本曲线MC_X和平均总成本曲线ATC_X,为垄断者提供了成本方面的参考。为了实现利润最大化,垄断者的生产决策遵循一个基本原则:即在边际收入等于边际成本的点之上确定产量。当产量为X_0,售价为P_0时,每单位的经济利润等于平均收入与平均总成本之间的差额,这一差额在图中表现为线段ab的长度。而垄断者通过销售cb单位的商品X来实现这一利润。因此,总利润为X_0乘以ab,即长方形$abcd$的面积。

现在,我们假定对商品X征收单位税u。这一税收举措导致生产者面临的有效需求曲线下移了垂直距离u,其背后的逻辑与之前的分析完全一致。在图2.10中,我们可以看到这条下移后的需求曲线被标记为D'_X。同时,由于这种税收减少了企业每销售一单位商品所获得的增量收入,企业所面临的边际收入曲线也相应地垂直下移了相同的距离u。新的有效边际收入曲线被表示为MR'_X。在新的市场环境下,MR'_X和MC_X的交点决定了垄断者实现利润最大化的新产量水平。当产量为X_1时,我们可以找到垄断者在当前市场条件下的需求曲线上的价格点P_n。消费者所支付的实际价格并非P_n,而是P_n+u,即图中的P_g。税后,垄断者每单位商品的利润是其所获得的价格与平均总成本之间的差额,即距离fg。在税收的影响下,垄断者出售的商品数量变为if。因此,税后垄断者的经济利润可以通过计算面积

$fghi$ 得出。

税收的影响是多方面的。首先,从需求量的角度来看,税收的实施导致了需求量的下降,$X_1 < X_0$;从价格层面分析,消费者支付的价格上升了,$P_g > P_0$,垄断者所获得的价格也下降了,$P_n < P_0$;从利润的角度来看,税收使得垄断者的利润减少了,图 2.10 中的面积 $fghi$ 比图 2.9 中的面积 $abcd$ 小。这说明,尽管垄断者具有市场力量,但政府的税收政策仍然能够有效地调节其收益水平。在公众辩论中,常常有一种误解,认为具有市场力量的企业能够轻易地将所有税负都转嫁给消费者。然而,我们的分析表明,即使是拥有强大市场力量的垄断者,也必须承担一部分税负。至于消费者和垄断者各自承担多少税负,这主要取决于需求曲线的弹性。如果对垄断者课征从价税,那么分析过程与上述类似,只不过需求曲线 D_x 和边际收益曲线 MR_x 的移动方式不再是简单的向下平行移动,而是会呈现出一种向下转动的趋势。

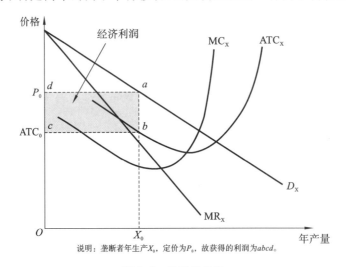

说明:垄断者年生产 X_0,定价为 P_0,故获得的利润为 $abcd$。

图 2.9　垄断者均衡

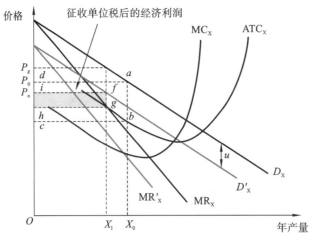

说明:对垄断生产的商品征收单位税,使有效需求曲线和边际收入曲线正好下移了等于税额的幅度,此税把需求数量从 X_0 减少到 X_1,把消费者支付的价格 P_0 提高到 P_g,把生产者收到的价格从 P_0 降低到 P_n,把垄断者的利润从 $abcd$ 的面积减小到 $fghi$ 的面积。

图 2.10　对垄断者课征单位税

(二) 寡头垄断

寡头垄断是介于完全竞争与垄断两极之间的市场结构,其特点是市场上仅存在少数几个卖主。在寡头垄断的情况下,关于税负归宿的理论研究尚未成熟。造成这种尴尬局面的原因很简单,税负的归宿主要取决于征税后相对价格的变化情况。然而,目前我们尚未拥有一个被广泛接受和认可的寡头垄断价格决定理论。

在寡头垄断市场中,企业所面临的问题颇为复杂,但通过深入思考,我们可对相关问题展开分析。从企业角度出发,最理想的情况是各企业能够联手合作,通过联合生产实现全行业利润最大化的产量,这种产量水平被称为卡特尔解。一个卡特尔就是一个共同行动使利润最大化的生产者群体。为实现卡特尔解,每个企业都需要减少产量,从而推动市场价格上升。但问题的核心在于卡特尔解的达成难度极大。原因在于,一旦各企业就各自应生产的数量达成协议,他们便会有动机去违背这一协议。每个企业都希望能利用高价环境,生产超过其配额的产量,以获取更多利润。这种背离协议的行为最终导致寡头垄断市场上的产量普遍高于卡特尔解所建议的水平。因此,如果市场中存在一种机制,能够强制所有成员企业减少产量,那么这些企业的整体境况都将得到显著改善。

如果对整个行业的产量征税,企业通常会选择减少产量。但是,与其他市场结构不同的是,这对寡头垄断企业来说不一定是坏事。尽管在税前利润水平既定的情况下,企业承担税负自然会导致其经济状况变差,但与此同时,由于产量的减少,企业会逐渐接近卡特尔解,这意味着税前利润有望增加。从理论上来说,税前利润的增加幅度可能相当显著,以至于即便在缴纳税款后,企业的整体经济状况仍有可能得到改善。当然,这并不意味着所有企业的境况都会变得更好,因为最终的结果还取决于企业减产的具体数量。

随着对寡头垄断条件下经济行为认识的不断深化,相关的税负归宿模型也逐步得到完善。同时,大多数经济学家对依赖竞争模型所做的预测持有一定的信心,尽管他们也清楚这些预测只是近似值,可能存在一定的误差。

四、对利润课税

除了上文讨论的对商品、生产要素等课税,还有对企业的经济利润(economic profits)课税。经济利润,即企业所有者获得的超过在生产过程中所使用的各种要素机会成本的收益,它也被称作超常利润或超额利润。现在,我们需要证明的是,在利润最大化的企业中,对经济利润征收的税是无法被转嫁的,它只能由企业的所有者独自承担。

首先,我们以一个处于短期均衡状态的完全竞争企业为例来进行分析。在这样的市场中,企业的产量是由边际成本曲线和边际收入曲线的交点决定的。当我们对经济利润课征比例税时,既不改变边际成本,也不改变边际收入。因此,在税收作用下,企业缺乏改变其产量决策的动机。由于产量保持稳定,消费者支付的价格也保持不变,这意味着消费者的经济状况并不会因此变差。在这种情况下,税收完全由企业自行承担。我们也可以通过另一种方法来验证这一结论。假设对经济利润课征的税率是 t,那么企业的目标就变成了最大化税后利润,即 $(1-t)\pi$,其中 π 表示税前经济利润水平。不过,从数学角度来看,使 π 最大化的方法与使 $(1-t)\pi$ 最大化的方法其实是完全相同的。因此,无论是否考虑税收,消费者面临的产品数量和价格都保持不变,而企业则需要承担全部的税收负担。

在长期竞争均衡状态下,对经济利润征税实际上不会产生税收收入,因为竞争的作用使得经济利润趋近于零。然而,对于垄断者来说,由于市场结构的特殊性,即使在长期内,它们仍然有可能享有经济利润。但是,与前面讨论的原因相同,对垄断者的经济利润征税主要由垄断者自身承担。如果企业在课征利润税之前追求利润最大化,那么这种税负是无法被转嫁出去的。这意味着税收负担将直接落在企业身上,而无法通过提高价格等方式转嫁给消费者。

经济利润税因其不扭曲经济决策的特性,可能成为一个极具吸引力的政策选择。例如,2008年美国一些成员曾提议对石油公司征收"利润税"。然而,利润税却鲜少得到财政专家的支持。这主要是因为将经济利润这一理论概念转化为实际操作时,存在诸多难题。在计算经济利润时,通常需要将企业资本存量的收益率与政府设定的某种"基准"收益率进行对比。然而,如何准确计算资本存量便成了一个关键问题。我们该使用原始成本还是重置成本?此外,如果高收益率并非源于超额利润,而是企业为了补偿投资者承担的高风险所必须负担的高额回报,这又该如何处理?这些问题不仅使得税收征管变得复杂,也增加了纳税遵从的难度。

第三节 税收效率与超额负担

税常常被人们理解为向税务部门支付的一笔费用。然而其实际情况要更为复杂。让我们以黑土为例,他每周通常会消费10个1元的蛋卷冰淇淋。如果政府对他消费的蛋卷冰淇淋征收25%的税,那么他现在需要支付的单价就变成了1.25元。面对价格上升,黑土的反应是停止购买蛋卷冰淇淋,同时将原本用于购买蛋卷冰淇淋的10元花费在其他商品和服务上。表面上看,由于黑土不再购买蛋卷冰淇淋,这种税的收入也就为零,我们能说他没有受到税收的影响吗?答案是否定的。尽管黑土的消费行为发生了改变,但他的生活质量实际上已经下降。税收使他不得不放弃原本满意的消费选择。因为在征收税之前,他可以选择不购买蛋卷冰淇淋,而他选择继续购买,说明他对蛋卷冰淇淋的消费满意度高于将资金投入其他商品和服务。因此,尽管这种税没有产生实际的税收收入,但它确实使得黑土的生活质量下降了。

根据黑土由于征税而改变消费蛋卷冰淇淋的行为来看,是税收扭曲了经济决策,故产生了一种超额负担(excess burden)。福利损失超过所征收上来的税收收入。超额负担有时被称为福利成本(welfare cost)或无谓损失(deadweight loss),下面将讨论超额负担的理论及其衡量,并阐述它在评价现实税制时的重要性。

一、超额负担的界定

假定消费者白云拥有 I 美元的固定收入,她只能用这笔钱购买两种商品:大麦和玉米。大麦每磅价格为 P_b,玉米每磅价格为 P_c。在这个没有税负或其他扭曲因素(如外部性、垄断等)的经济环境中,商品价格恰好反映了它们的社会边际成本。为了简化分析,我们假设社会边际成本不随产量的增减而变化。在图2.11中,横轴代表白云消费的大麦数量,纵轴代表她的玉米消费量。预算约束线 AD 的斜率为 P_b/P_c，横截距为 I/P_b。为了最大化效用，白云在无差异曲线 i 上选择一个点，如 E_1 点，此时她消费 B_1 磅大麦和 C_1 磅玉米。

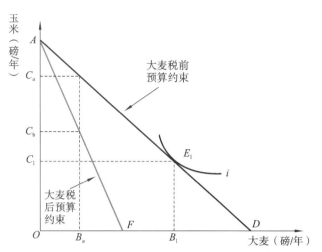

说明：预算约束线为 AD 时，白云使效用最大化的点是 E_1 点。大麦税提高了大麦的价格，且把她的预算约束线变为 AF 线。

图 2.11　税收对预算线的影响

假设政府对大麦实行比例税率 t_b，那么白云面临的价格就变为 $(1+t_b)P_b$。由于我们假设社会边际成本保持不变，所以税前价格未发生变化。这种税收改变了白云的预算约束。现在，预算约束线的斜率为 $[(1+t_b)P_b/P_c]$，横截距为 $I/[(1+t_b)P_b]$，如图 2.11 中的 AF 线所示。（由于玉米价格仍为 P_c，所以 AF 线和 AD 线具有相同的纵截距。）

需要注意的是，在任意大麦消费水平下，AD 与 AF 之间的垂直距离表示的是白云以玉米为单位所缴纳的税款。为了阐明这一点，在横轴上选取任意大麦消费量，征税前，白云可以消费 B_a 磅大麦和 C_a 磅玉米。然而，在征税后，如果她消费 B_a 磅大麦，那么她最多只能买得起 C_b 磅玉米，C_a 与 C_b 之间的差值（距离）代表了以玉米为单位计算的政府税收收入。我们可以将税收收入换算成货币形式，即用距离 C_aC_b 乘以每磅玉米的价格 P_c。为了简化，我们假设玉米单位价格 $P_c=1$。在这种情况下，距离 C_aC_b 就表示以玉米或货币计算的税收收入。

我们需要确定白云在新预算线 AF 上所选择的最佳点。如图 2.12 所示，她在无差异曲线 ii 上的 E_2 点找到了最喜欢的组合，此时她的大麦消费量为 B_2，玉米消费量为 C_2，税收额为 AD 与 AF 之间的 GE_2 点，与 E_1 点相比，白云在 E_2 点的状况有所下降。然而，所有税收都会让她处于更低的无差异曲线上。关键问题是，大麦税导致白云的效用损失，是否大于为实现税收收入 GE_2 所必需的效用损失。或者，是否存在其他筹集税收收入 GE_2 的方法，同时让白云的效用损失较小。如果答案是肯定的，那么大麦税就存在超额负担。

在探讨税收对个人经济行为的影响时，我们需要衡量白云从无差异曲线 i 移到无差异曲线 ii 所遭受的损失。为了量化这种损失，我们可以采用等价变化这一衡量方法。等价变化指的是税收导致的效用降低，它等于因税收而减少的收入量。

为了用图形描述等价变化，我们回顾一下：从个人手中扣除收入会导致预算约束线向内平行移动。因此，要找到等价变化，只需将 AD 向原点移动，直至与无差异曲线 ii 相切。AD 需要向内移动的距离就是等价变化。在图 2.13 中，预算约束线 HI 与 AD 平行，并与无差

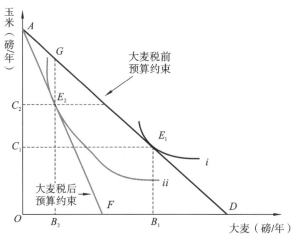

说明：征税后，白云使效用最大化的点是E_2。她的应纳税额是AD和AF之间的距离GE_2。

图 2.12　税收对消费组合的影响

异曲线 ii 相切。因此，AD 与 HI 之间的垂直于 x 轴的距离 ME_3 就是等价变化。在白云看来，损失收入 ME_3 与缴纳大麦税并无本质差别。

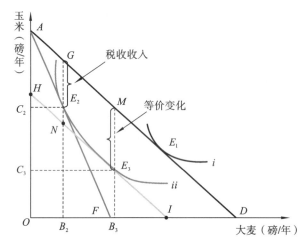

说明：垂直距离ME_3就是大麦税的等价变化，在白云看来，损失ME_3单位的收入与缴纳大麦税没什么区别，超额负担E_2N是等价变化与大麦税收入之间的差额。

图 2.13　大麦税的超额负担

在这个例子中，等价变化 ME_3 表示白云因税收而损失的收入，GE_2 则是大麦税的实际收入。且 ME_3 等于 GN，由于 ME_3 大于 GE_2，意味着白云因税收导致的损失大于税收的实际收入。这种现象在图 2.13 中得到了直观的展示，福利损失（用等价变化衡量）超过所征税收的数量便是超额负担，即距离 E_2N。那么，为什么会出现这种超额负担呢？原因在于大麦税并非一次性总付税。一次性总付税是指纳税人必须支付的一定数额，而与纳税人的行为无关。例如，如果政府向白云征收 100 元的一次性总付税，那么她无法避免支付这笔税款，除非她离开国家或死亡。相比之下，大麦税并非一次性总付税，因为税收收入的多寡取决于白云的大麦消费量。

接下来分析一次性总付税，该税使白云的境况与征收大麦税时一样。我们先画一条补偿预算线,满足两个条件:第一,与 AD 平行;第二,与无差异曲线 ii 相切。在图 2.13 中,预算约束线 HI 就是同时满足了这两个条件的补偿预算线。这条预算线上白云将消费 B_3 磅大麦和 C_3 磅玉米。一次性总付税的税收收入是 E_3 点与税前预算约束线之间的垂直于 x 轴的距离,即 ME_3。而我们在前面已指出,ME_3 也是无差异曲线从 i 移到 ii 的等价变化。从图中可以看出一次性总付税的税收收入等于它的等价变化,所以一次性总付税没有超额负担。

二、现实中的一次性总付税

如果一次性总付税真的如此高效,为何各国政府不广泛采用它呢?设想政府宣布,每个公民每年必须缴纳固定金额的税款,比如 2000 元,这就构成了一个典型的一次性总付税。然而,这种做法很容易被公众视为不公,因为对于贫困家庭而言,失去 2000 元的影响远比富裕家庭大。历史为我们提供了一个典型案例:英国撒切尔政府曾引入一种在某些方面类似一次性总付税的税——人头税,用以取代地方政府融资的财产税。每个人头税的数额取决于当地的人均财政需求。这种税收的特点是,不管个人的收入或财产有多少,应纳税额是固定的,因此它体现了一次性总付税的特性。但与人头税不同的是,它还与个人选择的居住地相关。由于这种税收让人感觉不到公平,因此它成为导致撒切尔夫人在 1990 年下台的因素之一,并在 1991 年被继任者约翰·梅杰废除。从这一事件中,政治家们似乎吸取了教训——自此以后,一次性总付税再也没有在政府税收政策中占据重要地位。

可以考虑一下,以收入为税基的税种是不是一次性总付税?

为了构建一个公正的一次性总付税体系,我们必须考虑对那些代表收入潜力的基本"能力"特征征税。这样,根据个人的潜力差异来设定税负,税收的基准便是潜力而非行为。然而,即使存在衡量能力的方法,税务机关也难以准确识别。一个有趣的,可能与收入高度相关的可观测特征是身高,有研究者认为通常较高的个体拥有更高的收入。基于这一观察,美国经济学家曼昆和魏因齐尔提出,基于身高的税收不仅具有累进性,而且效率较高。其累进性体现在对高收入者征收的税收占其收入的比例较大,而效率性则体现在人不会因税收而去改变身高。尽管这种观点可能被视为异想天开,但曼昆和魏因齐尔提出这一论点,是为了促使我们深入探讨最优税收理论的政策含义,而非实际推行按身高征税。

所得税是否具有超额负担?通常的回答是"是的",但对其成因我们无须深入探究。图 2.13 展示了征收一次性总付税导致的需求曲线从 AD 向 HI 平行移动的情形。同样,通过抽取一定比例的白云收入,也可以实现这种移动。与一次性总付税相似,收入减少仅使预算约束线的截距更接近原点,而斜率保持不变。因此,一次性总付税与所得税在某些条件下可能是等效的。如果收入是恒定的,那么所得税实际上等同于一次性总付税。然而,当个人的选择能够影响其收入时,所得税与一次性总付税通常不等效。以白云为例,她现在消费三种商品:大麦 b、玉米 c 和休闲 l。白云通过放弃休闲(即提供劳动)来赚取收入,并用这些收入购买大麦和玉米。在生产领域,白云的休闲是生产这两种商品的一种投入。她的休闲可以按 MRT_b 的比率转换为大麦,按 MRT_c 的比率转换为玉米,这与追求效用最大化的个体在两种商品之间的边际替代率等于它们价格比率的原则相同。休闲与某种商品之间的边际替代率也应该等于工资(休闲的价格)与该商品价格的比率。

再次借助福利经济学理论,我们深入探讨在特定商品情境下,帕累托最优资源配置所必须满足的条件是：

$$MRS_{lb} = MRT_{lb}$$
$$MRS_{lc} = MRT_{lc}$$
$$MRS_{bc} = MRT_{bc}$$

比例所得税相当于对大麦和玉米均适用相同税率的一种税收，这种税收不会导致上述第三个等式的变动，因为生产者和消费者所面对的大麦和玉米的相对价格仍然保持一致（比例所得税使得两者的价格以相同的比例上升，从而使它们的比率维持不变）。然而，它在前两个等式中加进了一个税收楔子。为了弄清这一点，我们假设白云的雇主支付给她的税前工资为 w，所得税率为 t。白云的决策取决于其税后工资 $(1-t)w$，因此，她消费休闲 l 和大麦 b 的边际替代率等于税后工资与大麦 b 的价格 P_b 之比，即 $MRS_{lb} = (1-t)w/P_b$。而生产者的决策则取决于他们实际支付的工资率，即税前工资 w，因此，生产者的边际转换率等于税前工资与大麦 b 的价格 P_b 之比，即 $MRT_{lb} = w/P_b$。由此可得，$MRS_{lb} \neq MRT_{lb}$；同理，对于玉米 c，$MRS_{lc} \neq MRT_{lc}$。相对而言，一次性总付税则不会改变任何等式，因为它是一种不依赖于个人收入或支出的固定税收。因此，所得税和一次性总付税在影响消费者和生产者决策方面通常是不等价的。

所得税会导致前两个等式不成立，而对大麦和玉米实施不同税率的税收制度则会使三个等式也不成立。然而，这些等式是否成立与确定哪种税制更为高效并无直接关联。只要其中任何一个等式不成立，就意味着会出现效率损失。而衡量福利损失的大小，不能仅仅依赖于通过计算税收楔子来进行比较。相反，我们需要精确地计算出每种税收制度的超额负担，然后才能进行有效的比较。因此，我们不能简单地断定所得税比采用不同税率的商品税制（即差别商品课税）更为高效。尽管这种可能性存在，但这实际上是一个需要通过实证研究来回答的问题，单纯的理论分析无法给出明确的答案。

若征税后商品的需求保持恒定，是否意味着不存在超额负担？直观来看，超额负担源自消费者和生产者决策受到税收影响所造成的扭曲。如果课税商品的需求不变，有人可能会得出没有超额负担的结论。我们用图 2.14 来深入探究这一推测。以内奥米为例，她与白云

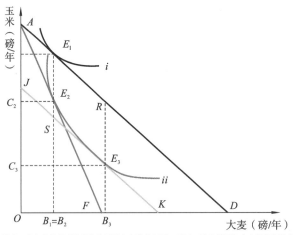

说明：内奥米在税后和税前购买的大麦数量相同。不过，这种税仍然产生了超额负担 $E_2 S$。

图 2.14 对一般需求曲线完全无弹性的商品征税的超额负担

的收入相同,且两者面对的价格和税收条件也一致。她的初始预算约束线为 AD,当对大麦课税后,这一约束线变为 AF。但值得注意的是,与白云不同,内奥米的大麦消费量在课税后并未发生变化,即 $B_1=B_2$。虽然大麦税带来 E_1E_2 的税收收入,但我们仍需考虑其是否产生了超额负担。事实上,大麦税的等价变化为 RE_3,这比大麦税收入 E_1E_2 多 E_2S。也就是说,即便大麦税并未改变内奥米的大麦消费量,它仍然造成了 E_2S 的超额负担。

为了解释这种情况,我们首先需要区分大麦税所引发的两种不同反应。从 E_1 点到 E_2 点的移动是非补偿性反应(uncompensated response),它反映了税收导致的消费变化,这种变化包含了收入损失和税收引起的相对价格变化两种因素的影响。接下来,可以设想把从 E_1 点到 E_2 点的移动分解为从 E_1 点到 E_3 点,再从 E_3 点到 E_2 点的移动。从 E_1 点到 E_3 点的移动表明的是一次性总付税对消费的影响。这种变化称为收入效应(income effect),它完全是由收入损失引起的,因为在此过程中,相对价格并未发生变化。从 E_3 点到 E_2 点的移动实际上纯粹是由相对价格的变化所致。这是通过以下方式实现的:我们给予内奥米足够的收入,以确保在大麦税导致大麦价格上涨后,她仍然能够保持在无差异曲线 ii 上。由于内奥米因大麦价格上涨而获得了额外的收入补偿,故 E_3 点到 E_2 点的移动被称为补偿性反应(compensated response),也常称为替代效应(substitution effect)。

补偿性反应在计算超额负担时具有至关重要的地位。这主要源于其在衡量税收对消费者行为影响方面的独特作用。从构图上看,超额负担的计算涉及无差异曲线 ii 上 E_2 点和 E_3 点的税收对比。而沿着无差异曲线 ii 从 E_3 点到 E_2 点的移动恰好是补偿性反应。还要注意的是,只有从 E_3 点到 E_2 点的移动过程中,边际替代率才会受到影响。边际替代率反映了消费者在保持总效用不变的情况下,愿意用一种商品替代另一种商品的数量比率。这种变化实际上违背了帕累托最优商品配置的必要条件,即在不损害任何个体经济状况的前提下,使得另一个体的经济状况得到进一步改善。

一般需求曲线描述的是价格变化时商品需求量的非补偿性变化,而补偿性需求曲线(compensated demand curve)表明的是在价格变化的同时,若收入得到相应补偿,使得个人商品组合保持在同一条无差异曲线上时,需求量的变化情况。简而言之,超额负担的计算依赖于沿补偿性需求曲线的移动,而非一般需求曲线。

尽管这些分析在理论上可能显得过于深入,但它们在实际应用中具有至关重要的意义。政策讨论往往聚焦于税收是否影响可观察到的行为,若无明显影响,则似乎不会产生严重的效率问题。例如,有人认为,如果所得税的征收并未改变工人的工作时数,那么这种税就不会对效率造成负面影响。然而,这种观念已被证明是错误的,即便课税商品的非补偿性反应为零,也可能产生显著的超额负担。

第四节 超额负担的衡量

一、用需求曲线衡量超额负担

超额负担的概念同样可以通过(补偿性)需求曲线进行深入的阐释,这种解释在很大程度上依赖于消费者剩余概念。消费者剩余就是消费者在购买商品时,愿意支付的价格与实际支付价格之间的差额。这一差额的大小,通过需求曲线与市场价格水平线之间的面积来衡量。假定大麦的需求曲线是图 2.15 中的直线 D_b。为了简化分析,我们仍然假定大麦的社会边际成本固定为 P_b,因此供给曲线表现为水平线 S_b。在均衡状态下,大麦的消费量达到 q_1 磅,此时消费者剩余即为价格线与需求曲线之间的面积 aih。接下来,我们考虑对大麦按比率 t_b 征税的情况。征税后,大麦的新价格将变为 $(1+t_b)P_b$,相应地,供给曲线也会移动至 S'_b。在新的价格下,供给曲线和需求曲线在产量为 q_2 时相交,达到新的均衡状态。新的均衡具有以下特征。

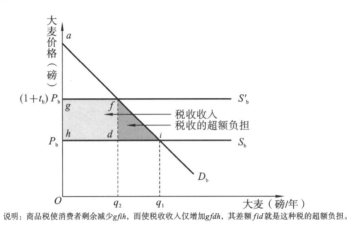

说明:商品税使消费者剩余减少 $gfih$,而使税收收入仅增加 $gfdh$,其差额 fid 就是这种税的超额负担。

图 2.15　商品税的超额负担

(1) 消费者剩余减少为需求曲线 D_b 与供给曲线 S_b' 之间的面积 agf。

(2) 大麦税的税收收入为长方形 $gfdh$ 的面积。这是因为税收收入等于购买单位数 hd 与每单位应纳税额的乘积,$(1+t_b)P_b - P_b = gh$,而 hd 和 gh 恰好分别是长方形 $gfdh$ 的底和高,因此它们的乘积就是长方形的面积。

(3) 税后消费者剩余与征收的税收收入之和($hafd$ 的面积),相较于原先的消费者剩余 ahi 少了 fid 的面积。这意味着,即使将税收收入全额返还给大麦消费者,他们仍然会损失一个三角形 fid 的面积。这个三角形的面积,实际上就代表了税收的超额负担。

这种分析方法为计算超额负担的实际金额提供了一种简便的途径。三角形 fid 的面积是税收引起的大麦数量变化与每磅税额之积的一半,这个乘积可用简单的代数式表示为:

$$1/2 \eta P_b q_1 t_b^2$$

其中,η 是大麦的补偿性需求价格弹性的绝对值。

该式具有若干重要含义。它揭示了一个关键规律:对补偿性需求价格弹性比较高的商品征税,超额负担比较大。这里的 η 值较高,意味着补偿性需求量对价格变动极为敏感。这样,出现在式中的 η 从直觉来说是有意义的——当税收对(补偿性)消费决策的扭曲程度增大时,超额负担也会随之增大。同时,公式 $P_b \times q_1$ 是最初在大麦上的总支出,这表明最初投入课税商品的支出规模越大,超额负担也就越显著。

此外,该式还进一步指出,相较于对少数商品征收高税率,对更多商品征收低税率通常更为可取。简言之,宽税基税收相较于窄税基税收往往具有更小的超额负担。因为公式中 t_b^2 的存在,意味着随着税率的提高,超额负担将按税率的平方倍速度增加。具体来说,如果其他条件保持不变,税率翻倍将导致超额负担增至原来的四倍。因此,在条件相同的情况下,采用两个较小的税种来筹集同等数量的税收收入,其产生的超额负担通常会小于采用单一的大税种所产生的超额负担。值得注意的是,由于超额负担随税率的平方倍增长,增加1元税收收入的边际超额负担会高于平均超额负担。也就是说,每增加1元税收收入所带来的超额负担增量,会超过超额负担总额与税收收入总额之间的比率。这一事实在成本-收益分析中具有重要意义。

二、事先存在的扭曲

上述分析是在一个简化的假设下进行的,即经济中除了税收之外没有其他扭曲因素。然而,我们必须清醒地认识到,在现实世界中,当引入一种新税收时,往往会面临一系列已经存在的扭曲因素,如垄断、外部性以及先前实施的税收。这些因素的存在使得超额负担的分析变得更为微妙和复杂。

假设消费者将杜松子酒和朗姆酒视为可替代的商品。如果朗姆酒已经征税并因此产生了超额负担,那么当政府决定对杜松子酒征税时,杜松子酒的超额负担是多少?在杜松子酒市场上,征税会导致消费者支付的价格与生产者收到的价格之间产生差额,即税收楔子。这种价格差异通常会导致超额负担产生。但事情远不止于此。由于杜松子酒和朗姆酒被视为替代品,杜松子酒价格的上涨会导致消费者转向购买更多的朗姆酒。因此,朗姆酒的需求量会相应增加。然而,由于朗姆酒已经被征税,其消费量原本就处于"非效率"的较低水平。杜松子酒税引起的朗姆酒消费增加,实际上有助于将朗姆酒的消费量恢复到其"效率"水平。这意味着朗姆酒市场的效率提升在某种程度上抵消了杜松子酒市场产生的超额负担。从理论上说,杜松子酒税实际上能降低总体超额负担。这是次优理论(theory of the second best)的一个例子:一些看似不利的政策调整,在综合考虑市场的交互效应后,反而可能带来整体效率的提升,反之亦然。

由此可见,我们不能孤立地审视征税或补贴对效率的影响。由于其他市场存在各种扭曲,且这些市场上的商品相互关联(或替代或互补),因此,总体效率的影响实际上是由所有市场的综合情况所决定的。在计算一组税收和补贴的总体效率影响时,如果只是简单地分别计算每个市场的超额负担,并直接将这些损失相加,得出的结果通常是不准确的。总效率损失并非简单地等同于"各部分损失之和"。

这一结论可能令人沮丧,因为严格说来,为了准确评估任何一种税或补贴对效率影响,我们确实需要对经济中的每个市场进行深入研究。然而,在实际操作中,研究者往往会假设他们正在考察的市场与其他市场的相关性极小,以至于市场的交叉影响可以忽略不计。虽然这种假设主要是为了简化研究过程,但其合理性必须针对每个具体情况进行仔细评估。

环境经济学提供了一个实例,强调了事先存在的市场扭曲对于政策效果的重要性。在存在外部性的市场中,征收等于边际外部成本的税,即庇古税,通常被认为是能够实现市场效率的税。然而,这种分析往往局限于存在外部性的市场本身,而忽视了其他市场,特别是劳动力市场。庇古税与劳动力市场之间存在密切的联系。由于庇古税会提高能源、交通等商品的价格,这实际上会降低工人的实际工资,从而对他们的劳动供给产生负面影响。考虑到所得税税制在扭曲工作激励方面的无效率性,可以预见,庇古税的实施将进一步增加劳动力市场的超额负担。这种税收交互效应(tax interaction effect)显著降低了庇古税的总体效率。综上所述,庇古税在减少污染、提高环境效率的同时,也可能对劳动力市场产生不利影响,从而降低整体经济效率。遗憾的是,经济学家目前尚无法精确衡量这两种效应的大小。然而,我们可以通过一些政策设计来降低这种税收交互效应所产生的无效率,比如利用庇古税的收入来降低其他扭曲性税种的税率,如所得税,从而实现双重红利效应。

三、所得税的超额负担

超额负担理论不仅适用于商品课税,也同样适用于生产要素课税。在图 2.16 中,张三的工作时数由横轴表示,其小时工资率则由纵轴表示。张三的补偿性劳动供给曲线表明了要使他增加工作 1 小时必须支付的最低工资,由 S_L 表示。假设张三的初始工资为 w,此时对应的工作时数为 L_1。消费者剩余是需求曲线与市场价格之间的面积,劳动者剩余则是供给曲线与市场工资率之间的面积。因此,在工资为 w 的情况下,张三的劳动者剩余是 adf 的面积。

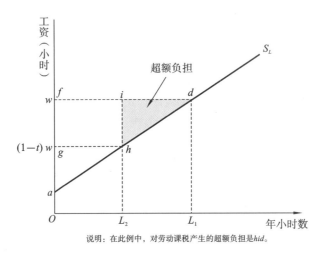

说明:在此例中,对劳动课税产生的超额负担是 hid。

图 2.16 劳动课税的超额负担

现在假定课征一种税率为 t 的所得税,那么劳动者的税后工资将变为 $(1-t)w$。在既定的劳动供给曲线 S_L 下,劳动者的供给量会下降到 L_2。此时,张三的税后剩余为 agh 的面积,政府税收收入为 $fihg$ 的面积。税收导致的劳动者工作扭曲所产生的超额负担,实际上是张三的福利损失超过政府税收收入的部分。具体来说,这部分超额负担等于 $fdhg$ 的面积减去 $fihg$ 的面积,即 hid 的面积,用代数表示为:

$$1/2\varepsilon w L_1 t^2$$

其中,ε 是工时相对于工资的补偿弹性。

假如对男性劳动力而言,税后工资弹性的合理估计值约为 0.2。以张三为例,假设在征税前,他每小时的工资为 20 元,每年工作 2000 小时,且对收入征收的税率为 40%。将这些具体数值代入超额负担的计算公式中,我们可以得出张三每年因税收导致的超额负担约为 640 元。从另一个角度来看,这 640 元的超额负担相当于税收收入的 4%。换言之,平均每征收 1 元的税收,就会产生 4 分的超额负担。

当然,工资率、税率以及劳动供给弹性在不同个体之间存在显著差异,这导致了不同人群所承受的超额负担各不相同。此外,劳动课税的超额负担还受到其他生产要素课税税率的影响,这使得问题变得更加复杂。尽管如此,这些估计对于我们理解超额负担的大小及其影响仍然具有重要意义。

四、投入品的差别课税

在先前讨论的所得税案例中,我们假设无论劳动投入何处,对劳动所得的课税税率均保持一致。然而,实际上对投入品课税的税率有时会根据其用途而有所不同。举例来说,由于存在公司所得税,公司部门使用的资本所面临的税率通常高于非公司部门资本所面临的税率。另外,对家庭部门的劳动和对市场部门的劳动征税亦有差别。一个人若在家中从事家务劳动,即便其提供的服务具有显著价值,也无须缴纳税款。事实上,家庭生产的价值相当可观,有研究表明其规模相当于国内生产总值的四分之一。然而,若此人选择进入市场工作,他则需缴纳所得税和工薪税。这种劳动在不同部门间课税差异的存在,可能会扭曲人们在不同部门间的选择。

为了准确衡量效率的成本,可参照图 2.17。在此图中,横轴距离 OO' 表示全社会可利用的劳动总量。从 O 点向右延伸的距离代表用于家务的劳动量,而从 O' 点向左延伸的距离则代表投入市场工作的劳动量。OO' 上的任意一点均反映了劳动在家庭与市场之间的特定配置情况。

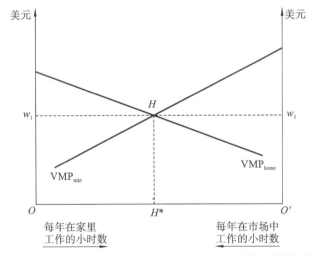

说明:横轴距离表示的是社会可利用的劳动总量。个人在家务与市场间配置劳动,最终使两个部门的边际劳动产品价值相同,即均衡点 H_0。

图 2.17　时间在家务与市场工作之间的配置

现在,我们将家庭部门工作时数的边际产品价值(value of marginal product,VMP),即每一个工时所生产的额外产品的货币价值,在图 2.17 中用曲线 VMP_{home} 表示。这条曲线向下倾斜,意味着随着家务劳动时间的增加,其边际产品的价值会逐渐减少。这一假设是合理的,也是边际收益递减规律的一个具体体现。同样,曲线 VMP_{mkt} 表示市场部门工作时数的边际产品价值。当我们在横轴上向左移动时,这实际上表示配置给市场部门的劳动量在增加。虽然我们预计这两条曲线在各自部门内都会随着劳动使用量的增加而递减,但并不意味着它们的形状会完全相同。因此,我们不能简单地将它们视为彼此的镜像。

劳动在两个部门间的配置是如何决定的?假设人们的目标是最大化其总收入,他们会在家务与市场工作之间精心配置自己的时间。根据经济学原理,当两个部门的边际劳动产品价值相等时,劳动的配置达到均衡状态。如果这两个价值不相等,人们会倾向于在部门间重新配置劳动,以追求更高的收入。在图 2.17 中我们可以清晰地看到这种均衡状态。在均衡点,OH^* 小时用于家务,$O'H^*$ 小时用于市场工作。此时,两个部门的边际劳动产品价值均为 w_1 元。竞争性定价机制确保了市场部门的工资与边际劳动产品价值保持一致,这进一步促进了劳动的有效配置。

现在,我们假设市场工作的收入需按税率 t 征税,而家务收益则无须缴税。这一征税行为会在市场部门的边际产品价值与相应的工资率之间产生一个楔子。举例来说,如果边际产品价值为 10 元,税率为 25%,那么工资率将仅为 7.5 元。也就是说,对市场工资按税率 t 征税之后,工资率就会从 VMP_{mkt} 下降到 $(1-t)VMP_{mkt}$。由图 2.18 可以看到,这相当于 VMP_{mkt} 曲线上的每一点都向下移动了 $t\%$ 的距离。显然,在征税后,初始的劳动配置不再是均衡状态。因为在 H^* 点做家务的收益率大于做市场工作的收益率。也就是说,在 H^* 点,VMP_{home} 大于 $(1-t)VMP_{mkt}$。因此,人们开始减少市场工作时间,转而投入更多的家务劳动,使 H^* 点向右移动。当市场部门的税后边际产品价值等于家庭部门的边际产品价值时,经济将达到新的均衡状态。在图 2.18 中,当人们在家里工作 OH_t 小时,在市场中工作 $O'H_t$ 小时之时,这一均衡状态得以实现。

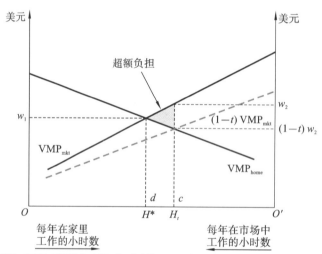

说明:对市场工资按税率 t 征税,使工资率从 VMP_{mkt} 下降到 $(1-t)VMP_{mkt}$。人们开始减少市场工作而做更多的家务,这使经济移动到 H_t 点,随之而来的超额负担是灰色三角形的面积。

图 2.18 对投入品课征差别税的超额负担

在新的均衡状态下,市场部门与家庭部门的税后边际产品价值均等于 $(1-t)w_2$。然而,市场部门的税前边际产品价值 w_2 高于家庭部门的边际产品价值 $(1-t)w_2$。这意味着若将更多劳动投入市场部门,其收入 w_2 的增量将超出家庭部门因劳动减少而导致的收入损失。但是,由于个体对税后收益率的敏感度高于税收收益率,且市场部门与家庭部门的税后边际产品价值相等,因此缺乏推动劳动重新配置的动力。这种税收制度导致了家务劳动"过多"而市场工作"不足"的状况。总的来说,税收扭曲了将投入品用于最具生产力用途的激励机制,从这个角度看,税收是低效的。由此产生的实际收入的减少便是这种税收的超额负担。

1. 2003年,孟买政府作出了一项规定,对购买土地征收4%的税,而且要在买方与卖方之间按照1∶1的比例进行分摊,这项土地税真的可以在买卖双方之间平摊吗?请画图解释一下。

2. 20世纪90年代,澳大利亚政府当局曾经对小轿车价格高于50000美元的部分课征2%的税[比如,60000美元的小轿车,应纳税额是(60000－50000)×2%＝200美元]。请思考一下这种"高级轿车税"的效率与公平的问题。

3. 指出下列表述的对错,或者不确定,并解释为什么?

(1) 对所有商品课征相同税率,这样能使效率最大化。

(2) 思凯德酒店提供免费游泳池,但羽佳酒店不提供。横向公平要求按使用游泳池的价值对思凯德酒店征税。

(3) 政府通过对刚研发的具有高额利润的商品征收一次性总付税来筹措税收收入。

4. 在某国,对所有拥有一台笔记本电脑的家庭都要强制征收一笔钱,金额为每年143美元。由此征收的总收入会上交给国家网络公司。你觉得这种税的超额负担相较于征收的总收入会很大吗?

1. 马粪争夺案

1869年4月6日,在美国加州的一个法院里发生了这样一件有趣的案子,案中的原告雇佣了两个员工去大马路上捡马粪,从晚上七点捡到九点。两个员工在马路上一共捡了18堆马粪,但是由于马粪太多太重了,他们就回去准备借拖车将其运走。两个人都走了,自然就没人看守这些马粪。粗心大意的两个人也没有在马粪周围做任何标记。到了第二天早上,案中的被告在路上正好看见了这些马粪,就问周围巡逻的人有没有人要这些马粪?巡逻人说自己并不知情。被告思考了一下,心想马粪又没有标记,也没有人要,于是就把马粪运回自己家,随即将其当成肥料撒在了自己的田里。

到了第二天中午,两个员工推着车过来,发现马粪没了,同样问了巡逻的人,得知已经被被告运走了。双方因此发生争执,最后闹到了法庭上。

在法庭上有以下4种观点。

第一种是"起源说"。持这种观点的人主张马粪真正的主人是马,它将马粪拉在了马路上,相当于放弃了马粪的所有权。

第二种是"地点说"。这种也是被告持有的观点,他认为马粪在马路上,应该是马路的一部分,马路又是公共区域,所以任何一个看见马粪的人都可以将其带走,原告只是挪动了马粪的位置,但其还是在马路上。

第三种是"标记说"。他们认为马粪的归属权应该依据标记来判断,既然没有任何标记,就不能怪别人把马粪拉走。

第四种是"劳动说"。原告认为,是两个员工耗费了人力和时间积累了这些马粪,所以马粪应该属于原告。

以上4种观点貌似都有自己的道理。但哪种观点更有说服力?如果你是法官,会把马粪判给谁呢?

2. 房产税能降低房价吗?

税收资本化是后转嫁的一种特殊的形式,是指纳税人在购买不动产或有价证券时,将以后应纳的税款在买价中预先扣除,虽然名义上是买方在之后按期缴纳税款,但实际上是由卖方负担,属于买方向卖方的转嫁。因此,税收资本化即税收可折入资本以冲抵资本价格的一部分。当然,税收资本化是有条件的。其一,交易的财产必须具有资本价值,可长时间使用,并有年利率和租金,如房屋、土地等,这类财产税款长年征收。如为其他商品一次征税后即转入商品价格,则无须折入资本。其二,冲抵资本的价值可能获取的利益应与转移的税负相同或相近。比如一个农场主想向土地所有者租用十亩土地,租用期限为十年,每年每亩地要缴纳税款200元。农场主在租用之际就向土地所有者索要其租用期内所租土地的全部税款。这样便获得20000元的由土地所有者十年累积应纳十亩地的全部税额,而该农场主每年所支付的税额只有2000元,余下的18000元就成了他的创业资本。这种名义上由农场主按期纳税,实际上全部税款均由土地所有者负担的结果必然导致了资本化,这是税收资本化的表现形式。

请结合所学,根据税负转嫁原理以及我国土地供给弹性的现实状况,画图分析并回答我国如果开征房产税,房产税能够降低房价吗?

第三章

税收制度选择理论

本章介绍税收制度选择理论,着重介绍在主流税收制度理论中广泛应用的最适课税论,包括最适商品税和最适所得税的相关法则,如著名的拉姆齐法则和所得税倒 U 形假说等。本章还比较了不同税收制度选择理论之间的差异。通过本章的学习,读者可以更全面、深入地理解税制设计和选择理论及其遵循的法则,从而提升对现实税收现象的解释力和判断力。

第一节 税制设计理论

一、公平课税论

在学术界中,人们通常基于受益原则和能力原则来衡量纳税或者课税是否公平。受益原则就是谁受益谁纳税,能力原则就是按能力纳税。受益原则是将预算的收入和支出直接关联,也就是说,按照纳税人在特定政府服务(开支)中的获益程度征收一笔费用或税款。根据这种方式,国家可以最大程度地利用消费者付费来为自身的服务供给提供资金。但是,受益原则存在一种主要缺陷——人们可以选择"搭便车"而不是主动缴税,因为公共商品本身就是一种集体收益(消耗)。此外,根据受益原则制定的税收制度存在着较大的扭曲性,因此,从实际情况来看,受益原则是不切合实际的。

与能力原则有关的公平课税论最早是在亨利·西蒙斯的研究基础上提出的。西蒙斯的思想基于古典自由主义,他主张将个体自由作为根本的价值观,其次才是公平。西蒙斯的经济计划认为需要制定制度和政策以尽可能地降低政治干涉。西蒙斯还指出,在私人企业无法提供或不能有效地提供服务的情况下,政府可以起到很大的促进公平的作用。在此基础上,政府应制定一套既能按公平性原则筹集经费,又能有效抑制政治干预市场行为的税制。西蒙斯认为,要使两者都实现,最重要的是确定适当的税基。所以,他在前人研究成果的基础上,提出了综合所得和综合税基的概念。

为了理解公平课税论,首先需要了解它的基本观点。

第一,公平课税论是针对早期的牺牲理论而提出的。该理论基于功利主义框架,更关注横向公平目标,很少涉及纵向公平目标(留给政治程序去实现)。

第二,它将税收与政府支出政策分开处理。

第三,公平课税论的理论基础是税基的综合性原则和税收制度的统一性原则。

第四,该理论主张按纳税能力来征税,但纳税能力的大小不借助效用理论来衡量。

西蒙斯反对效用分析,并提出了他自己的衡量方法。根据这种方法,收入(税收能力)等于会计期间消费和净财富积累的变化。因此,它可直接对应于可衡量的现金流。显然,公平课税论不是基于功利主义的,该理论认为公平和效率之间可能需要一个权衡,但主要强调公平方面。

按照公平课税论的基本原理,最理想的税制应该是以综合所得的定义和宽所得税为基本依据的累进式个人所得税体系。根据香兹-黑格-西蒙斯的收入观念,"总收入"包括工资、经营所得(例如合伙经营所得、独资经营所得)、资本收入、租金、特许权使用费、转让所得、养老金所得、赠与和继承所得等。有研究认为,这个宽所得税税基在各种收入、部门和活动之间能实现税收中性。与此同时,扩大税基可以降低名义税率,使额外的税负或费用减少。20世纪80年代,很多工业国家的税收制度都证明了公平征税的理念,即要实现平等和高效的目标,就必须有宽税基和低名义税率。

一些反对公平税制理论的人认为,总收入无法正确计算,因为某些要素,如休闲活动、政府服务等的价值无法以低成本测算出来。还有人认为,计算收入概念本身就是假设的,它使税法复杂化,使税收管理和执法更加困难,导致了逃税行为的发生和市场的扭曲。

主张公平税收理论的人们已经意识到有必要将各种税合并起来,包括公司税、工资税,以及其他税。此后,单一税制的消费税、具有宽税基的单一税制的工资税等,被用来为社会保障、医疗保健和其他有关开支提供资金,以实现资源的高效配置和财富的公平分配。

二、最适课税论

最适课税论起源于古典经济学家穆勒提出的"牺牲"学说。穆勒认为,税收公平要求每个纳税人作出同等的牺牲。继埃奇沃斯和庇古之后,现代福利经济学将"牺牲"解释为效用的损失。弗兰克·拉姆齐、詹姆斯·米尔利斯、彼得·戴尔蒙德等人提出的现代最适课税理论也认为,税制结构的总补偿应该是最小的,但他们把"牺牲"更广泛地定义为社会福利的损失,而不只是个人效用的损失。

简单地说,最适课税论是研究怎样以一种更加经济、合理的方法,来对某些大宗商品交易征收税款的理论。在税收制度的结构方面,最适课税理论讨论以何种方式和方法对应税行为和结果进行合理的征税。关于征税的原则,自亚当·斯密以来,人们以不同的方式处理过这个问题。但是,仅有征税原则,我们并不清楚最终应建立哪种税制结构。什么样的税收制度会考虑经济主体的利益?这些经济主体包括从消费和休闲中获得最大满足的家庭,以及从生产活动中获得最大利润的企业。基于这一问题,最适课税论以资源配置和公平为依据,对税制进行了一次全面研究。

最适课税论假设政府对纳税人的全部情况了如指掌,比如纳税能力、偏好结构等,而且拥有无限能力去搜集和处理税务系统所需的信息。但实际上,由于政府对纳税人的情况知之甚少,因此,在非对称信息结构的前提下,最适课税论认为需要做到以下三个方面:第一,直接税与间接税的合理化;第二,找到最适宜的商品税率;第三,假设收入体系是以所得税为基础,而非以商品税为基础,但问题就在于如何决定最优的累进(或累退)税率来实现公平和高效。

可以看出,最适课税论的原则在于平衡税收制度中的公平性和效率性。商品税更易于实现效率(没有扭曲效应或超额负担最小),但是要解决的问题是怎样才能实现公正的收入分配。所得税更易于达到公平分配的目的,但是,从提高经济的效益出发,关键在于提高税收的有效性。

三、财政交换论

税收的财政交换论是基于威克塞尔的"自愿性交换论"和布坎南等近代学者的相关传统学说而总结出来的。1896年,威克塞尔在其著作《财政理论研究》中,以边际效用理论应用于公共部门的实例为依据,创立了"公平"税收制度的概念。他主张,如果要将赋税按政治过程在个体和各利益团体中进行分配,就应该使政府给个体带来的边际收入与个体因税收产生的边际损失相等。也就是说,按照他们从公众财产中获得的使用价值以及他们所支付的赋税比例,在各方一致接受的协议中,选出最好的公众财产和税收份额比例。毋庸置疑,这种财政交换理论为现代公共选择理论奠定了基础。

布雷纳恩与布坎南的《征税权力》对财政交换理论的思想内涵进行了丰富和发展。他们在讨论中提出了这样一些问题:政府的税收权利是否应当被限定?这种约束形式是怎样的?相较于公平课税论和最适课税论,财政交换论更侧重于怎样为某一具体的预算项目筹资。财政交换论主要处理的问题是:什么是最理想的税收选择?

财政交换论的主要内容如下。

(1)政府的征税权必须受到宪法的限制,因为如果没有宪法的限制,政府的征税权必然会被滥用。因此,税收制度的设计是宪法制度的问题,税收改革是宪法会议或其他纳税人组织的问题,而不仅仅是政府本身的问题。

(2)认为宽税基会导致总体上的无谓损失,并扩大政府规模。这一发现与最适课税理论形成鲜明对比,后者认为税基越宽越好,因为更宽的税基在决定总税收时对相对价格的扭曲更小。

(3)对于政府可以采用的税基种类,宪法作了一定限制,这样可以保证政府提供的公共服务种类和水平与政策制定者的预期相符。如果政府可以选择一种税基,这种税基与公共商品具有很强的互补性,那么他们就有追求公共利益的激励。

(4)财政交换论认为,由于政府常常设法以高额的名义税率和许多附加的特殊规定来达到收入的最大化,因此,政府的税收差别待遇应由宪法加以限制。

(5)政府应当取消对资本征税。由于固定资金不能脱离国家管制,而劳动收入或消费类的税基具有较强的弹性,因此后者更适宜作为税基。由于这样的税收基础使得纳税人更易于逃脱税款,所以在注重结果的财政交换论中,若一个经济体对较高的税率作出了强有力的回应,则可以制定这种税收制度。

总而言之,财政交换论主要关注两点:第一,尽量普遍地选用受益税来实现合理分配资源的目标;第二,指出政治过程对预算决策的制约作用,其会使当权者的利益尽量减少。

财政交换论的提出为税收改革提供了新的思路,特别是为限制政府权力提供了理论支持。但是,选举程序的执行方式问题到目前为止还没有解决,因此财政交换论对税收制度的实现没有直接影响,该理论只具有借鉴意义。

第二节　最适课税理论

一、最适课税理论的基本命题

最适课税理论的基本命题涉及以下三个方面:第一,政府如何通过最经济合理的方式来提高税收;第二,政府如何在不增加超额税收或不使经济发生扭曲的前提下,根据公平的原理进行征税;第三,政府如何在保证财政收入水平的情况下,使税收的效率损失或额外负担降到最低。

最适课税理论的作用主要表现在三个方面。

第一,在非对称的信息环境下,政府必然会采用"扭曲"的税制手段。如果一个国家能够全面认识一个人的特点,那么它就可以避免征收扭曲性税收。人们可能认为,能够承担更多费用的人应当多付一些钱,而没有钱的人应当减轻支出义务。然而,如果只从可以观测到的变量如收益和开支来确认谁的支付能力更强,那么政府最终征收扭曲性税收就在所难免。举例来说,所得税以收入为税基征收就会产生扭曲,这是由于在收入水平相当的弱势群体和实力较强的群体中,他们应缴纳的所得税是相同的,然而,强者可以轻松获得收入,而弱者则必须努力工作才能获得同样的收入。

第二,最适课税理论提出了税制的经济效率指标,并讨论了如何根据这些指标向经济主体提供激励信号的问题。

第三,最适课税理论探讨了在最佳税制中调和公平和效率两项原则的可能性。

二、最适课税理论的基本目标

最适课税理论的基本目标包括内部优化和外部优化两个方面。

内部优化的目标在于,使税收对相关的价格和企业的决策的影响微乎其微。要达到这一目标,需要做到以下几点:第一,在可能的情况下,对不同的经济实体所用的公共物品征税(扭曲作用小),如燃料税、土地税等;第二,对具有低需求或低供应弹性的商品和生产要素征税(具有较小的替代性);第三,选取税种时,尽量采用单一税制征税(很难用非税、低税行为替代应税、高税行为)。

外部优化目标在于,利用税收来解决市场的不足,纠正经济主体的扭曲,从而实现更好的效果。这主要体现在三个方面:一是纠正外部性(如征收环境税、污染税等);二是限制垄断(如针对垄断收益征税);三是鼓励风险投资(如实行风险投资退税和优惠税率等)。

三、最适课税理论的主要内容

（一）最适商品课税理论

最适商品课税理论提出了怎样用最经济合理的方式使针对各种商品和劳务的税收的超额负担最小化。

第一，最适商品课税理论提出了逆弹性。也就是说，在一个商品的最优税制体系中，不同商品的市场需求是互相独立的，其所适用的税率应与其价格的弹性呈反向关系。这个逆弹性原理也被称为拉姆齐法则。逆弹性的假设意味着，某一种商品的需求弹性越大，产生的税收扭曲效应就越大。因此，最适商品课税理论提出，应对弹性较小的商品征收较高的税收，而对弹性较大的商品征收较少的税收。对于像食物这样无弹性或低弹性的商品实行较高的税率，可以减少总体的超额负担。

第二，最适商品课税需要引入扭曲性税收。因为在很多情况下，政府都缺乏足够的信息，他们的征税能力也很有限，所以拉姆齐式的税制无法保证税收额的提高，政府只能通过其他扭曲的征税方式来做到这一点。商品税具有再分配功能，即可以实现高收入群体支出的商品税高于低收入群体。而在现实情况中，商品税实现再分配功能需要两个条件：①必须有一套差别税率体系；②对生活必需物品实施较低的税率或免税，对奢侈品实施较高的税率。所以，如何在保证税收收入既定的前提下，使超额负担最小化是最适商品课税理论的核心问题。

（二）最适所得课税理论

最适所得课税理论认为，所得税的边际税率不宜过高。假如政府的目标是让社会的整体利益达到最大，那么政府就可以适当降低所得税边际税率来实现再分配。太高的边际税率不但会降低效率，而且会损害公平。

米尔利斯提出了一个被称为"倒 U"形的最佳所得税税率体系。他认为，从整体上讲，中等收入人群的边际税率可以适当提高，高收入者和低收入者的边际税率则应当降低，而收入最高的人群的边际税率甚至可以为零。上述结论要想成立，前提是在相同的效率损耗面前，政府可以通过提高中等收入者的边际税率来获得更多的收益，同时通过降低最高和最低收入者的边际税率来提高他们的社会福利，从而达到帕累托优化，推动公平的收入分配。

（三）直接税与间接税的相互配合

第一，直接税和间接税应当是彼此互补的，而不是相互替代的。一些经济学家，包括希克斯、约瑟夫·斯蒂格利茨、弗里德曼等，从不同的角度分析了直接税（如所得税）和间接税（如商品税）的优缺点。虽然他们没有得出一致的结论，但是他们通常都把所得税视为良税，同时所得税在资源配置效率方面无法替代商品税的作用。所以，最适课税理论承认，不管是商品税还是所得税都有其存在的必要。

第二，税收制度的选择与政府的政策目的有关。在所得税和商品税共存的复合税制中，所得税和商品税是影响税收制度运作的重要税种。总体而言，所得税的目的在于达到公平的收入分配，而商品税的目的则是提升经济的效率。若政策目的以公平为首要，则政府必须选取以所得税为主体的税收制度；若以经济效益为导向，则政府必须选取以商品税为主体的税收制度。因此，各国税收制度所采取的征税方式依赖于对公平和效率这两种目标的权衡。

第三节　最适商品税

一、最适商品税的基本目标：超额负担最小化

如果一个政府只通过征收不同的商品税和劳务税来增加既定的税收,那么它该如何征税才能减轻税收的超额负担呢？这就是最适商品税要实现的基本目标:超额负担最小化。美国普林斯顿大学经济学教授罗森基于对纳税人的预算约束的分析,给出了实现最适商品税基本目标的路径。

假定每人仅使用两种商品 X 和 Y,且有一定的休闲时间 w。X 和 Y 的价格是 P_x 和 P_y,薪金比率(也就是休闲的"价格")是 W。个人的时间禀赋,即除了睡觉之外的所有时间是 T',工作时间是 $(T'-w)$。工作时间与薪金比率相乘便是此人的薪金,也就是 $W(T'-w)$。假设这个人把所有的收入都花在了商品 X 和 Y 上,那么预算约束是

$$W(T'-w) = P_x X + P_y Y \tag{1}$$

式(1)的左边是总收入,右边是总支出。经整理,(1)式可变为

$$WT' = P_x X + P_y Y + Ww \tag{2}$$

式(2)左侧为时间禀赋,该值代表除了睡觉之外的时间都在工作而得到的报酬。

下面假定从价税 t 对 X 和 Y 实行同样的税率,并对休闲时间 w 也是如此。税后商品 X、Y 和休闲时间 w 的实际价值增至 $(1+t)P_x$、$(1+t)P_y$、$(1+t)W$。所以,个人的税后预算约束是:

$$WT' = (1+t)P_x X + (1+t)P_y Y + (1+t)Ww \tag{3}$$

式(3)左右两边除以 $(1+t)$,可以得到

$$WT'/(1+t) = P_x X + P_y Y + Ww \tag{4}$$

将式(2)与式(4)进行比较,可以看出,以相同的比率 t 对包括休闲时间在内的所有商品征税,相当于将时间禀赋的价值从 WT' 减少到 $WT'/(1+t)$。例如,对 X、Y 和 w 征收 25% 的税就相当于使时间禀赋的价值减少 20%。

因为 W 和 T' 是不变的,所以他们的积 WT' 也是不变的,也就是说个人无法影响他们的时间禀赋。因此,对时间禀赋的征税,实质上是一次性总付税(即"人头税"),并不会产生额外的负担。由此可以推断,对一切商品(包含休闲时间)征收相同的税,等同于一次性总付税,不会产生额外的费用。

但实际上,对休闲时间的课税是不可能的,我们只能对 X 和 Y 两种商品征收。所以,总体而言,某种程度的超额负担是无法避免的。最适商品税的目的是选定 X 和 Y 两种商品的税率,以减少由政府税收引起的超额负担。

二、拉姆齐法则

最适商品税的关键问题是如何设定不同商品的税率,在增加财政收入的同时尽可能减

少超额负担。西方经济学家通常把拉姆齐法则作为解决这一问题的起点。

拉姆齐法则的主要内容如下:第一,政府针对各种商品的消费额按不同税率征税;第二,只有一个消费者,或者相当于同一消费者的家庭;第三,在市场中,商品的价值与国家的税收相结合,以达到最大效率;第四,政府在保证符合预算限制的情况下确定商品的税率,并考虑消费者对物价的反应。

随后的戴尔蒙德、米尔利斯、桑德默等西方学者运用拉姆齐法则对最适商品税进行了深入的探讨,将拉姆齐法则归纳成两个定理:比例性命题和反弹性法则。

(一) 比例性命题

比例性命题是指采用的税率将使对各种商品的需求的降低比率基本一致。

为了简化,假设 X 和 Y 是两个相互独立的商品。也就是说,某一种商品的价格变动仅对其本身的需求产生影响,对另外一种商品的需求没有任何影响。在图 3.1 中,D_X 是用于 X 的补偿型需求。假定消费者可以在 P_0 的价位上可以买到任意数目的 X,则 X 的供给曲线是水平的。

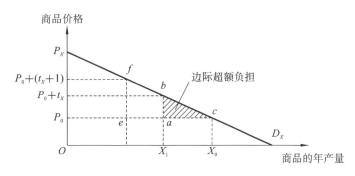

图 3.1　边际超额负担

假设对商品 X 征收单位税 t_X,其额外负担就是三角形 abc 的面积。此三角形的高为单位税产生的价差 t_X,其底部为商品 X 的补偿型需求的变化值 $\Delta X = (X_0 - X_1)$。

因此,超额负担的代数表达式是

$$t_X \Delta X / 2 \tag{5}$$

税收收入的表达式是

$$t_X X_1 \tag{6}$$

从理论上讲,要减少整体的超额负担,就需要使两种商品的边际超额负担相同,比如可以通过增加边际超额负担较小的商品的税率来减轻整体的超额负担。罗森运用三个步骤推导出了一个代数公式。

我们假设单位税率增加一美元(对产量造成的影响为 ΔX)。

第一个步骤是计算税收增加所产生的边际超额负担。根据式(5),若单位税收由 t_X 增加至 (t_X+1),则超额负担增加到 $(t_X+1)\Delta X/2$。那么边际超额负担就是指在税率上升之前和之后所产生的超额变动值

$$\frac{(t_X+1)\Delta X}{2} - \frac{t_X \Delta X}{2} = \frac{\Delta X}{2} \tag{7}$$

即图 3.1 中 $feab$ 的面积。

第二个步骤是,计算税收对应的增长额。按照式(6),如果把单位税收从 t_X 增加到 $(t_X+$

1),那么税收收入就会从 $t_X X_1$ 上升到 $(t_X+1) X_1$,那么,该边际税收为

$$(t_X+1) X_1 - t_X X_1 = X_1 \qquad (8)$$

第三个步骤是,计算税收收入每提高一美元产生的边际超额负担。由式(7)除以式(8)可得边际超额负担为

$$\Delta X / 2 X_1 \qquad (9)$$

同理,如果对商品 Y 征收单位税 t_Y,则每增加一美元税收收入的边际超额负担为

$$\Delta Y / 2 Y_1 \qquad (10)$$

正如前面提到的,将超额负担减到最低限度,要求每种商品的边际超额负担是相等的,也就是说,式(9)和式(10)一定是相同的,那么有

$$\Delta X / 2 X_1 = \Delta Y / 2 Y_1 \qquad (11)$$

式(11)的左右两边同乘以2,得到

$$\Delta X / X_1 = \Delta Y / Y_1 \qquad (11')$$

式(11')左右两边都是一个变量的变化除以它的总额,也就是这个变量的变动比率。式(11')的意思是,为了尽量减少整体的超额负担,设置的税率应使不同商品的需求以相同的比例下降。从理论上讲,这个结果仅在纳税收入无限小的时候才能得到证实。而这便被称为拉姆齐比例性命题。

那么,为何对最适商品课税,规定的是商品的需求同比例变化,而非价格呢?这是由于超额负担是由量的扭曲引起的。为了尽量减少整体的超额负担,需要各种商品的需求量有同样的变动比例。

(二)反弹性法则

反弹性法则是指在最适商品课税制度下,各商品的需求量均为独立的,其税率应该与其自身的价格弹性成反比。

假设,η_X 是商品 X 的补偿性需求弹性,t_X 是对商品 X 征收的税率。在具有竞争性的市场上,每一种商品的单位税都可以被合适的从价税选用。所以 t_X 表示从价税率,而非定额税率。根据从价税的规定,t_X 是该税所造成的价格变动的百分数。如果税收使物价上涨1%,那么 $t_X \eta_X$ 就是价格变化百分数和需求量变化百分数的乘积,也就是税收导致的对商品 X 的需求减少的比例。同样地,$t_Y \eta_Y$ 是税收导致商品 Y 的需求量减少的比例。拉姆齐法则规定,为了减少超额负担,这些需求量下降的比例应该是相同的,即

$$t_X \eta_X = t_Y \eta_Y \qquad (12)$$

式(12)的左右两边同除以 $t_Y \eta_X$,得到:

$$t_X / t_Y = \eta_Y / \eta_X \qquad (13)$$

式(13)就是所谓的反弹性法则:如果若干商品的消费量彼此无关,那么税率应该与价格的弹性成反比。即 η_Y / η_X 的值越大,t_Y / t_X 的值越小。

反弹性法则表明,一种商品的需求弹性越大,其潜在的扭转作用也越大。所以,最适商品税理论认为对商品征税,需要对具有较小弹性的商品采用较高的税率,对具有较大弹性的商品采用较低的税率。实际上,当某种商品的补偿性需求完全失去弹性时,最适商品税理论就要求所有税收收入均来自所得税,而这不会造成任何扭曲效果。

三、科利特-黑格法则

科利特和黑格认为,拉姆齐法则可以扩展到三个方面,即休闲时间。政府虽然不能对休

闲时间征税,但是可以对其他商品中与休闲时间互补的商品设置更高的税率,而对与休闲时间具有替代性的商品设置更低的税率。这也符合最适商品税的征税标准。

如前文所述,如果能够对休闲时间课税,则可以达到"最优"的效果,不会产生过高的额外负担。但是,对休闲时间课税并不现实。对与休闲时间相关的商品课以较高的税率,会间接降低消费者对休闲时间的需求。所以,对与休闲时间互补的商品实施更高的税率,本质上就是一种对休闲时间征收的间接征税,甚至很可能接近对休闲时间直接征税所取得的结果。同样,降低休闲时间替代品的税率也符合效率标准。

四、最适使用费

假如所有的商品都是私人企业生产的,那么政府要做的就只是通过确定税率来确定消费者应支付的价格。但是,有时候,政府自己也会提供商品和服务。在这种情况下,政府就得自己确定使用费,即使用政府所提供的商品和服务的人所要承担的费用。从分析结果上看,最适课税制度和最适使用费的问题是密切相关的。在这两种情境中,最后的价格都是由政府来确定的。在最适课税制度的情况下,政府可以通过选择税率来间接地确定商品的价格;就最适使用费用而言,政府则是直接确定商品的价格。

政府应如何决定是否从私人部门采购商品呢？如果商品或劳务的平均成本持续降低,也就是随着产出增加,生产商品或劳务的单位费用降低,那么生产就是有效率的。因为存在规模效应,企业可以在很大的范围内提供这种商品,这是一种典型的自然垄断现象。有些时候,这种商品是私人制造的,但由政府管制(例如电力),有时则由公共部门制造(例如桥梁)。尽管我们现在仅把注意力集中在公共商品上,但是这里很多重要的结论也适用于政府对私有垄断的监督。

图 3.2 表示自然垄断下最适使用费的分析过程。

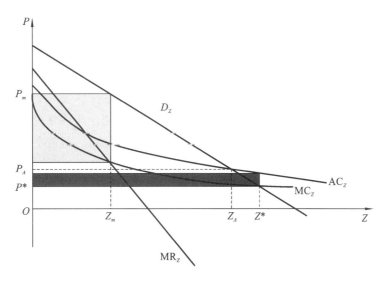

图 3.2 自然垄断下的最适使用费分析

在图 3.2 中,横轴表示自然垄断下商品的产量 Z,纵轴表示自然垄断下商品的价格 P,AC_Z 表示平均成本曲线。根据假定,随着产量的增长,商品的边际生产成本在持续降低。因为平均成本也在持续降低,所以边际成本必然比平均成本低。因此,边际成本曲线(MC_Z,即提供每单位商品的增量成本)位于平均成本曲线之下。商品的需求曲线为D_Z,相应的边际收入曲线为MR_Z,它表示商品的每一单位产量所对应的增量收入。

为什么平均成本的不断下降会导致公共或私人部门的生产受到管制呢?为了说明这一点,我们可以研究一下当商品由一个不受管制的垄断者生产时会发生什么。如果一个垄断者试图实现利润的最大化,那么商品的产量就必须达到边际收入等于边际成本的那一点。在图3.2中,就是产量Z_m和相应的价格P_m所对应的点。垄断利润等于商品销售量与单位商品利润的乘积,由图中上方的阴影长方形的面积表示。

Z_m是不是有效率的?在福利经济学中,效率要求价格与边际成本相等,即人们对商品价值的评估与商品生产的增量成本相等。在Z_m处,价格比边际成本高,因此Z_m是无效率的。由于这种做法没有效率,而且社会也不希望发生垄断,这就给了政府接管该商品生产的理论依据。

对于政府来说,容易想到的政策解决方案是增加生产,直到价格等于边际成本。在图3.2中,Z^*表示$D_Z = MC_Z$时的产量,相应的价格是P^*。然而问题是,如果产量为Z^*,那么价格就会低于平均成本。如果价格太低,生产活动就无法弥补成本,从而会出现亏损。总的损失等于产量Z^*乘以每单位产量带来的损失,每单位产量带来的损失等于产出为Z^*时需求曲线D_Z与AC_Z之间的垂直距离,在图中表示为图下方黑色矩形的面积。

政府应如何应对这一困境?目前已有两个解决方案。

第一种是平均成本定价策略,即当价格与平均成本相等时,就没有盈利或损失,企业此时处在盈亏平衡状态,无须为运营损失而担忧。由图3.2中可知,其对应的是需求曲线与平均成本曲线的交叉点,即当产量为Z_A、价格为P_A时对应的点。尽管在平均成本定价策略下,产出价格大于Z^*点对应的生产价格,但其产量仍然低于Z^*点对应的生产量。

第二种是边际成本定价和一次性税收策略,即使价格等于边际成本,相应的亏损通过一次性总付税来补偿。若价格等于边际成本能够保证该商品市场的有效性,通过向社会其他部门征收一次性税收,那么就可以保证在不造成新的低效率的情况下补偿损失。但是,该方法存在两个问题:

其一,如前文所述,一次性税收一般是不可行的,差额必须由扭曲性税收来弥补,如所得税或商品税。这种情况会造成更多的扭曲,而不是提高该商品市场的效率。

其二,一般认为,公平原则要求谁受益谁承担义务。如果严格遵循该原则,就不能用一次性税收来弥补亏损,因为这样是不公平的。

到目前为止,我们一直在孤立地看待政府和企业。假设政府经营着几家公司,作为一个集团,通常不会有亏损,但是其中有些公司可能会有亏损。我们还假设政府打算从这些企业所提供的服务的用户那里筹集资金。每项服务的收费应该比其边际成本高多少?这个问题在本质上与最适课税问题相同。事实上,边际成本和使用费之间的差异就是政府对商品征收的"税"。在最适课税问题中,政府需要获取一定数额的财政收入,让企业集团能够维持收支平衡。拉姆齐法则对此给出了一个解释:一项特定的使用费可以使该商品的需求量按比例降低。

第四节 最适所得税

最适所得税的核心问题是:如果选择收入作为税基,那么可以设定怎样的累进程序来实现公平?英国经济学家埃奇沃斯(Edgeworth)是第一个对这个问题作出贡献的人,随后经济学家斯特恩(Stern)、米尔利斯(Mirrlees)、凯塞尔曼(Kesselman)等人在其基础上做了进一步的研究。

一、埃奇沃斯模型

19世纪末,埃奇沃斯提出了一种研究最适所得税问题的简易模型。他作了如下假定。

(1) 在已有的税收基础上,尽量使个体的效用总和最大化。若 U_i 为第 i 个个体的效用,w 为社会福祉,最适所得税制就应使如下公式最大化

$$w = U_1 + U_2 + \cdots + U_n \tag{14}$$

式(14)中,n 是社会中的人数。

(2) 每个人的效用函数都是一样的,效用的大小仅仅依赖于人们的收入。这些效用函数显示,边际效用呈递减趋势,即个体收入越高,其状况越好,但其边际效用会递减。

(3) 可得到的收入总数是固定的。

在这些假设下,为了使社会福利最大化,所有人得到的边际效益必须是均等的。在效用函数相同的情况下,只有当收入水平相同时,其边际效用才会相等。这意味着税收制度的设计应使税后收入的分配尽量均等。要达到这个目的,就必须提高富人的所得税税率,因为他们的边际效用损失要小于穷人。在收入分配充分公平的情况下,若政府提高了税收,则所增加的税负应是均匀分配的。

可以看出,埃奇沃斯模型要求所得税制度是高度累进的,先减少收入最高者的收入,直到实现完全的收入平等。这意味着最高所得者的边际税率为100%。

然而,埃奇沃斯模型的假设是非常严格的。第一,它假设社会所得总量是不变的,这意味着即使税率达到100%,产出也不会受到影响。第二,个体的效用程度仅由收入决定,并未将休闲时间考虑进来。一个人的效用不仅仅依赖收入,同时也要考虑休闲时间,那么对收入征税就会使人们的工作决策产生扭曲,造成额外的负担。

二、现代研究

埃奇沃斯模型的一个主要问题是它假定社会的总收入是恒定的。在这个假设下,即使是高税率也不会影响产出。但现实是,一个人的效用不仅依赖于收入,也需要考虑休闲时间。因此,对收入征税就会使工作决策产生扭曲,造成额外负担。如果这个社会的福利系统是功利性的,那么税收负担应以平均的方式分配,而且可用的实际收入总额会减少。一个能使社会福利最大化的所得税制度必须考虑税收的成本,而在埃奇沃斯模型中,更公平的收入分配的成本为零,这一模型假设使得分配平等的结果得以推导出来。

斯特恩提供了一种类似于埃奇沃斯模型的新模型,使个体能够在获取收入和享受休闲之间进行选择。为简化分析,斯特恩假定按如下公式对个人进行征税

$$税收收入 = -a + t \times 收入 \tag{15}$$

其中,a 表示补助,t 表示边际税率,两者均为正数。假定 $a=3000$ 美元,$t=0.25$,则一个收入2万美元的人,就需要缴纳2000美元的税费;一个收入6000美元的人,就需要从政府那里得到1500美元的补助。

式(15)可以绘制成图3.3所示的线性所得税模型。其中,水平轴线代表收入,垂直轴线代表税收。如果收入为零,则税收为负值,也就意味着个人可以从政府处获得 a 美元的补助。此后个人每增加1美元的收入,就应付给政府 t 美元。因为图3.3中的收入和税收呈线性关系,所以我们把图3.3称为线性所得税模型。虽然线性所得税的边际税率是固定的,但是随着个人收入的增加,税收也会增加,因此,线性所得税仍然具有累进性,其递增的快慢程度与 t 的值有关:t 的值越大,则税收制度的累进程度越高,就越容易产生超额负担。最适所得税需要处理的核心问题是找出 a 和 t 之间的最佳关系,也就是在收入总额确定的情况下,确定 a 和 t 的值使社会福利最大化。

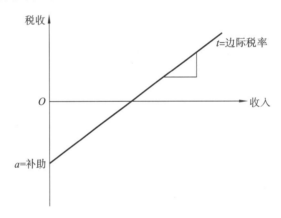

图 3.3 线性所得税模型

斯特恩发现,如果休闲时间与收入具有较好的替代性,同时需要的税收总额相当于个人收入的20%,那么 t 的值约为0.19时,将使社会福利最大化。这明显低于埃奇沃思模型推导出的 t 的值为1。斯特恩计算出来的这个税率,比许多西方国家的实际边际税率都要低。就美国联邦的个人所得税来说,2006年美国联邦法定最高边际所得税税率为0.35,而实际边际所得税税率却高达0.9。

斯特恩表示,在其他条件不变的情况下,通常劳动力供应的弹性越大,t 的最适值就越低。直接来看,收入再分配的成本是它所带来的超额负担。劳动力供应的弹性越大,对其征收的劳动税的超额负担就越高。因此,劳动供给弹性大,意味着收入再分配的代价就越大,在这种情况下应该尽可能少地做再分配。

斯特恩在此框架下对各种社会福利政策的影响进行了研究,发现其对富人和穷人效用的影响程度不同。根据式(14),更强的平等主义偏好是通过给予穷人更高的效用权数来表达的,一个极端的例子是在社会福利函数中只向效用最低的人分配权数,也就是极大极小准则。斯特恩发现,在实施极大极小准则的情况下,需要的边际税率大概是0.8。不出所料,如果一个社会要实现高度平等,就需要高税率,但即使如此,斯特恩推导出的税率仍然低于1。

斯特恩的分析只局限于所得税制度的单一边际税率。格鲁伯(Gruber)和塞兹(Saez)考虑了一个更普遍的模型,该模型分析了四种不同的边际税率。他们的分析中最有趣的结论是,高收入人群的边际税率应当低于低收入人群。其逻辑是通过降低边际税率,可以激励高收入者在工作中投入更多时间和精力,其带来的税收的增长可以用于减轻低收入人群的税负。该结论的关键之处在于,边际税率随收入增长而降低,而平均税率则随收入增长而增加,所以最适课税制度仍为累进式的。

三、税制设计的其他标准

(一) 横向公平

美国幽默大师威尔·罗杰斯曾经说,人们希望实行公平的税收,而不是希望降低税收,他们想知道每个人是否都按其财富比例缴税。这种评价税收制度的标准体现在经济学家的横向公平概念中。所谓的横向公平,就是在同样的环境中,人们应当受到同等的待遇。这里有必要定义"同样的环境"的含义。罗杰斯提出,虽然人们的收入和支出可以用来测量他们的支付力,但是他们的支付力主要取决于他们的财富。

但财富这一指标是否真正适合衡量税收的公平程度呢?假设有两个人的时薪都是10美元,A每年工作1000小时,B每年工作2000小时,A的收入是10000美元,B的收入是20000美元,所以A和B在收入方面并不"相同"。但是,如果从获得收入的能力来看,A和B是相同的,只是B工作时间更长。在这个意义上,两个收入不同的人实际上处于相同的"环境"。类似的例子也适用于反驳以支出或财富作为衡量平等的标准。

以上也间接表明,一个人的工资率,而非他的收入,可以用来测量他的环境。但这种想法也存在漏洞。其一,教育、在职培训和健康保险等方面的人力资本投入会对薪资水平产生影响。假如A为了挣到和B同等的薪金只能选择上大学,那么同等对待他们还是公平的吗?其二,薪金比率是用总收入除以总工时来计算的,但是后者不易测量。此外我们又该如何计算休闲时间呢?事实上,在收入既定的情况下,为了通过降低工资率来减少税费,工人们可能会编造虚假的工作时长,老板也会被诱导而与员工达成一致,共同分享少交税的成果。

费尔德斯坦没有将收入和工资率作为衡量税收公平的方法,而是提出了另一种方法,即以使用效用为衡量标准。横向公平中的效用定义有以下两个假设:第一,如果在税收之前,两个人的环境是一样的,也就是说,他们的效用等级是相同的,那么他们在纳税之后,也应当处于同等的环境;第二,税收不会改变效用的先后次序,如果甲在纳税之前的状况优于乙,那么甲在课税之后的状况也应当优于乙。

为了评估费尔德斯坦的方法的影响,可以假定每个人都有同样的偏好,即在财政方面,他们拥有同样的效用函数。在这种情况下,消费相同商品(包括休闲)的个人应当缴纳相同的税。换句话说,所有人都要面对同样的税率,否则,在税前效用水平相同的个体在税后会有所不同。

现在假定每个人都有自己的喜好,而且世上有两类人:一类是美食爱好者,一类是日光浴爱好者。二者都在消费食品和休闲时间,但是,美食爱好者更偏爱食物,而日光浴爱好者更喜欢享受休闲。在缴税前,美食爱好者和日光浴爱好者的效用水平是一样的。但如果每个人都按照相同的比率缴税,那么相对于日光浴爱好者,美食爱好者承担了更高的税负,因为后者需要较多的收入来维持他的饮食习惯。所以，即使依据横向公平的传统定义，在所得税制度设计依循公平原则时，从效用角度出发，它可能也是不公平的。如果人们的休闲行为存在差异，所得税制度设计就难以达到横向公平的效用标准。

现在我们假定存在一种职业，其大部分报酬是不需要纳税的，比如他们的报酬是舒适的办公室或可供放松的游泳池等设施。而其他大多数职业是以货币形式作为报酬，需要缴纳所得税。这种情况违背了横向公平，因为从事前一职业的人的税负"太低"。然而，如果人们可以在两种职业中做自由选择，那么两种职业的税后净收益（包括舒适的工作体验）应该是一样的。为什么会这样？假设前一职业的税后净收益更高，人们就会纷纷转向该职业。随着该职业的职工供应增加，他们的工资会相应下降，这个过程将持续到两种职业的净收益相同。简而言之，即使从事不同职业的人需要支付不同的税款，仍存在横向公平，因为税前工资得到了调整。

一些人认为，不存在横向公平的根本原因是只有富人可以享受一定的税务减免。但从效用的角度来看，这样的看法是不正确的。如果所有的高收入者都对这一税务福利具有同样的偏好，那么这一福利就会降低税率的累进性。但无论如何，它们都不会影响横向公平。

这个结论是令人吃惊的：当偏好相同时，现有的税收制度并没有造成横向的不公平。相反，所有的横向不公平都源于税收制度的改变。这是由于在既定的税收制度下，人们必须承担一些很难更改或无法更改的责任。例如，由于自住用房在税收上有减免政策，人们可能选择购买更大的房子。如果修改税收制度，那么他们的福利就会减少，这违反了横向公平。上述分析为既有结论赋予了新的意义——唯一好的税就是原来的税。

税制的变化也许会导致横向不公平，但是这并不意味着税法就不应被修改。毕竟，优良的税制改革能够提高经济运行效率，而且能够提升纵向的公平。但是，支持上述观点的人认为，我们应该放缓向新的税收制度转变的速度。举例来说，如果宣布税制改革将在政策通过的几年后生效，这些以旧式税收体系为基础作出行动的人们至少有一段时间去适应新的制度。但是，要想改变税收制度的公平程序，却很难找到一个公正的方法。目前关于这一领域的研究并不多。

上述对横向公平的效用的定义是非常保守的，因为这个定义意味着既定现状在理论上是合理的。然而，我们并不清楚为什么既定现状值得保留。对上述定义持反对意见的人认为，横向公平的实质在于限制对税收政策的选择，而非为评估不同政策的效果提供标准。所以，横向公平意味着不会征收"变化多端"的税或与标的特点不相关的税种，比如政府要不要对红头发的人课以一种特别的一次性总付税，或者对白蛋糕和巧克力蛋糕课征差别很大的税。

然而，我们依然很难确定应该根据哪些特征来征税。一方面，大部分人认为，在确定纳税义务时，宗教与种族不应有任何相关关系；另一方面，关于婚姻状况会不会对税务负担产生影响，人们的意见则大不相同。尽管大家都认为一些特性是区别纳税义务的正当依据，但问题在于，多大程度上的区分才是恰当的？

总的来说，无论怎样定义，横向公平都是一个非常含糊的概念，但他仍然是一项具有很强吸引力的税制设计原则。平等对待相同的人，这个观念虽不明确，却在税制政策的制定中扮演着非常重要的角色。

（二）税制运行成本

上述税收模型中，隐含的一个假定是税收管理是不需要付出成本的。但很明显，这是不对的，因为我们需要资金来进行税收管理。纳税人也要付出成本，包括聘请会计师和税务员的支出、申报税款和维护会计记录所花费的时间。

在选择税制和福利体系时，应该把管理费用和遵从成本考虑进去。即便是看似公正、有效的体系（就超额负担而言），如果管理太过复杂且成本高昂，也可能不值得采用。例如，对家务劳动、家庭清洁、儿童保育等课税就是如此。对市场工作征税而不对家务工作征税的事实，导致了劳动分工中的重要扭曲，但家务工作很难评估，对其进行征税需要很高的管理成本。

税制设计如果没有考虑到管理成本，就会产生意料之外的问题，一个典型的例子是美国联邦政府在1990年对新珠宝征收的奢侈税。这种税只适用于价值超过10000美元而且只用于装饰目的的珠宝。正如一位评论家所说，管理这样的税收简直是个噩梦。"宝石的拆解和修理不会被征收税款……如果你将宝石镶嵌到其他地方，你将被征收税款；不过，假如有一颗价值三万美金的钻石从戒指上掉下来，你将它重新安上，由于属于修补，你就不会被征税。"也许是因为征收这种奢侈税的成本远大于所征收的收入，所以该税种最终于1993年被废除。

显然，实行任何税收制度都需要成本，但是问题在于如何从超额负担和管理中寻找最好的替代方案。拉姆齐法则主张，每个商品都要有自己的税率，但是这样的话，销售税就很难控制。实行差别税率所降低的额外负担，必须与所增加的管理成本作比较。

第五节 税收制度选择理论的比较

税制是由国家颁布的一系列税收法律和法规的总和，是多个税种结合而成的体系，可以划分为单一税制与复合税制。

一、单一税制理论

单一税制的主要特征是税制由单一税种构成或由单一税种与其他税种的简单结合。在税收历史上，一直有单一税制的积极支持者，但单一税制一直都停留在理论讨论和设想层面，并没有在世界各国付诸实施。单一税制的设想主要有四种：单一消费税、单一土地税、单一所得税和单一财产税。

（一）单一消费税

单一消费税理论的典型代表是17世纪英国重商主义者霍布斯。他根据效用理论认为，消费税反映了人们从政府行为中受益的程度，而且普遍符合平等征税的原则。单一消费税理论的另一个代表人物是19世纪的德国学者普费菲。他根据平等征税的原则，认为只有消费税才能覆盖全体国民，主张对所有支出征税，这与我国现行的对商品征收的消费税有所不同。

(二) 单一土地税

单一土地税理论主要包括18世纪法国重农学派的布阿吉尔贝尔和魁奈等人提出的单一地租说,以及19世纪美国经济学家亨利·乔治提出的单一地价论。单一地租说认为,只有土地上的经济活动才能真正产生收入,如果对土地以外的东西征税,税收负担最终仍会转移到土地上。单一地价论认为,土地私有制是导致社会贫困的主要原因,土地所有者应按其土地增值额的100%或接近100%征税,以便将地主"不劳而获"的租金用于生产发展和为全民谋利益上。

(三) 单一所得税

16世纪时,法国商人布丹在其《国家论六卷》中提出了单一所得税。19世纪后半叶,单一所得税在德国受到广泛关注,比如拉萨尔等人提倡取消一切消费税,采取较高的累进所得税,以私人产权改革为基础,使社会财富均等化。

(四) 单一财产税

法国的计拉丹和门尼埃主张征收单一财产税(或称单一资本税)。他们认为,对既得资本而非资本收入征税,无碍于资本积累。根据资本的不同含义,这一主张后来分成两派:一派得到美国学者的支持,他们认为应针对不动产征收资本税;另一派得到法国学者的支持,他们认为应对所有有形资产征收资本税。

二、复合税制理论

复合税制是指国家同时设立两种或多种税种的税制。通过对不同的应税主体征收不同的税,使各税种相互协调,形成一套完整的体系。这种税制既可以保证财政收入的稳定,又可以有效发挥各类税种的调控作用,在当今世界被广泛使用。我国目前的税制也是复合税制。

建立何种类型的复合税制,历来受到各国政府和财政学者的重视。我国自1984年实行工商税制改革以来,已初步建立起以流转税、所得税为主体,包含多个税制的具有多种功能的复合税制体系。

三、单一税制与复合税制的比较

(一) 单一税制的优点与缺点

单一税制具有税负轻、易于为民众所接受、易于征税、税收成本低等优点。

单一税制的缺点包括:会对经济产生较大的扭曲作用,不符合税收的一般原则;资金来源单一,无法保障国家财政收入;税种单一、缺乏弹性,无法有效地调控经济,不能充分发挥税收的作用等。

(二) 复合税种的优点与缺点

与单一税制相比,复合税制通过将不同类型的税种结合起来,可以实现取长补短的作用,避免上述弊端。

复合税制的优点是：征税范围广，可以覆盖不同的税源，使税收更具普遍性；税源多，可以有效保障财政收入；税制更灵活，能够适应税收需求的变化；可以实现有效的经济调节，促进社会经济的整体发展。

复合税制的缺点是税制复杂，税收征管难度较大、成本较高。

四、税制结构的选择

税制结构是指具有一定功能的税收体系，它由不同税种组成，以实现税收的效率、公平目标。税制结构的选择需要考虑以下三个方面的问题：第一，确定主要税种；第二，设计辅助税种；第三，分析各税种之间的联系及其对经济的调控作用。每个国家都需要确定最符合自身情况的税制结构。

根据主要税种的不同，税制结构分为三种模式：以所得税为主体的税制结构，以流转税为主体的税制结构，流转税与所得税并重的双主体税制结构。

（一）以所得税为主体的税制结构

从总体上看，个人所得税和企业所得税在我国是非常重要的税种。所得税占税收收入的大部分，已成为调节经济的重要工具。作为补充的税种则有商品税、财产税等。我国的所得税实行累进税率，反映了"按量征税"的原则，即对高收入者加税，对低收入者减征，不对无收入者征税，从而达到纵向和横向上的税收公平。累进所得税制度是一种弹性的、具有宏观调控作用的运行系统，但它有其缺点：高累进税率会影响纳税人进行再生产或投资的积极性，进而影响经济效率；所得税的征收和管理很困难。

（二）以流转税为主体的税制结构

在以流转税为主体的税制结构中，商品税起着关键作用，其他税种则处于次要地位。商品税是根据货物的流转额征收的，这意味着只要有货物（包括劳务）流转，就可以征收商品税。因此，这种税制不受生产经营成本变化的影响，具有税源丰富、税收稳定、征税技术要求低、易于实施等特点。但是它的税负很容易被转嫁，对经济的调控作用比较弱。

根据计税依据的不同，我国的流转税体系可以划分为以全额流转税为主体的税制结构和以增值税为主体的税制结构。全额流转税的缺点是会出现重复征税和税收负担具有累退性等特点。但增值税具有较宽的税基，不会产生重复征税问题，而且不会对经济产生负面影响。以增值税为主体的税制结构在促进公平、创造财富等方面并不逊色于以全额流转税为主体的税制结构，而且还能有效地解决后者征税低效的问题。因此，许多国家都采用以增值税为主体的税制结构。

（三）流转税与所得税并重的双主体税制结构

在流转税与所得税并重的双主体税制结构中，流转税和所得税对增加财政收入和调节经济等都发挥着重要的作用。流转税具有覆盖面广、税源丰富、收入及时稳定、征税易操作等特点。而所得税根据纳税主体的经济所得来征税，可以促进社会公平，有效发挥经济调节作用。两大税种相互补充，形成了应用性强、使用效果好的税制结构，这种双主体税制结构不仅在发展中国家得到应用，而且吸引了那些以所得税为主体税种的发达国家的注意。

1. 什么是一次性总付税？所得税是一次性总付税吗？
2. 彼得大帝曾对胡须征税，他认为胡须是多余的、无用的装饰。这一税种按人们胡须的长短进行征税，并根据留胡须之人的社会地位进行累进征税。请从最适课税理论和横向公平这两个角度评价彼得大帝的胡须税。
3. 指出下列表述是否正确并说明理由。
   (1) 对所有商品包括休闲时间课征比例税，等价于一次性总付税。
   (2) 所有商品按相同税率课税时，效率最大化。
   (3) 自然垄断的平均成本定价可以使企业收支平衡，但其结果是无效率的。
   (4) A 工厂提供了免费健身房，而 B 工厂没有提供。横向公平要求按健身房的使用价值对 A 工厂征税。
4. 政府为制药公司提供专利保护，允许他们高价销售多年开发的药物。如果公司成功开发出一种有效的药物，这种专利保护会带来巨大的利润，特别是那些边际生产成本非常低的药品。因此，一些人建议政府对这部分利润征收一次性总付税，以增加财政收入。这是筹措税收收入的有效方法吗？
5. 从效率角度分析，假如可以将休闲时间从一般商品中分离出来，一般商品税应该为零吗？

《公正：该如何做是好？》一书的作者桑德尔曾在一次讲座中讲道：如果突然下了一场大雪，小卖店老板便趁机对雪铲涨价；如果某地区发生地震，周围的便利店便提高纯净水的价格；如果某明星举办演唱会，黄牛第一时间便以高价卖票；如果去医院就诊，谁出的诊疗费越高谁就能提前接受治疗。请问，这是否公平？

经济学家普遍认为，效率和公平往往难以平衡，而实现公平必然需要牺牲效率，反之则必然导致不公平。然而，桑德尔认为，在一个以效率为先的市场经济体系中，我们应该更加关注公平。在经济学中，公平意味着使人们的利益、行为、规则和制度适应社会发展的需要。效率则是指人们在生产实践中的效益和成本之比，这个比例越高，效率就越高。公平和效率之间的关系并不矛盾，只要我们在两者之间找到平衡，就能实现双方的协调运行。然而，在实践中，由于个人欲望、价值观，以及政治、经济等因素，平衡公平和效率的方法往往很难找到。

(1) 税制设计如何遵循效率原则？
(2) 税制设计如何考虑横向公平和纵向公平？

第四章 税收筹划概述

本章主要介绍税收筹划的基本理论和基本方法。通过本章的学习,读者应掌握税收筹划的概念,明确税收筹划与偷税和避税的区别,了解税收筹划产生的原因、税收筹划的种类,以及税收筹划的工作步骤等,并熟悉税收筹划的一般方法,为进一步学习税收筹划操作技巧、提升税收筹划实务操作能力奠定基础。

第一节 税收筹划的含义

一、税收筹划的产生与发展

(一) 税收筹划的产生

税收筹划起源于19世纪中期的意大利。当时意大利的市场交易十分活跃,税收筹划业务也随之兴起,在此背景下税务咨询专家的社会地位逐渐提高。税收筹划概念的正式提出,来源于美国的财务会计准则。财务会计准则委员会(FASB)在《美国财务会计准则公告第109号——所得税的会计处理》(SFAS109)中提出了"税收筹划战略"(tax-planning strategy)概念,认为税收筹划是一项满足某种标准,其执行会使一项纳税利益或营业亏损或税款移后扣减在到期之前得以实现的举措。SFAS109的表述较为准确地说明了税收筹划与税务会计的关系,尽管现代税收筹划的边界远远超出了SFAS109所定义的范围,但税收筹划始终是税务会计的重要组成部分。

20世纪以来,有三件里程碑事件使税收筹划正式进入人们的视野。

第一,英国上议院成员汤姆林爵士在1935年就"税务司司长诉温斯特大公"一案发表了一段关于税收筹划的陈述:"任何人都有权利安排自己的事业。如果依据法律所做的某些安排可以少缴税,那就不能强迫他多缴税收。"这一陈述在法学上被广泛接受,也是历史上税收筹划被立法承认的先决条件。

第二,美国联邦法官勒纳德·汉德在一份法院裁决中大胆地为纳税人辩解:"为了减少税收,人们可以适当地组织自己的工作,这是没有问题的。人人都能做到,无论贫富。纳税人无须缴纳超出法定义务的税款。征税是一种强制性的,并非是一种自发的捐助。从道义的角度去索取税款,这是一种奢侈的行为。"此后,这一案例成为了美国税收筹划的基础。

第三,欧洲税务联合会于1959年在法国巴黎建立,该联合会由欧洲五个专门的组织组成,目前已扩展至20多个国家,包括英、法、德、意等国。欧洲税务联合会的宗旨是"为纳税人进行税收筹划"。

从历史的发展来看,税收筹划的前提条件是"理性经济人"假设。私法自治原则赋予了纳税人自主选择税收筹划的权利,而税收法定原则保障了纳税人开展税收筹划的权利。

(二)税收筹划的发展

从20世纪中叶开始,税收筹划日益受到各国税务机关的关注,税收代理业务出现新的发展空间。会计师事务所,如德勤、普华永道、毕马威、安永等,都开始涉足税务规划领域,其在这一领域中的收益甚至可以占到其总收入的一半以上。在我国,税收筹划也是税务服务领域的主要组成部分。

我国的税收筹划起步比较晚,现有的税收筹划方案大都停留在"以税论税、单边筹划"的层次,许多所谓的"税收筹划"方案充其量只是依靠税收优惠政策获取税收利益的方案。在企业经营活动、业务流程和税收筹划活动深度整合的过程中,还没有充分考虑到其他合同方的利益诉求和非税费用的影响。

当前我国税收筹划在实践中存在两种类型:一种是根据税法的基本原则,将税制要素与操作过程结合在一起,剖析税法中隐含的税务优惠或"税收漏洞";另一种则倾向于研究税收筹划方法,讲求逻辑结构的严谨性,具有较强的理论性,然而这类税收筹划方案与实际工作的关系并不密切,缺乏可操作性。与后者不同的是,前者从一开始就把重点放在了税收筹划方案的实施上,从税收实践的视角探讨税收筹划的可行性。本章试图从税收筹划实践中归纳出税收筹划的基本原则和方法。

二、宏观经济视角下的税收筹划

(一)税收筹划的宏观定位

税收筹划实质上是指在税法允许的条件下,纳税人减轻税负、降低风险的活动。税收筹划的特征主要表现在以下两个方面:①税收筹划是在法定的情况下进行的,是在遵循各种税收法规的前提下作出的最优选择;②税收筹划与政府的政策目标通常是一致的,政府可以通过税收法规和税收政策引导企业的投资与支出方向,从而实现政策目标。对于纳税人来说,要将自己的主观节税欲望转变为实际节税行为,需要满足一定的客观条件。健全的税制和合理的税收政策对税收筹划具有重要影响。

(二)税收筹划与公平效率

企业的税收筹划行为能够准确地反映和表现政府对公平与效率的政策倾向,是政府实现政策目的的重要途径。政府利用税收法规面向特定产业或区域的纳税人进行税收政策调整,给予灵活的税收活动空间,从而在税务固定的前提下使纳税人具有了节税的灵活性。而节税的灵活性主要取决于纳税人自身参与税收筹划的积极性及其筹划水平。

税收活动空间的调整反映了政府在公平和效率上的抉择。如果税收条款适用于全体纳税人而不只是某一产业或区域,则在具有相同的节税灵活性的情况下,税收筹划体现得更多的是公平而非效率。但是我国的经济发展存在着巨大的区域差异和行业发展不平衡性。企业拥有的资源种类和规模大小,也在一定程度上影响着他们在市场中的位置,这就导致了他们在风险管理、盈利能力和核心优势上的差异。此时税收的作用在于,在税种结构上进行适当的调整,给予那些在经济上处于弱势的小投资者、欠发达地区,以及低收入地区的纳税人等以比较大的节税空间,从而在一定程度上补偿它们因市场不平等而出现的亏损。

(三)税收筹划与宏观调控

税收筹划和宏观调控是一种互相依赖的关系。征税仅仅是政府的一个附加目的,它的首要目的是刺激经济的发展。所以,要想对经济活动进行有效的调控,就需要利用好纳税人这个沟通桥梁,对税务活动进行有效的调控。纳税人是税务活动中的关键一环,它可以生成两种信息参数:一是他们向政府缴纳的税金;二是他们所使用的各种生产性要素。纳税人开展税务筹划的基本原则是尽量减轻税负,从而实现最佳的税后收益。

在既定的税制框架下,纳税人往往面对多种具有不同税负的纳税方案。事实上,税收筹划是纳税人对国家税法与宏观调控作出的合理的、良性的反应,政府合理引导企业的税收筹划行为可以达到涵养税源、调节产业结构的目的,有助于社会经济资源的优化配置。

在市场经济环境中,政府在调节社会资源分配方面起着主导作用,在保持宏观经济平稳运行、促进行业动态发展等方面发挥着重要作用。

三、税收筹划与偷税、避税的区别

(一)偷税

偷税(tax evasion)是纳税人为了规避税收义务而采取的隐瞒、虚报等欺诈行为。偷税又被称作逃税,其行为具有明显的欺诈性质和违法性质。

在我国税收实务中,偷税的含义包括:纳税人伪造、变造、隐匿、擅自销毁账簿、记账凭证,或者在账簿上多列支出或者不列、少列收入,或者经税务机关通知申报而拒不申报或者进行虚假的纳税申报,不缴或者少缴应纳税款的,是偷税。在《中华人民共和国刑法修正案(七)》中,"偷税罪"被改为"逃避缴纳税款罪"。偷税可以归纳为以下五种类型。

(1)伪造、变造、隐匿、擅自销毁账簿、记账凭证。2002年11月4日,最高人民法院作出关于开票违规的司法解释:纳税人伪造、变造、隐匿、擅自销毁账簿、记账凭证的,应以《中华人民共和国刑法》第二百零一条第一款规定的伪造、变造、隐匿、擅自销毁账簿、记账凭证的规定处理。

(2)在账簿上多列支出或者不列、少列收入。关于这种偷税方式的争论主要集中在如何区分纳税人获得虚开增值税专用发票以及将该发票额计入账中的情况。对这一问题,国家税务总局作出规定:"纳税人非法取得虚开的增值税专用发票上注明的税额已经计入'应交税费'中的进项税额的,构成'在账簿上多列支出'的行为,应确定为偷税。"

(3)经税务机关通知申报而拒不申报的行为。纳税人、扣缴义务人应按法律程序进行纳税登记;纳税人依法无须进行纳税登记的,税务部门以书面形式告知其申报;纳税人、扣缴义务人,未经税务登记的,应按规定向税务部门发出书面通知。

(4)进行虚假的纳税申报。最高人民法院的司法解释指出,虚假的纳税申报是指纳税人或者扣缴义务人向税务机关报送虚假的纳税申报表、财务报表、代扣代缴或代收代缴税款报告表或者其他纳税申报资料等。其主要特点是申报表、申报材料与纳税人账簿内容不符。按照国税局征收管理科的解释，纳税人编造虚假计税依据，指的是伪造会计凭证、会计账簿，或者通过修改、涂抹、挖补、拼接、粘贴等手段变造会计凭证、会计账簿或者擅自虚构有关数据、资料，编制虚假的财务报告或者虚报亏损等。

捏造不实的纳税基础有两种后果：一是虚编计税依据，导致不缴或少缴税。这样的做法即是逃税，税务部门应当依照《税收征收管理法》第六十三条的规定，依法追回税款，收取滞纳金，并处不缴或者少缴税款五成以上五倍以下的罚金；二是没有发生不缴纳或减少缴纳的情况，但是会对申报的真实性产生一定的影响，从而导致在未来的税务期间不缴纳或减少缴纳。按照《税收征收管理法》第六十四条，纳税人和扣缴义务人有权在限期之内纠正伪造的税款，并对其处以不超过五万元的罚金。

（5）骗取税款。骗取税款的表现有很多，这里从三个方面进行论述。第一，纳税人先缴纳了税款，然后以假报出口或者其他欺骗手段骗取所缴纳的税款，构成了逃税。第二，伪造出口货物，以虚假申报等方式取得国家出口退税的，属于骗取出口退税。第三，纳税人在缴纳了税款之后，通过虚假申报或者其他虚假手段，取得超过应缴纳的税额。例如，纳税人先缴纳了一百万元税款，接着又骗取了一百五十万元的税款。在此情形下，应将其分开界定：已缴纳税款部分，即一百万元部分，视为逃税；超过已缴纳税款部分，本例中即超出的五十万元部分，视为骗取出口退税。

（二）避税

1. 避税的概念

避税是一个较为模糊的概念，难以用一种可以被广泛认可的语言来界定。《中国税务百科全书》对避税有如下解释：避税是指在缴纳税款之前，由具有法定资格的单位、个人采取一些巧妙的方法减少或免除税款。为了减少纳税义务，纳税人有时会利用规则漏洞或使用模糊手段。这种避税行为虽然会被视为不道德的，但并不违法，并且并没有欺骗的性质。

2. 避税的合法性

英国、美国、德国、阿根廷、巴西、墨西哥、挪威都承认纳税人可以行使避税的权利。在巴西，纳税人有权利在合法的情况下，自由地选择使其纳税金额最小化的经营模式，但是，这需要在真实的业务环境中进行。

虽然在这些国家中，避税的正当性已经被法律所承认，但是，这并不代表政府就会放任所有避税行为的发生。实际上，对于那些经常出现并且具有重大影响的避税活动，各国都会制定相应的管制措施，如实施转让定价税制、设立避税港等。

有几个国家经常将避税与逃税画上等号。如澳大利亚《所得税征收法》第231条指出，如果因不履行或不遵守纳税责任而以欺骗或虚构手段逃避税款，则属于非法。在这些国家，任何钻法律空子的行为，就会被认为是违反了法律。他们禁止避税行为的依据在于，一旦避税被认为是正当的，就会损害税收公平的原则。但澳大利亚当局对于避税行为的界定，特别是将避税与偷税并列的做法，仍遭到众多学者的质疑。

我国《税收征收管理法》没有规定避税或者税收筹划的概念。国家税务总局税收科学研究所编制的《2002中国税收实务手册》中提及,逃税可以分为两类:一类是广义上的逃税,即纳税人通过各种合法或不正当的方式规避税款;一类是狭义上的逃税,是纳税人通过不法途径减少税款或逃避税款的行为。一般来说,通过合法途径减少税收负担或逃避税收义务属于避税,而通过违法的方式减少或拒绝履行税收义务则属于逃税。

总的来说,避税是纳税人为减少税收负担而在法律框架内采取的经济活动。但是,如果纳税人利用税收法规和政策上的漏洞或制度缺陷,通过操纵手段人为地降低税收支出,这类避税行为仍可能构成逃税行为。税务机关可以采取强制性的反避税措施,调节纳税人的财务状况并要求其补交税款。

3. 避税的特征与分类

1)避税的特征

根据避税的定义,我们可以发现,避税行为具有以下特征。第一,避税行为是正当的或不违法的行为。也就是说,避税所采取的行动既是正当的,也是合法的,与偷税和逃税显然不同。第二,主要的避税方式是通过利用税收法规或者税收制度中的漏洞来减少税收负担。第三,虽然避税是合法的,但是它常常违反税收法规的初衷,因而会被视为不道德的。

避税的方法是千差万别的。我国早期曾对作为皮肤护理商品的香皂实施消费税,而肥皂不是皮肤护理商品,因此无须缴纳消费税。于是,一家公司制造出一种介于香皂和肥皂之间的中间产物——阿尔贝斯皂,从而逃避缴纳消费税。在世界范围内,最普遍的逃税手段就是借助避税港(即某些没有税收负担或税负特别低的地方)的税收优惠政策,并利用关联公司之间的转移定价,达到避税目的。在避税港设立企业是一种常见的避税方式,但违背了税法的本质,可以说是对税法的扭曲和误用。因此,各国对于避税港往往采取不接纳或拒绝的方式。而对于一些比较明显的避税现象,权力部门往往会通过专门的立法或在相关税法中规定特殊条款予以反制。

2)避税的分类

从避税行为的方式、本质属性及其产生的效果来看,可以将避税行为划分为两大类型:一种是灰色避税,另一种是中立避税。所谓的灰色避税就是指通过对经济活动进行调整,以减少税收负担,或是提交的会计和税务资料与实际情况不符。中立避税是指利用现有税法的漏洞和税制的不足,或利用不同地区、不同时期的税种差别,对各种经济活动进行精心的规划和合理的组织,使其成为非税行为,或将高税负行为转化成低税负行为。税法上的缺陷是指那些使税法失效或效率低下的条款。税制上的不足主要体现在税收程序、定额税、转让定价和税收管辖权等层面。

在实际操作中,避税具有很强的投机性,一般都具有巧妙的手段。信息不对称与避税密切相关,它助长了避税,而避税的合法性又助长了扭曲、误导、模棱两可或混淆等蓄意行为。灰色避税具有明显的投机色彩,应当由商业道德来规范。中性避税既体现了纳税人的一种适应能力,又是一种对税收环境的敏感性反映,它既应得到法律的保障,又可以与企业道德相辅相成,是市场利润驱使下的一种常态。

市场经济是建立在法律基础之上的经济体制,而市场经济的运作又是建立在道德的基础之上的。维持社会经济秩序,在某种意义上也依赖于道德。避税行为不仅涉及是否合法的问题,该行为还必须面临道德上的压力。

第二节 税收筹划的相关理论

一、有效税收筹划的理论框架

早期的税收筹划主要以降低公司的税负为主。然而，在企业的业务和运营状况越来越复杂的情况下，与税收筹划有关的费用也随之增加。马克·沃尔夫森（Mark Wolfson）和迈伦·斯科尔斯（Myron Scholes）在 1992 年提出了一种新的有效税收筹划理论，认为"有效税收筹划"是指以公司的总体利益为基础，以合法性为前提，坚持事前筹划，利用综合节税最大化原则、效益与费用原则来优化企业的总体税负，提高企业财务管理效率。迈伦·斯科尔斯和马克·沃尔夫森提出了有效税收筹划的三个重要思路，具体内容如下：一是采用多边契约方法（multilateral approach），即在进行税收筹划时，既要兼顾各方的税收收益，又要考虑各主体的纳税需求和利益平衡；二是确定非税成本（non-tax costs），也就是在进行税收筹划时，要将各种相关的费用都纳入考量，而不能只限于税收费用；三是考虑隐性税收（hidden taxes），即在进行税收筹划时，纳税人不仅要考虑交给税务当局的显性税收，还必须考虑隐性税收，从而建立起一套制度化的税收筹划思考体系。

应该注意到，有效的税收筹划与税收最小化是不同的。在制定税收筹划策略时，应该把税后利润最大化纳入策略制定中。在全球贸易成本高昂的情况下，实行最少征税政策将会产生巨大的成本。

二、税收筹划与企业战略相关理论

（一）税收筹划与企业战略

在企业的运营过程中，税收筹划是一个非常关键的问题。它能够在一定程度上维护公司的战略竞争力和持续盈利的优势。企业在制定经营战略时，必须考虑税收筹划这一部分。

企业战略着眼于公司的总体发展目标与发展趋势，是为公司的长远发展制定的规划，实质上也是为了顺应市场的发展而进行的调整与改变。在探讨税收筹划与公司经营战略之间的联系时，应着重指出：公司的战略优先，然后才是税收筹划。在一些情况下，税收筹划可以作为辅助手段来达到公司的战略目的，但它绝不会成为一个决定性因素。

企业在选择特定的市场时，最主要的考量不是税收筹划的空间，而是进入该市场并取得收益的可能性。比如外资企业在中国投资时，除了考虑税收优惠政策外，主要还是看中了我国庞大的消费群体。当然，税收优惠政策也会给投资人创造有利的环境，增加企业在该地区投资的吸引力。

（二）税收筹划战略管理方法

税收筹划战略管理是以系统化、前瞻性的思想为基础进行的战略经营活动。本书所论述的税收筹划战略管理的主要手段是税收链，其战略管理方式为合作博弈。

迈克尔·波特（Michael Porter）在《竞争优势》一书中提出了价值链理论，认为可以将公司视作由管理、设计、采购、生产、销售、交货等一系列生产经营活动构成的链条。企业的生产经营活动主要包括供应活动、研发活动、生产活动和销售活动四个方面。公司通过这四个方面的活动在生产过程中形成了一条明确的、完全的、具有价值的生产链,也就是所谓的"价值链"。

从价值流动的轨迹来看,公司所承担的税费也构成了一条涵盖采购、研发、生产、销售等各方面的税收链条,称为税收链。税收链有助于分析税收的形成机理与环节。对于企业而言,其承担的税收义务都是在业务流程和价值流转中形成的。

税收筹划是实现公司价值成长和经营战略的一个主要手段,企业税收链(价值链)某一环节的改善或优化可能对税收筹划带来直接或间接的影响。所以,从战略角度出发综合考虑税收筹划工作,根据公司内部和外部环境的变动,将税收链(价值链)和税收筹划相结合显得尤为重要。需要注意的是,不当的税收筹划也可能导致公司在运营和税务方面出现问题。

通过对税收链进行剖析,可以较容易地发现哪一个环节适合开展税收筹划。在税收链基础上制定税收筹划战略,既要着眼于局部环节的税务问题,又要着眼长远,把税收链各个环节的税收效益都纳入考虑范围;既要考虑企业自身的税收情况,又要兼顾利益相关方的税务诉求。

三、税收筹划的风险分析与管理

(一)税收筹划的风险分析

税收筹划的风险是指税收筹划效果与纳税人的期望背道而驰的可能性。企业经营行为具有复杂性和可变性,在开展税务筹划时,这些因素可能给企业带来经济损失、受到法律制裁、造成信用损失等不利影响。下面对税收筹划中可能存在的问题作简要说明。

1. 税收筹划方案的设计具有主观性

税收筹划方案的设计依赖于纳税人的主观判断,主要包括对税务决策的理解和判断和对纳税行为的理解和判断。一般而言,税收筹划的成功率与税务人员的专业素养有直接的关系。

2. 税收筹划方案的实施具有条件性

税收筹划方案的实施需要满足特定的条件。纳税人既要考虑企业自身的生产和运营状况,合理地运用税收政策,又要在一定程度上考虑外部环境对税收筹划的影响。由于纳税人的经营行为和税收政策的变动,税收筹划的执行可能存在一定的风险。

3. 纳税人与税务机关权利义务的不对称性

税务机关和纳税人都是税收法律关系的权利主体之一,双方的法律地位是平等的,但由于主体双方是管理者与被管理者的关系,所以双方的权利和义务并不完全对等,主要表现为税务机关拥有较大的自由裁量权。税收筹划方案能否顺利实施,在很大程度上取决于税务机关对税收筹划方案的认可程度。

(二)税收筹划的风险管理

1. 税收筹划的风险类型

税收筹划的风险包括企业开展经营活动的风险和税收制度发生变化的风险,即经营风险和制度风险。

经营风险是指未合理预见实施计划的影响所产生的危险;制度风险是在既定税收制度下行之有效的税收筹划方案可能由于税收制度的变化而失去效力的危险。企业开展税收筹划时必须考虑这两种风险。例如,过去有些公司经常利用"公费旅行"名义来给员工发放津贴,从而规避税收。为了填补这一漏洞,税务部门出台了有关税收法规:所有公务旅行的员工在计算纳税额时都要按当月的工资和薪金扣除旅行费用。随着这一规定的出台,利用"公费旅游行名义发放津贴从而规避税收的做法就失效了。

2. 税收筹划风险管理模式

税收筹划风险管理是指对税收筹划的各种风险进行识别与评价、管理与控制,从而降低企业风险损失的活动。

1) 风险规避模式

风险规避就是为了避免风险的出现而回避采取某项行动或活动。风险规避是最全面的防范措施,但是它仅适用于非常有限的领域,因为公司无法为了规避风险而放弃实施税收筹划。

2) 风险控制模式

风险控制是指采取某种活动使风险的程度和频率最小化,包括事前、事中和事后控制三个环节,其重点在于降低风险发生的可能性,减轻风险损失的程度。

3) 风险转移模式

风险转移是将风险转嫁给参与风险计划的其他人身上,一般通过合约的形式进行。譬如,纳税人可以与税收筹划方案设计者签订责任约定合同或损失保险合约等以转移风险。

4) 风险保留模式

风险保留是指遭遇风险的经济主体自我承担风险所带来的经济损失。风险保留的重心在于寻求和吸纳风险融资资金,有两种途径:一种是在风险发生后承担损失,纳税人可能因为需要承担突如其来的巨大损失而面临财务问题;另一种是为可能出现的风险做准备,在财务上预提风险准备金就是常用的办法之一。

3. 税收筹划风险管理的具体措施

1) 密切关注财税政策的变化,建立税收信息资源库

税收筹划的关键是准确把握税收政策,准确理解和把握税收政策是设计税收筹划方案的基本前提,也是保证税收筹划方案质量的基础。但税收政策层次多,数量大,变化频繁,掌握起来非常困难。因此,企业应建立税收信息资源库,对适用的政策进行归类、整理、存档,及时并跟踪政策变化。

2) 正确区分违法与合法的界限,树立正确的筹划观

依法纳税是纳税人的义务,合理合法地筹划涉税问题、科学安排收支,则是纳税人的权利。纳税人应树立正确的筹划观:税收筹划可以在一定程度上节税,但不是万能的,其筹划空间和弹性是有限的。

3) 综合衡量税收筹划方案,降低税务风险

实施筹划方案往往会牵一发而动全身,因此要注意筹划方案对整体税负的影响。实施筹划方案的过程还会增加纳税人的管理成本,这也是不容忽视的问题,同时还要考虑战略规划、税收环境的变迁等风险因素。

4) 保持税收筹划方案适度的灵活性

由于纳税人所处的经济环境千差万别,加上税收政策和税收筹划的主客观条件时刻处

于变化之中,这就要求纳税人在进行税收筹划时,要根据自身实际情况制定纳税方案,并使方案保持一定的灵活性,以便在国家税制、税法和相关政策发生调整和经济预期发生变化时,对筹划方案进行重新审查和评估,并适时更新筹划内容,采取措施分散风险,保证税收筹划目标的实现。

5) 具体问题具体分析,切忌盲目照搬

税收筹划虽有一定的规律,但筹划方案的设计没有固定的套路。每个企业都是个性化的存在,因此不存在所谓最好的方案,只有最适合企业实际的方案。针对不同的问题,要具体问题具体分析,切忌盲目照搬、照套别人的方案。

第三节 税收筹划的目标与原则

一、税收筹划的目标

税收筹划的根本目的是减轻税收负担,使税后收益最大化,主要表现就是实现最少纳税、最晚纳税,也就是实现"经济纳税"的目标。税收筹划的实施主体,既可以是纳税人自身,也可以是纳税人的委托人。

税收筹划的实施可以分为两个方面:一是在企业现有的资产和业务状况下,通过对企业的收入、支出等进行会计确认、计量和记录,以及开展投融资规划等,实现减轻税负和提高盈利水平的目标;二是根据税法等法规制度,通过兼并重组、合并分立、破产清算等方式,达到减轻税负、增加企业运营资金和扩大资产的目的。由于各公司的产权结构、规模、组织形式、管理水平等不尽相同,因此税收筹划的实施对象也不尽相同。本书提倡对税收筹划的目标作层次化或具体化分析。

税务筹划的基本目标可以具体化为以下五个方面。

(一) 恰当履行纳税义务

恰当履行纳税义务是税收筹划的最低目标,其目的在于避免因规避纳税风险而产生任何法定义务以外的纳税成本。由于纳税是一种强制行为,因此公司一旦违背税收法规定,就会面临法律上的违规。纳税人必须做到依法纳税,从而减少涉税风险的发生。由于税收制度具有复杂性和变动性,纳税人要想恰当履行纳税义务,就必须持续学习,及时、准确掌握现行税收法规,并据此制订合理的纳税计划。

(二) 降低纳税成本

纳税人在正常经营过程中需要承担一定的税务费用。纳税成本是指纳税人在完成纳税时所付出的人力、物力和财力,包括直接纳税成本和间接纳税成本两类。直接纳税成本的确定与测量比较简单,间接纳税成本则需要通过估算得到。减少纳税成本,除了要深入认识纳税成本和提高纳税能力外,还要考虑税收制度的合理性、税收征管人员的素质水平、税收征管的基本手段和方法等因素。应当注意,降低税负会提高公司的盈利水平和应纳税所得额,从而在一定程度上提高税额,实现各方的共赢。一般来说如果不减少纳税人的税收负担,就不会减少税收征管费用。

(三)控制企业税务风险

企业税务风险是指企业涉税行为引起的风险。在经营活动中,涉税行为必须具备合规性,也就是说,所有涉及税务的事项都必须符合税收法规的要求。企业财务报表编制、纳税申报和税务登记(变更、注销)、凭证账簿管理、税务档案管理等都要遵守相关法律法规。

(四)获取资金时间价值

如果纳税人可以合理、高效地使用他们的资金,那么他们的资产价值就可以更快增长。利用税收筹划延迟缴税,等同于获得一项无息借款,借款数额越大、时间越长,越有利于公司的发展。在信贷快速发展的年代,企业的运营资金往往有一部分来自负债,但负债运营具有一定的成本和风险,这就需要企业具备适度的负债规模和合理的负债结构。而合理合法地延迟缴纳税款,通常不存在运营风险和法律风险,有利于企业降低成本、提高效益,改善公司的财务环境。

(五)减轻税收负担与增加税后利润

公司的经营目标是在税收核算范围之内,尽量增加税后收益。税收筹划就是其中一个非常关键的环节。在税收筹划过程中,增加税后收益的主要途径就是减少税收负担。在执行纳税筹划方案时,应以服从和服务企业的财务目标为主,减少税收负担只是实现财务目标的一个手段。

在企业的运营过程中,实现税负最低、利润最大的目标是一个复杂的系统工程,必须进行全面规划与布局。税收筹划不能仅看单个税种应缴纳多少费用,也不能简单地用当前的税收负担来衡量今后的税负程度,而是要从全局和长期的角度来规划。在实现税后收益最大化的情况下,企业是可以采取更高的税收负担的。由于边际税率的变化会影响货币的时间价值,因此在计算货币的时间价值时,也要注意边际税率的影响。

税负最小化更多的是从经济学的视角而不是从税法的视角作出的要求,其重点在于充分地运用企业的现金流,帮助纳税人充分获取利益。税收筹划的各个目的并非完全分离,各个企业的具体目的也不尽相同,要具体问题具体分析。

二、税务筹划的原则

(一)守法原则

税收筹划一定不能违反税法,换言之,违反税法的行为根本不属于税收筹划范畴。因此,以避税之名行逃税之实的"筹划"根本不是税收筹划(当然也不是避税)。企业进行税收筹划,应该以国家现行税法及相关法规等为依据,要在熟知税法规定的前提下利用税制构成要素中的税负弹性等进行税收筹划,从中选择最优的纳税方案。

(二)自我保护原则

从本质上讲,自我保护原则是守法原则的一种扩展,因为只有遵纪守法,才能真正保护自身。纳税人要做到自我保护,通常要做到以下几点。

一是增强法律观念,严格遵守税收法规。

二是熟悉税法及其他法律规定。我国大多数税种的税率并非统一,纳税人在从事不同税种、税率的相关经营活动时,应按不同税率(退税率)分别设账,分别核算(与财务会计的设账原则不同);当有混合经营行为时,要掌握混合经营的计税要求。此外,由于增值税采用了增值税专用发票的抵扣制度,因此要对其进行严格的审查。

三是熟悉会计制度。《企业会计准则第18号——所得税》中规定了"与税制脱钩"的基本原理。因此,在此基础上,如何合理地进行涉税事项的财务会计与税务会计处理十分重要。

四是熟悉税收筹划的技巧。对纳税人而言,应确保在不违背税法的前提下,避免高税率和高税负,从而达到税后收益的最大化。

(三) 成本效益原则

在整个人类历史进程中,成本效益原则是最重要的。为了达到公司的财务目标,税收筹划必须使其收益超过成本,也就是要体现出经济效益。

收益分为短期收益和长期收益。从短期收益角度来看,企业应兼顾税收筹划过程中的显性收益和显性成本,同时要关注税收筹划背后的隐性成本。显性成本是指实施税收筹划产生的实际支出,隐性成本是指实施税收筹划付出的机会成本。从长期收益角度看,在分析"税负最低"和"利益最大"之间的矛盾时,应当遵循"最佳利益"的原则。

(四) 时效性原则

税收筹划是在一定法律环境下,在既定经营范围、经营方式下进行的,有着明显的针对性。随着时间的推移,社会经济环境、税收法律环境等不断发生变化,企业也需要不断调整既有税收筹划方案,以适应税收政策的最新导向,确保企业持续获得税收筹划的收益。

(五) 综合性原则

在进行税收筹划时,要综合考量相关税种的税负,进行整体筹划、综合衡量,力求使总体税负最轻、税后收益(价值)最大,防止顾此失彼、前轻后重。

从微观角度来看,企业不能只顾单个税种的税负。间接税减少,直接税税负会不会因此增加?所以,企业应从总体上考虑税负程度。此外,税收的削减并不必然意味着收入的增长。比如,一些合资公司通过转让价格体系将利润反向转移到国外高税区,其意图是规避汇率控制,保障总体利益,或为外国投资者减少税收负担。

(六) 风险收益均衡原则

税收筹划既有利,也有弊。在一定的时间、条件和环境下,可能发生各种变动,导致某一事项的实际结果与预期结果出现偏差。在税收筹划过程中,经济波动风险、市场风险、政策风险等都可能出现,同时企业自身内部也会出现经营风险。许多时候,由于税收筹划的实施会对公司未来的运营产生一定的冲击,这必然会导致收入的不确定性以及资金支付期限的差别。所以,在对税收筹划进行效益和费用的衡量时,要兼顾当前和未来,实现风险和收益的均衡。

第四节 税收筹划的主要方法

一、纳税主体筹划法

纳税主体筹划法是指通过适当调整税收主体,对税收负担进行控制的税收筹划方式。其特点是操作简单灵活,节税效果显著。纳税主体也称纳税人,是指对企业承担纳税责任的单位和人员,分为法人与自然人两种,前者又分为行政法人、事业法人和企业法人。由于税务转移的影响,纳税人不必成为最后的缴费者。

纳税人有很多种类型,如个体工商户、个人独资企业、合伙企业、公司制企业等。不同类型的纳税人适用不同的税收规定,这为税收筹划的运作打下了基础。根据我国税法,个体工商户、个人独资企业和合伙企业不需要缴纳公司所得税,因此其整体税收负担比较轻。而公司制企业需要按25%的所得税税率进行缴税(部分企业实行15%的税收减征或免征)。公司核算利润时应扣减相应的所得税费用,随后才能在公司股东之间进行利润分配。公司股东取得分配的利润后仍需要缴纳所得税,这被称为"双重征税"。

在实施纳税主体筹划法时,应当综合考量税收风险、税收优惠等重大因素。在不同的行业或组织形式中,经营者面临的税务环境和风险环境是不同的。个人独资企业和合伙企业的税收负担比较低,但通常会承担较高的运营风险;公司制企业尽管存在双重征税的巨大压力,但企业所有者以其出资额为限对公司承担责任,控股股东以其自身的资金为限对公司承担责任,管理和财务风险相对较低。因此,在进行纳税筹划时应综合考虑上述因素。

此外,不同类型的纳税人之间还会发生转化。比如,依照国外法律成立但在中国境内具有实际管理机构的企业,根据税法规定,应将其视为居民企业。若该企业将实际管理机构迁出境外,则该企业就转化为非居民企业。在增值税方面,一般纳税人和小规模纳税人也可以在满足法定条件下发生转化。一般纳税人根据不同税目,适用的增值税税率有13%、9%和6%,且实行税款抵扣政策,即应纳增值税税额为销项税额减去进项税额。而小规模纳税人通常情况下适用的增值税税率为3%,销售、出租不动产的增值税税率为5%,且不实行税款抵扣政策。下面对一般纳税人和小规模纳税人的税负进行比较,确定两类纳税人的税负平衡点。

(1) 税负无差别平衡点增值率(不含税销售额)的测算。

假定纳税人的不含税销售额为 S,可抵扣购进金额为 P。一般纳税人适用的增值税税率为 T_1,小规模纳税人适用的增值税税率为 T_2,则增值率 $R=(S-P)/S$。

$$\begin{aligned} \text{一般纳税人应纳增值税税额} &= \text{销项税额} - \text{进项税额} \\ &= S \times T_1 - P \times T_1 = S \times T_1 - S \times (1-R) \times T_1 \\ &= S \times T_1 \times R \end{aligned}$$

小规模纳税人应纳增值税税额 $= S \times T_2$。

当一般纳税人和小规模纳税人的税负相等时,其增值率就是税负无差别平衡点增值率

(不含税销售额),此时存在 $S \times T_1 \times R = S \times T_2$。可求出 $R = T_2/T_1$。按照上述结论,税负无差别平衡点增值率(不含税销售额)组合如表 4.1 所示。

表 4.1 税负无差别平衡点的增值率(不含税销售额)

T_1	T_2		R	
13%	3%	5%	23.08%	38.46%
9%	3%	5%	33.33%	55.56%
6%	3%	5%	50.00%	83.33%

(2) 税负无差别平衡点增值率(含税销售额)的测算。

S、P、T_1、T_2 的含义同上文,R^* 表示税负无差别平衡点增值率(含税销售额),则

一般纳税人应纳增值税税额 = 销项税额 − 进项税额
$$= S \times T_1/(1+T_1) - P \times T_1/(1+T_1)$$
$$= [S \times T_1 - S \times (1-R^*) \times T_1]/(1+T_1)$$
$$= S \times R^* \times T_1/(1+T_1)。$$

小规模纳税人应纳增值税税额 = $S \times T_2/(1+T_2)$。

当一般纳税人和小规模纳税人的税负相等时,可以求出税负无差别平衡点增值率(含税销售额),此时存在 $S \times R^* \times T_1/(1+T_1) = S \times T_2/(1+T_2)$。可求出:

$R^* = [(1+T_1)T_2]/[(1+T_2)T_1]$ 或 $R^* = (T_2/T_1)[(1+T_1)/(1+T_2)]$

按照上述结论,税负无差别平衡点的增值率(含税销售额)组合如表 4.2 所示。

表 4.2 税负无差别平衡点的增值率(含税销售额)

T_1	T_2		R^*	
13%	3%	5%	25.32%	41.39%
9%	3%	5%	35.28%	57.67%
6%	3%	5%	51.46%	84.13%

纳税人还可以通过税收筹划使某项业务不再属于某一种税的征收范围,从而避免负担该税。例如,房产税的征收范围包括城市、县城、建制镇和工矿区的房产。如果将房产界定为有屋面和围护结构(有墙或两边有柱),能够遮风挡雨,可供人们在其中生产、学习、娱乐、居住或者储藏物资的场所,那么符合上述条件的房屋在交易时一般就需要缴纳房产税。而独立于房产的建筑物,如围墙、烟囱、水塔、变电塔、室外游泳池、喷泉等,则不属于房产。若企业拥有这些建筑物,则不成为房产税的纳税人,不需要缴纳房产税。又如,消费税是一种非普遍征收的税种。在普遍对实物商品征收增值税的基础上,选择对部分商品征收消费税旨在保护环境、调节消费、履行节约等。企业在扩大经营时,所投资产的商品应尽量避开消费税的征收范围,从而降低企业经营的税收成本。

二、税基筹划法

税收基础就是计税依据,简称税基,也可以称为税收范围。纳税人若能有效调控税基,就可较为简便地控制税费。税收存在不同的种类,其确认和核算的方式不尽相同。税基通常采用历史成本或公允价值等进行核算,但实际操作中有时会出现由税务机关核定税基

的情况。一般认为,税基的确认不仅与会计确认和计量密切相关,而且与资产的估值密切相关。

(一) 税收制度或制定税收基础的实施时机

(1) 延迟实施税基。延迟实施税基具有延期纳税的效应。在通货膨胀的背景下,延迟纳税的作用更为显著。这是因为延迟实施税基不仅能延迟缴税,还能减少将来用于缴税的货币的购买能力,等于获得了货币的时间价值。

(2) 均衡实施税基。当采用累进税率时,使税基在各个时期的应计数额保持均衡通常可以最大限度降低税负。

(3) 提前实施税基。处于减税期内的纳税人,若能提前实施公司的税基,则可以提前计算部分应纳税所得额,从而获得更多的减税优惠。

(二) 分解税基

分解税基是根据经营行为或工程类别对税基进行合理划分,从而使高税负向低税负转化的税收筹划方式。这种方式通常适用于实施累进税率或差别性比例税率的情况,例如纳税人的综合所得额比较大,房地产交易需要缴纳土地增值税等。

(三) 缩小税基

缩小税基就是根据税法规定和运用税制运作技术来缩小税收范围,以达到降低税费或避免税费的目的。个人所得税、企业所得税、增值税、消费税等是税收筹划技术应用最广泛的领域。缩小税基可以采取多种方式,例如适当减少一些价外支出,提高个人所得税的附加额,提高所得税税前扣除数额,等等。

三、税率筹划法

税率是税收制度的主要组成部分,反映了税收的深层含义。当税基固定时,应纳税额与税率是成比例的,也就是说,税率越低,税收负担相应也越低,这意味着税后收益相应增加。降低税率就等于降低税负。需要注意的是,纳税人即使适用较小的税率,也未必能保证实现最佳的税后收益,这是因为税后利润还受到许多其他因素的影响。税率筹划法主要分为比例税率筹划法和累进税率筹划法。

(一) 比例税率筹划法

如果同一税种对不同征税对象实行不同的比例税率政策,其比率的高低将直接影响企业的应纳税额和税后收益。这时可运用比例税率筹划法实现控制税负的目的。例如,增值税有13%、9%、6%等不同的税率,小规模纳税人的税率则在3%~5%,这就给纳税人开展税收筹划提供了操作空间。

(二) 累进税率筹划法

面对累进税率时,纳税人应重点防止自身所适用税率的升格,因为税率上升将造成税负超额增加,进而使平均税负水平提高。例如个人所得税中,个人综合所得(包括薪金所得、劳务报酬所得、稿酬所得、特许权使用费所得)采用七级超额累进税率,这时就可以使用累进税率筹划法控制税负。

【案例 4-1】

某工程设计人员利用业余时间为某项工程项目设计图纸,同时担任该项工程的总顾问,设计图纸花费 3 个月时间,获取报酬 120000 元。对于该工程设计人员,企业应如何进行预缴环节的税收筹划?(暂不考虑个人所得税综合所得年度汇算清缴的影响)

【解析】

方案一:一次性支付 120000 元报酬。

根据相关规定,劳务报酬按次征税,应纳税所得额在 50000 元以上的部分适用 40% 的税率。该设计人员应纳税所得额 = 120000×(1−20%) = 96000(元)。该金额大于 50000 元,所以适用 40% 的税率,相应地,其预缴税额 = 96000×40%−7000 = 31400(元)。(其中 7000 为速算扣除数)

方案二:分 3 个月支付报酬。

企业每个月支付报酬 40000 元(= 120000 元/3),适用 30% 的税率,因此该设计人员的预缴税额 = [(120000/3)×(1−20%)×30%−2000]×3 = 22800(元)(其中 2000 为速算扣除数)。分月支付报酬可减少税费 8600 元(= 31400 元−22800 元)。

在案例 4-1 中,分次支付报酬可减轻预缴税款的资金压力,即通过延迟支付获得货币的时间价值。由于我国个人所得税法将劳务报酬所得纳入综合所得计税,因此虽然分次缴纳税款可减轻纳税人预缴环节的资金压力,但从全年度来考察,个人所得税的总税负并未因此降低。从税收专业角度分析,分 3 个月支付报酬,该设计人员的劳务报酬所适用的税率为 30%,如果再进行税基分解使其适用 20% 的税率,则预缴的总税额还能降低。我国税法规定,某项活动带来的收入按照业务内容分项签约的,按照分项收入分别计算税金。因此,关于劳务报酬所得的税收筹划思路是把 120000 元的总报酬先拆分为不同项目的收入,再按不同项目、不同月份发放,这样就可以使适用税率降至最低,从而有效控制税负总额。

【案例 4-2】

现有两种短期薪酬方案。方案一:张某当年的年终奖为 36001 元,当年 12 月的工资薪金为 4900 元。方案二:张某当年的年终奖为 36000 元,当年 12 月的工资薪金为 4901 元。如果年终奖单独计税,企业应选择哪个方案进行税收筹划?

【解析】

方案一:张某 12 月的工资未超过免征额 5000 元,不缴纳个人所得税。年终奖分月计税,每月分摊年终奖 3000.08 元(= 36001 元/12),该金额高于 3000 元,适用税率为 10%,速算扣除数为 210 元,则张某年终奖应纳个人所得税 = 36001×10%−210 = 3390.1(元),张某的税后收益 = 4900+36001−3390.1 = 37510.9(元)。

方案二:每月分摊年终奖 3000 元(= 36000 元/12),适用税率为 3%,速算扣除数为 0 元,则张某年终奖应纳个人所得税 = 36000×3% = 1080(元),张某的税后收益 = 36000+4901−1080 = 39821(元)。

通过比较案例 4-2 的两个方案可知,方案二比方案一少缴税 2310.1 元(= 3390.1 元−1080 元)。因此,企业应选择方案二,即如果在临界值处适当降低年终奖发放额,反而会增加个人的税后收益,降低个人所得税税负。

四、税收优惠筹划法

税收优惠筹划法是指纳税人充分利用税收优惠政策控制税负的税收筹划方法。税收优惠政策包括税收减免、税收抵免、税收返还等,主要涉及以下调整事项:免征额、起征点、税率等。税收优惠筹划法的关键是寻找与企业生产经营活动相匹配的税收优惠政策。

部分税收优惠政策是以税法形式规定的,比如:高新技术开发区内经过认定的高新技术企业减按15%的税率征收企业所得税;新办的高新技术企业从投产年度起,免征企业所得税2年;利用"三废"作为主要原料的企业可在5年内减征或免征企业所得税;企事业单位进行技术转让,以及在技术转让过程中发生与其有关的技术咨询、技术服务、技术培训的所得,年净收入在30万元以下的暂免征企业所得税,等等。又如,国家在税收政策上对小微企业给予特别照顾。2021年政府工作报告就进一步加大了小微企业的税收优惠力度:小规模纳税人月销售额15万元、季度销售额45万元以下的免征增值税;对小微企业和个体工商户年应纳税所得额不到100万元的部分,在现行优惠政策基础上再减半征收所得税,实际所得税税率为2.5%。目前,国家对海南自贸港建设给予了相当多的税收优惠政策,主要体现为受鼓励的行业、产业或项目享受15%的企业所得税优惠税率,海南建设急需的紧缺人才、高端人才最高适用1%的个人所得税税率等。企业应该加强对税收优惠政策的研究,充分利用税收政策带来的便利。

五、会计政策筹划法

会计政策筹划法的优点是把会计制度引入税务管理中,运用财务和税务之间的相关性进行税务管理。会计政策筹划法主要包括分摊筹划法和会计估计筹划法。

(一)分摊筹划法

当成本需要在多个项目或时期中进行分配时,分配方式的差异会导致成本的变化。比如,对于折旧费用来说,采取不同的折旧年限和折旧方式,最终的会计处理结果和税务处理结果会不尽相同。又如,不同的存货计价方法也会对公司的税务成本产生影响。表4.3给出了在不同物价形势下选择存货计价方法的基本规律。

表4.3 存货计价方法的选择

项目	比例税率			累进税率
价格变动趋势	物价上涨	物价下跌	物价波动	物价波动
存货计价方法	加权平均法	先进先出法	加权平均法	加权平均法
选择理由	多计发出存货或者少计期末存货成本,减少当期所得税支出	提高本期发出存货成本,减少当期收益,减轻所得税负担	避免各期利润忽高忽低及企业各期应纳所得税额的上下波动,有利于企业资金安排与管理	使计入成本的存货价格比较均衡,进而使各期利润比较均衡,避免适用较高的税率而加重税负

此外,无形资产的摊销期限也会对财务结果产生影响,进而影响税收成本,因此企业应考虑无形资产研发费用的影响。

(二)会计估计筹划法

企业在业务开展过程中有时会遭遇不确定性事件,从而产生无法准确测量的会计项目,只有采用恰当的会计核算手段才能对其进行合理的估算。该估算值将会对会计年度内的成本和支出造成一定的影响,从而对公司的会计收益和税收成本产生影响。该方法涉及的主要会计问题有坏账估计、存货跌价估算、无形资产减值估计、固定资产净残值估算等。

六、税负转嫁筹划法

税负转嫁筹划法是指在市场环境下,纳税人通过各种途径和方法将其负担的税收转移给他人的税收筹划方法。税负转嫁是一种典型的税收博弈行为,会对市场主体的税负分布产生影响。税负转嫁筹划法主要借助价格平台进行,即纳税人利用经济主体的自由定价权,通过上下调整价格形成税收筹划空间。而税负能否合理转嫁,关键在于所销售商品的需求价格弹性。需求价格弹性越小,税负就越容易转嫁。税负转嫁筹划法分为税负前转筹划法和税负后转筹划法。

(一) 税负前转筹划法

税负前转是指纳税人将其负担的税收成本,通过提高商品、服务或生产要素价格的方式转移给购买者或最终消费者。从实践情况来看,能够进行税负前转的主要是征税时无法确定最终负担者的税种(如增值税、消费税、关税等)。例如,某家制造业公司属于增值税一般纳税人,其税法意义上的增值税负担并不代表真实税负,因为其销项税额是由购买方或消费者提供的。

(二) 税负后转筹划法

税负后转筹划法与税负前转筹划法的原理大致相同,只是税负转嫁方向不同。纳税人通过降低生产要素进价、压低工资等方式,将其税负转移给供应商或劳动者,这就是税负后转。在现实经济生活中,税负后转筹划法的运用非常灵活。此方法一般适用于买方市场,即纳税人拥有对生产要素、劳动力讨价还价的权利时,易于形成税负后转。

七、递延纳税筹划法

递延纳税筹划法是指纳税人合理推迟纳税时间,从而获取货币时间价值的税收筹划方法。这不仅有利于现金流周转,而且有利于降低利息费用。

递延纳税的实质是延迟各类收益或应税收益的发生,其筹划方法如下:一是延迟实现收入的时间;二是尽早确认成本、费用等支出。企业通过运用不同的交易和支付手段,可以对税收的期限进行有效调控。例如,在委托代销过程中,对于没有接收到的商品,受托人可以暂不申报和缴纳增值税,从而实现递延纳税。

八、规避平台筹划法

税法规定的临界值常被称为"规避平台"。规避平台是一个重要的分界线,分界线左右两边的税收政策存在很大的差异。利用规避平台进行税收筹划的方式就是规避平台筹划法。

(一) 税基临界值筹划法

税基的临界值包括免征额、起征点、税前扣除限额、税率跳跃点等。当税基临界值发生改变时,临界值附近的边际税率将发生剧烈变动,从而使税收负担产生较大变化。例如,对社会团体的慈善捐助,其税前扣除金额不得高于年度总收益的12%,因此,在进行慈善捐助时,要注意避免超出这一临界值。

(二)优惠临界值筹划法

优惠临界值可以分为三类:绝对值临界值、相对比例临界值和时限临界值。在运用优惠临界值筹划法时,要计算到达临界值的非税成本,防止舍本逐利、本末倒置,确保实现最大收益。例如,在《西部地区鼓励类产业目录》中,企业新增鼓励类产业项目营业额在总营业额中的比重达到60%以上时,可以按15%的税率执行企业所得税。其中60%是一个比较典型的相对比例临界值,当低于这一值时,企业不可享受15%的优惠税率。

九、资产重组筹划法

资产重组筹划法是指纳税人通过企业收购、兼并、分立等资产重组手段实施节税方案的税收筹划法。资产重组的核心是实现资源的合理配置和资本效用的最大化,其实质是以收购、兼并、分立等重组行为实现经营业务整合、资产结构优化、财务状况改善、税款节约等目的。其基本原理是通过资产重组行为改变产权结构,继而影响企业实际税负水平。总的来说,资产重组筹划法旨在打破企业边界的"束缚",为企业寻找实现最佳资源配置和最小税负的产权关系。资产重组筹划法主要包括合并筹划法和分立筹划法。

(一)合并筹划法

合并筹划法是通过并购及资产重组的方式来调整公司的组织结构和产权联系,从而降低税负的税收筹划法。这一筹划法的运用主要涉及五个方面:①合并完成后,企业将会转入新的领域和行业,从而获得更多的税收优惠;②通过兼并亏损较多的公司有效减少当前或未来的税收负担;③缩减关联企业或上下游企业之间的流动环节,从而合理降低增值税、消费税、印花税等;④改变纳税对象性质从而影响企业税负;⑤企业合并符合免税重组规定的,可以免除企业所得税。企业利用特有的并购政策,可以使资产转移的税负得到合理降低。

(二)分立筹划法

分立筹划法是通过分割公司资产从而降低税负的税收筹划法。一般情况下,公司分立不属于公司缴税的范围,且运用该方法划分而来的资产无须缴纳增值税。该方法一般用于以下情景:①将一个公司分立为多个纳税主体,可以形成多个关联公司,便于公司的集团运营和利润转移;②企业分立可以把兼营和混合销售中的一些低税率或者零税率的项目单独进行会计处理,从而降低税负;③公司分立可以将适用累进税率的纳税对象划分成两个或两个以上适用低税率的纳税对象;④公司分立能够在公司内部增加流通过程,有利于更好地对增值税的抵扣进行控制。

公司分立可以使两家或多家公司的资源分离。被分立的公司的股东按照原有的股份比例获得分立公司的股份,而公司和被分立公司都不会改变原有的业务结构。被分立的公司的股东在分立时获得的股份的支付金额不少于其转让价款的85%的,可以采用特殊税务处理方式。公司分立可以享受所得税的递延税收优惠,不需要根据股权的公允价值和账面价值之间的差额来确定转移所得。值得注意的是,分立筹划法应考虑下列问题:一是在实施分立筹划时,应首先对公司的收入和费用进行计量,也就是要使公司分立所需的非税收费用低于节税效益;二是在进行业务分割时,一定要注意价格是否合理,因为分立企业间存在某种联系,当价格不合理时,税务部门有权对其进行调整。

十、业务转化筹划法

不同的业务模式适用不同的税收政策,面临不同的纳税状况,从而产生了节税空间。业务转化筹划法是一种通过改变业务模式以实现节税的税收筹划手段,其最重要的就是把握业务模式变化的本质。比如,实际经营中的购买、销售、运输、建房等业务可以适当转换为代购、代销、代运、代建房等业务;无形财产的转移,可以适当转换为技术研究和其他非货币性资产投资业务。业务类型转换后,纳税主体在转变前后所享有的税收优惠存在很大差别,正是经营方式和贸易结构的改变,为纳税筹划提供了可运作的空间。

业务转化筹划法主要有以下三种操作技术。

(1) 转化业务形式。业务形式的转化会使相关的收入性质、税收种类、应纳税额等发生改变,税负效果也随之而异。

【案例 4-3】

美国的企业通常会为他们的股东、员工投保多份人寿保险,保险费通过贷款形式由银行或保险公司支付。根据美国的税收法规,企业可以税前扣除这部分贷款的利息,所以买保险可以获得纳税收益。

【解析】

具体筹划原理如图 4.1 所示。①

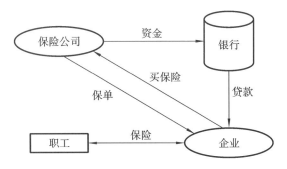

图 4.1　为职工购买保险的税收筹划模型

(2) 转化业务口袋。转化业务口袋是指将某一公司的营业所得转换成其他公司的营业所得,其中最常用的方法是通过转让定价实现营业所得在关联公司中的转移,从而实现节税目的。

【案例 4-4】

一款设备生产企业为其生产的设备研制了一套智能控制系统和辅助设备,这套系统大大提升了所生产设备的性能,从而提升了设备的定价空间。不过,随着设备销售额的增长,企业的税收也越来越高。

【解析】

从运营过程来看,高税收负担的最大原因是装备价格偏高,而定价高主要依赖的是设备的智能化性能。智能控制系统作为一种高价值商品,在促进销售额增长的同时也带来了增值税和所得税的双重压力。

---

① 蔡昌.税收筹划:理论、实务与案例[M].3 版.北京:中国人民大学出版社,2020.

在税收筹划中,案例4-4的企业可以将开发环节与生产环节进行分离,成立一家专门的智能系统开发企业。企业在出售设备时,可以将原来的销售价格按照一定的比例在两个环节中进行分配。这样不会增加用户的购买成本,但新设立的智能系统开发企业可以作为单独的纳税主体申请成为一家高科技公司,从而享受一定的税收优惠,仅需缴纳15%的企业所得税和3%的小规模纳税人增值税。

(3) 转换业务期间。转换业务期间是将某一税期内的营业收入转换为下一税期的营业收入,实现营业收入、成本、费用、税额等的跨期转出,从而实现节税的目标。① 这种税收筹划法最典型的做法是推迟收入的确认时间。

在实践中,公司调控利润确认时间的方式主要有以下三种:一是合理安排交易时间;二是合理确定合同的签订与履行;三是合理安排应纳税款的纳税期限。

1. 简述税收筹划的概念。
2. 税收筹划与偷税、避税的区别是什么?
3. "税收筹划对促使纳税人依法纳税有积极作用",这种说法你赞同吗?
4. 税收筹划的目标是什么?
5. 税收筹划有哪些方法?请简述各种税收筹划法的基本原理。
6. 税负转嫁的关键因素有哪些?

---

① 蔡昌.税收筹划八大规律:规则、规律、技术、案例[M].北京:中国财政经济出版社,2005.

第五章

增值税税收筹划

本章介绍增值税的筹划方式。增值税是我国第一大税种,其覆盖面广、税制复杂、涉及法规多,是纳税人最重视的税种之一。本章将对增值税的筹划原理和方法作较为系统的介绍,并针对具体业务提出税收筹划思路、辅以案例分析,以便读者理解和掌握增值税筹划方法。通过本章的学习,读者应掌握增值税筹划的主要原理和方法,并能针对具体问题制定筹划方案。

第一节 增值税筹划的概念

一、增值税的相关概念

《中华人民共和国增值税暂行条例》规定,在中华人民共和国境内销售货物或者加工、修理修配劳务,销售服务、无形资产、不动产以及进口货物的单位和个人,为增值税的纳税人,应当依照本条例缴纳增值税。增值税是对企业和个人征收的一种流转税。

（一）征税范围

增值税征税范围如表5.1所示。

表5.1 增值税征税范围

应税行为	概念
销售货物	货物指有形动产,包括电力、热力、气体在内
加工、修理修配劳务	加工,是指受托加工货物,即委托方提供原料及主要材料,受托方按照委托方的要求,制造货物并收取加工费的业务。修理修配,是指受托对损伤和丧失功能的货物进行修复,使其恢复原状和功能的业务

续表

应税行为			概念
销售服务	交通运输服务	陆路运输服务	利用运输工具将货物或者旅客送达目的地,使其空间位置得到转移的业务活动
		水路运输服务	
		航空运输服务	
		管道运输服务	
	邮政服务	邮政普遍服务	中国邮政集团公司及其下属的邮政服务公司提供的基本邮政服务
		邮政特殊服务	
		其他邮政服务	
	电信服务	基础电信服务	使用各种通信网络资源,提供语音通信服务,并传输、转发、接收或应用电子数据和信息
		增值电信服务	
	建筑服务	工程服务	新建、改建各种建筑物、构筑物工程作业
		安装服务	包括对固定电话、有线电视、宽带等收取的安装费、初装费等
		修缮服务	对建筑物、构筑物进行修补、加固、养护
		装饰服务	修饰装修,使之具有特定用途的工程作业
		其他服务	如钻井(打井)、拆除建筑物、平整土地等
	金融服务	贷款服务	获取各种占用、拆借资金取得的收入;通过融资性售后回租、罚息、票据贴现等业务取得利息及利息性质的收入
		直接收费金融服务	银行贷款、信用卡业务、票据承兑服务、财务租赁和融资租赁、保险业务、客户与投资者间的交易、发行股票、基金业务、外汇收付款等
		保险服务	包括人身保险服务和财产保险服务
		金融商品转让	指转让外汇、有价证券或非货物期货的所有权的行为
	现代服务	研发和技术服务	研发服务、合同能源管理、专业技术服务
		信息技术服务	软件服务、电路设计及测试服务等
		文化创意服务	设计服务、知识产权服务、广告服务和会议展览服务
		物流辅助服务	航空服务、港口码头服务、货运客运场站服务、打捞救助服务等
		有形动产租赁服务	有形动产融资租赁和有形动产经营性租赁
		鉴证咨询服务	认证服务、鉴证服务和咨询服务
		广播影视服务	包括广播影视节目(作品)的制作服务、发行服务、播映(含放映)服务
		商务辅助服务	企业管理服务(含物业管理)、经纪代理服务、人力资源服务、安全保护服务
		其他现代服务	对安装运行后的机器设备提供维护保养服务

续表

应税行为			概　念
销售服务	生活服务	文化体育服务	文艺表演、文化比赛、档案馆的档案管理、文物及非物质遗产保护等服务
		教育医疗服务	包括教育服务和医疗服务
		旅游娱乐服务	包括旅游服务和娱乐服务
		餐饮住宿服务	包括餐饮服务和住宿服务
		居民日常服务	包括市容市政管理、家政、婚庆、养老、殡葬、护理等服务
		其他服务	纳税人提供植物养护服务
销售无形资产			转让无形资产所有权或使用权的活动
销售不动产			转让房地产等不动产所有权的活动
进口货物			指将货物从外国境外移送至我国境内的行为

(二) 税率

《中华人民共和国增值税暂行条例》中规定,纳税人销售货物、劳务、有形动产租赁服务或者进口货物,除另有规定外,税率为17%。税率的调整,由国务院决定。《关于调整增值税税率的通知》(财税〔2018〕32号)规定,自2018年5月1日起,增值税一般纳税人(简称纳税人)发生增值税应税销售行为或者进口货物,原适用17%和11%税率的,税率分别调整为16%和11%。2019年3月20日,《关于深化增值税改革有关政策的公告》(财政部 税务总局 海关总署公告2019年第39号)规定,2019年4月1日起,纳税人发生增值税应税销售行为或者进口货物,原适用16%税率的,税率调整为13%;原适用10%税率的,税率调整为9%。具体内容参见表5.2和表5.9,但在税务实际操作过程中,最终采纳的税率应根据最新政策规定执行。

表5.2 增值税征税税率

应税行为				税　率
销售货物或进口货物				13%、9%
提供加工修理修配劳务				13%
销售服务	交通运输服务			9%
	邮政服务			9%
	电信服务	基础电信服务		9%
		增值电信服务		6%
	建筑服务			9%
	金融服务			6%
	现代服务	租赁服务	有形动产租赁	13%
			不动产租赁	9%
		其他服务		6%
生活服务				6%

续表

应税行为	税率
无形资产相关服务	6%
销售不动产、不动产转让、土地使用权转让	9%

（三）纳税人

根据增值税征管系统的规定，中国各级税务机关目前可以将全国试点城市注册的所有增值税纳税人分为小规模纳税人和一般纳税人。纳税人的不同身份可能导致不同的税额计算、征收和管理方法。纳税人身份的选择可参见表5.3。

表5.3 增值税纳税人身份的选择

一般纳税人	年应纳增值税销售额>500万元，具有一套健全的会计核算制度	应当选择
	年应纳增值税销售额≤500万元，但具有一套健全的会计核算制度的	可以选择
小规模纳税人	年应纳增值税销售额>500万元，但不经常发生应税行为的单位和个体户	可以选择
	年应纳增值税销售额≤500万元，且不具有一套健全的会计核算制度的	应当选择

身份选择标准按以下两个方面。

（1）定量标准：经营规模。

（2）定性评判标准：纳税人特征和纳税人会计核算完善程度。

（四）计税方法

根据我国现行税法相关规定，办理登记或选择申请登记为一般纳税人身份的单位或个人，对其已经发生的具体应税经济行为，除特殊情形外，必须首先依法对其应税经济活动采用一般计税方法，不可采用简易计税方法。

1. 一般计税方法

适用一般计税方法的一般纳税人，在取得相应的增值税专用发票后可以根据税法规定进行进项税抵扣，相关计算公式如下（销售额为不含税销售额）：

$$应纳税额 = 销项税额 - 进项税额 = 销售额 \times 税率 - 进项税额$$

一般纳税人应根据上述公式中当期销（进）项税额的计算差额计征缴纳增值税，若该差额出现负值，当期抵扣不足的部分可以留至下期继续抵扣。

2. 简易计税方法

对于适用简易计税办法的小规模纳税人来说，税法规定其在取得增值税专用发票后不可进行同一般计税方法类似的进项税抵扣。其应纳增值税税额计算公式如下（销售额为不含税销售额）：

$$应纳税额 = 销售额 \times 征收率$$

除此之外，对已满足一般纳税人判定条件但未在税法规定的期限内办理一般纳税人身份登记的，应当在次月按照本期应纳税销售额与适用增值税税率的乘积数计征缴纳增值税，但取得的相应增值税专用发票不可作进项税抵扣处理。

（五）计税依据

计税依据通常称为税基。对国家来讲，税基是税务机关课税对象的收入、财产、资产、消费、交易或其他经济活动的总金额。狭义上说,税基是非中性且低效的;但从广义上来讲,税基的界定又有效降低了国家的税收管理成本。

对纳税人而言,计税依据所呈现的具体数额与其当期应缴纳的增值税税额呈正相关关系,即计税依据越大,后期需缴纳的增值税税额也就越多,两者之间存在密切的关系。

(六)纳税义务发生时间

纳税义务发生时间是指一般纳税人发生在税法上明确规定的实际缴纳增值税的具体应税行为后,应承担具体增值税纳税义务的起始时间。

1. 销售货物

发生与销售货物相关应税交易行为的,纳税义务发生在购买方支付销售款项或纳税人收到收据之时。如果发票先行开出,则纳税义务发生为开出发票的日期。

如果按照销售货物的款项结算方式来划分,那么纳税义务发生时间可见表5.4。

表5.4 纳税义务发生时间

销售结算方式	纳税义务发生时间
直接收款	收到销售款项或者取得销售款项凭据的当天
托收承付和委托收款	发出货物并办妥托收手续的当天
赊销和分期收款	书面合同约定的收款日期的当天;无书面合同的或者书面合同没有约定收款日期的,为货物发出的当天
预收货款	货物发出的当天,但生产和销售工期超过12个月的大型机械设备、船舶、飞机等货物的,为收到预收款或者书面合同约定的收款日期的当天
委托代销	收到代销单位的代销清单或者收到全部或者部分货款的当天;未收到代销清单及货款的,为发出代销货物满180天的当天
视同销售	视同发生应税交易行为完成的当天

2. 进口货物

从事与进口货物相关业务的,纳税人所需承担的税收义务产生于相关货物进口申报之日。

3. 销售服务、无形资产和不动产

(1)如果纳税人提供应税服务或销售无形资产和不动产,其纳税义务产生于收到合同中规定的销售价格之日或收到能够开具销售价格发票的相关文件之日。如果先开具发票,则以发票中注明的日期为准。

需要注意的是,接收协议中规定的对价必须是纳税人提供应税服务或处置无形资产、不动产获得的对价。收到索取销售对价的相关文件的日期是指销售合同中规定的付款日期。如果没有签订书面销售合同,或者合同中没有规定付款日期,纳税义务发生时间为服务完成日期或无形资产、不动产所有权变更日期。

(2)如果纳税人进行视同交易应税行为的,其纳税义务发生在完成有关服务或转让无形资产、不动产所有权的日期。

(3)如果纳税人通过预收款方式开展租赁服务产生临时收据,其纳税义务应在收到临时收据的日期产生。

4. 增值税税收筹划的相关概念

税收筹划是公司在不违反国家法律和相关税收制度的情况下,通过各种筹划工具使纳税人的税收利益最大化的方式。增值税是我国目前第一大税种,是我国财政收入的主要来源之一。增值税具有普遍性和多样性两大特征,征收制度纷繁复杂。《中华人民共和国增值税暂行条例》和"营改增"的实行,推进了我国增值税税率的多档化和优惠政策的多样化,为增值税纳税人实施税收筹划创造了一定条件。

首先,纳税人可根据自身经营规模和会计核算完善程度,选择适当的纳税人身份。其次,增值税是对应税交易产生的增值额进行征税,销售额和凭票抵扣金额是影响应纳税额最重要的两个因素,纳税人可通过调整这两个因素实现节税目的;再次,企业可以通过适当调整采购、销售等关键活动来降低税收负担;最后,企业可以通过延迟纳税义务时间来获取货币的时间价值。

本章接下来将具体讲述企业可以采取的增值税筹划方式。

第二节 有关增值税纳税人的税收筹划

我国税法将增值税纳税人分为一般纳税人和小规模纳税人,并规定对它们适用不同的征税规定:前者在计算税基时,可以根据收到的增值税专用发票申请不超过固定金额的税款抵扣,即可以根据发票扣除进项税款,而后者则不能。不同的纳税人还适用不同的税率。无论是一般纳税人还是小规模纳税人,都应积极开展增值税税收筹划。

就增值税纳税人身份和类型来说,目前存在两种税收筹划方案:一是合理选择纳税人身份;二是避免成为增值税纳税人。

一般纳税人和小规模纳税人在开展相同的应税活动并取得同等销售额的前提下,哪一个应缴纳的增值税更多呢?基于应纳税额计算原理可以看出,在销售额既定的前提下,小规模纳税人应缴增值税可以直接通过将纳税人的当期营业额乘以适用的征收率得到,而一般纳税人应缴增值税的计算主要基于发票扣减,也就是说,主要取决于纳税人收到的可抵扣发票的数量:可抵扣进项税额越多,应缴纳的增值税额就越少;可抵扣进项税额越少,应纳税额就越多。

但如果可以通过合理方式避免成为增值税纳税人,则可以从根本上减少应纳税额。

接下来,本节就这两种筹划方法,通过公式论证和案例分析的方式进行探讨。

一、纳税人身份的合理选择

由上述可知,由于计税原理的差异,纳税人身份的选择会影响增值税应纳税额,而引起这一差异的根本原因就是增值税税率。在增值税税率达到某一数值时,小规模纳税人和一般纳税人都必须支付相同的税额,这一数值被称为"无差别平衡点增值率"。

无差别平衡点增值率的计算根据销售额是否含税可分为下述两种计算方式。

(一) 不含税销售额无差别平衡点增值率

对于不含税销售额,实际增值率的计算公式为

$$实际增值率=\frac{不含税销售额-购进的可抵扣增值税专用发票金额}{不含税销售额}$$

假设一般纳税人的适用税率为13％,小规模纳税人的适用税率为3％,那么

一般纳税人的应纳税额=不含税销售额×13％-进项税额

小规模纳税人的应纳税额=不含税销售额×3％

联立上述两个等式,得出的增值率就是不含税销售额无差别平衡点增值率,即

不含税销售额×13％×增值率=不含税销售额×3％

可得出增值率为23.08％,这一数值就是一般纳税人和小规模纳税人在缴纳相同增值税情况下的不含税销售额无差别平衡点增值率。因此,在销售额不含税的前提下,如果实际增值率小于23.08％,则一般纳税人将比小规模纳税人缴纳更少的税,反之亦然。

（二）含税销售额无差别平衡点增值率

对于含税销售额,实际增值率的计算公式为

$$实际增值率=\frac{含税销售额-购进的可抵扣增值税专用发票金额}{含税销售额}$$

假设一般纳税人的适用税率为13％,小规模纳税人的适用税率为3％,那么

$$一般纳税人应纳税额=\frac{含税销售额-购进的可抵扣增值税专用发票金额}{1+13\%}×13\%$$

$$小规模纳税人的应纳税额=\frac{含税销售额}{1+3\%}×3\%$$

联立上述两个等式,得出的增值率就是含税销售额无差别平衡点增值率,即

$$\frac{含税销售额}{1+13\%}×13\%×增值率=\frac{含税销售额}{1+3\%}×3\%$$

可得出增值率为25.32％,这一数值就是一般纳税人和小规模纳税人在缴纳相同增值税的情况下的含税销售额无差别平衡点增值率。因此,当销售额含税的前提下,如果纳税人的实际增值率大于25.32％,则小规模纳税人能够更容易达到节税目的,可以缴纳比一般纳税人更少的税款；相反,如果实际增值率小于25.32％,则一般纳税人可以更好地获得节税效益。

通过以上两种计算方式,企业可以根据自身实际增值率来选择适当的纳税人身份,通过规划合理的纳税人身份来降低税负。不同税率的一般纳税人和小规模纳税人无差别平衡增值率如表5.5所示。

表5.5 无差别平衡增值率

税 率	征 收 率	含税无差别平衡增值率	不含税无差别平衡增值率
13％	3％	25.32％	23.08％
9％	3％	35.28％	33.33％
6％	3％	51.46％	50.00％
13％	5％	41.39％	38.46％
9％	5％	57.67％	55.56％
6％	5％	84.13％	83.33％

纳税人可以预先计算出本企业应税交易行为的增值率,然后与表5.5中的无差别平衡增值率作对比,从而选择合适的纳税人身份。

【案例5-1】

纳税人身份转化选择案例如下。

D公司2022年的增值税应税销售额为600万元,鉴于它具有一套健全的会计核算体系,符合税法规定的一般纳税人登记条件,所经营业务适用13%的税率。但是,由于该公司本年度获取的增值税专用发票数量较少,其中可准予抵扣的进项税额在全部销项税额中仅占20%。请问可以用什么方法为D公司降低增值税负担,并用相关制度说明其合理性。

【解析】

D公司每年应纳增值税=600×13%-600×13%×20%=62.4(万元)。

税负率=62.4/600=10.4%。

《中华人民共和国增值税暂行条例》规定,在满足税法规定的纳税人身份转化条件的情况下,小规模纳税人可以在税务机关登记为一般纳税人,但已经登记为一般纳税人的纳税人不得申请转为小规模纳税人。结合本例,可得出如下两种增值税税收筹划方式。

(1)新设分立。注销原公司主体,将业务重新进行调整,并成立两个公司来延续原公司业务。

假设分立后的两家公司年应纳增值税销售额均为300万元,并且符合税法中规定的可申请成为小规模纳税人的所有条件,则适用3%的征收率。

经计算,分立后两家公司应纳增值税合计=(300+300)×3%=18(万元)。

通过变更纳税人身份的方式进行增值税筹划后,该公司每年增值税负担可减少44.4万元(=62.4万元-18万元),税负率降至3%。

(2)派生分离。在原公司主体存留的前提下,将一部分业务拆分出去,重新设立一个新的公司来承接这一部分业务。

【案例5-2】

D公司从事动漫行业,是经国家认定的动漫企业,主营商品为基本动漫商品以及为其他动漫企业提供人物和特效设计等服务。该公司预计年应纳增值税销售额为3000万元,符合一般纳税人的判定条件,适用税率为6%(现代服务业)。但该企业取得的准予可抵扣的进项税额较少,企业税负率为5%(指增值税整体税负水平)。

【解析】

由题可知,该企业应纳增值税额=3000×5%=150(万元)。根据案例5-1的税收筹划方式,该企业可通过分立,让自己的身份转换为几个小规模纳税人,从而适用3%的增值税税率。

应纳增值税额=3000×3%=90(万元)。

由此可知,经过税收筹划后,该公司每年可少承担60万元(=150万元-90万元)的增值税。

【案例5-3】

D零售企业2022年含增值税的销售额为200万元,应税企业有健全的会计制度,符合税法规定的一般纳税人的适用条件,适用13%的增值税税率,并收到可扣减增值税进项税100万元(不含税)的材料采购发票。请使用上述增值税内容,对D公司的纳税人身份选择提出建议。

【解析】

该企业准予抵扣的进项税额＝100×13％＝13(万元)。

销项税额＝200/(1+13％)×13％＝23(万元)。

应纳增值税＝23－13＝10(万元)。

税后利润＝200/(1+13％)－100＝77(万元)。

增值率(含税)＝[200－100×(1+13％)]/200＝43.5％。

参考表5.5可知,该企业的含税实际增值率大于同等条件下的含税无差别平衡增值率25.32％,因此该企业申请登记为小规模纳税人可以更好地获得纳税收益。因此,该零售企业可以考虑分立为两个经营相同业务的新零售企业,分别作为纳税主体。假设两个分离后的企业各自的应纳税销售额(含税)均为100万元,且均符合税法规定的小规模纳税人登记条件,适用3％税率,经计算,分立后两企业应纳增值税额合计等于5.83万元($=\frac{100+100}{1+3\%}\times 3\%$),分设后两企业税后净利润合计为94.17万元($=\frac{100+100}{1+3\%}-100$)。

通过变更纳税人身份的方式进行增值税筹划后,该公司每年增值税负担减少了4.17万元(10万元－5.83万元),净利润增加了17.17万元(94.17万元－77万元)。

【案例5-4】

D公司和X公司都是税法意义上的小规模纳税人,为客户提供维修和安装服务。D公司的年营业额为320万元,收到的不含增值税的发票总额为260万元;X公司的年营业额为400万元,收到的不含增值税的发票总额为320万元。以上所有收到的金额均为净值。由于这两家公司都不符合税法规定的一般纳税人的登记要求,当地税务机关按照小规模纳税人的简易征税方法向这两家公司征收增值税,有关交易适用3％的税率。

【解析】

D公司应纳增值税额＝320×3％＝9.6(万元),X公司应纳增值税额＝400×3％＝12(万元)。两公司共计应缴税款21.6万元。

D公司的增值率＝(320－260)/320×100％＝18.75％,X公司的增值率＝(400－320)/400×100％＝20％。

参考表5.5可以得出,两个公司的实际增值率均低于不含税无差别平衡点增值率23.08％。因此,出于降低税负的目的,D公司和X公司可以合并为一个独立核算的纳税人,合计年应纳增值税销售额为720万元,符合一般纳税人的登记条件。

经计算,两个公司合并后合计应纳增值税＝720×13％－580×13％＝18.2(万元),该金额小于21.6万元,达到了纳税筹划的目的。

除此之外,两个公司在会计核算制度健全的情况下,也可以不借助合并,而是分别向主管税务机关申请登记为一般纳税人来达到减少税款的目的。

此时,D公司的年应纳税额为7.8万元(＝320×13％－260×13％),X公司的年应纳税额10.4万元(＝400×13％－320×13％),分别少纳1.8万元和1.6万元的增值税。

企业在选择增值税纳税人身份时,需要重点注意以下几个问题。

第一,税法明确了一般纳税人的定义。根据现行的税法规定,如果符合一般纳税人登记条件的纳税人未能在规定时限内向有关税务机关提交变更纳税人身份的申请,将发生以下情况：在符合一般纳税人登记条件的次月应按照一般纳税人增值税计税方式计税，当期应缴增值税用应税营业额乘以适用的增值税税率计算，不允许扣减进项税。

第二，企业增值税筹划受到企业经营目标的成本约束。为了实现利润最大化的商业目标，企业必须根据自身的生产能力和市场需求调整生产计划，扩大经营范围。在这种情况下，企业成为小规模纳税人的机会有限。为了登记为一般纳税人，企业必须满足以下严格条件：其一，要具备一套健全的会计核算制度，这要求企业配备具有较高专业能力的会计人员，而这不可避免地导致了更高的经营成本；其二，采用一般计税方式所需的管理制度比简易计税方法复杂得多，这意味着需要更多的人力和物力资源投入，而这增加了纳税成本。

第三，企业业务范围与客户具有差异性。在2016年"营改增"之后，我国增值税实现了税目多样化和适用税率差异化，税收筹划空间的大小很大程度上取决于不同企业从事的业务与对应客户。如果企业对应的客户为增值税一般纳税人，那么取得增值税专用发票有利于企业经营业务的扩大；但若客户中小规模纳税人和个人消费者占比高，相比前者而言，没有开具增值税专用发票的制约，筹划空间就相对大了许多。

二、避免成为增值税纳税人

税法规定，在境内产生具体应税行为的单位和个人，应当承担相应的纳税义务。这里的单位分为企业、行政单位和其他单位，个人指个体工商户和自然人。

发生在境内的具体应税行为如下。

（1）从事与销售应税货物业务有关的，应税行为必须发生在境内，即原产地或货物所在地必须在境内。

（2）如果交易是销售服务或无形资产（不包括使用自然资源的权利），卖方必须是相关地区的法人或自然人，或者服务、无形资产必须由相关人员获得并在相关地区消费。

（3）从事与销售不动产或自然资源使用权转让业务有关的，其所销售的不动产或自然资源应在境内。

（4）如果活动是销售金融工具，卖方必须是境内的法人或自然人，并且金融工具必须在境内发行和销售。

（5）从事货物进口业务有关的，其货物的运抵地应在境内。

除上述情况外，还有一些个人应税行为，即使供应商或收货人在境内，也不构成境内的应税行为。

（1）应税地区以外的企业或个人专门为在应税地区以外消费而向应税地区的企业或个人提供的应税服务，不属于增值税的征收范围。例如，境外企业或个人提供合格的邮政服务或代收代发服务，将信件或包裹发往境外，属于完全在境外消费的应税行为，不需要缴纳增值税。

（2）境外的单位或个人向境内的单位或个人提供完全在境外使用的有形动产出租业务，不属于增值税的征收范围。

（3）外国公司或个人向国内公司或个人销售的无形资产或应税服务，完全在境外使用或消费，不属于增值税的征收范围。

（4）财政部和国家税务总局规定的其他情形。

由上述规定可知，我国仅对发生在我国境内的应税交易行为征缴增值税，完全发生在境外的予以不征税处理,这就为企业进行纳税筹划创造了条件。例如,同时发生在境内和境外的交易行为,可就两项经济业务分别签订合同。相较于将所有业务签署在同一合同中,这一操作规避了境外交易部分须缴纳的增值税。

【案例 5-5】

某中外合资企业同时经营境内外业务,在境内外分别设立分支机构。企业具备一套健全的会计核算制度,2022 年应纳增值税销售额 8000 万元(不含税),适用 9% 的税率;取得可准予抵扣增值税专用发票金额共计 2000 万元,适用 13% 的税率。目前,该公司所有业务均与我国境内公司签订业务合同。请问,该企业应该如何开展增值税筹划?请通过计算说明理由。(假设该企业为境内提供业务的合同总额为 6000 万元,为境外提供业务的合同总额为 2000 万元,且境外该业务税率低于 9%)

【解析】

该企业年应纳增值税额 = 8000 × 9% − 2000 × 13% = 460(万元)。

税负率 = 460/8000 × 100% = 5.75%。

若将专为境外提供的业务以境外机构的名义签订,那么该公司有 2000 万元的应纳增值税销售额将转为不征税收入。经计算,分别签订合同后,该公司应纳增值税额 = 6000 × 9% − 2000 × 13% = 280(万元),且境外相关经营业务税率低于 9%,所以该公司通过将业务活动分别拆分至境内外的机构,可以减少应纳增值税总额,从而实现纳税筹划的目的。

第三节　有关增值税计税依据的税收筹划

本节税收筹划以一般纳税人为例,其应纳增值税额计算公式如下:

应纳增值税额 = 销项税额 − 进项税额

由上述公式可知,关于增值税计税依据的税收筹划重点在于管理销项税和进项税两个方面,下面将分别从这两个方面进行阐述。

一、有关销项税额的筹划

销项税额是将不含税应纳增值税销售额与适用税率相乘计算的结果。其计算公式为:

销项税额 = 不含税应纳增值税销售额 × 适用税率

这里所说的不含税应纳增值税销售额是指纳税人发生规定的增值税应税销售行为所收取的全部价款和价外费用。

假设适用税率为 13%,那么:

不含税应纳增值税销售额 = 含税应纳增值税销售额/(1+13%)

价外费用是指向购买方收取的手续费、补贴、基金、集资费、返还利润、奖励费、违约金(延期付款利息)、包装费、包装物租金、储备费、优质费、运输装卸费、代收款项、代垫款项以及其他各种性质的费用等。无论会计制度如何,这些价外费用都包括在税收的销售额中。但是,以下项目不包括在内。

第一,受托加工应征消费税的消费品所代收代缴的消费税。
第二,同时符合以下两个条件的代垫运费:
(1) 承运部门的运费发票开具给购买方的;
(2) 纳税人将该项发票转交给购买方的。
第三,同时符合以下条件的代为收取的政府性基金或者行政事业性收费:
(1) 由国务院或者财政部批准设立的政府性基金,由国务院或者省级人民政府及其财政、价格主管部门批准设立的行政事业性收费;
(2) 收取时开具省级以上财政部门印制的财政票据;
(3) 所收款项全额上缴财政。
第四,销售货物的同时代办保险等而向购买方收取的保险费,以及向购买方收取的代替买方缴纳的车辆购置税、车辆牌照费。
第五,以委托方的名义开具发票,代委托方收取的款项。
需要注意的是,国家税务总局规定,一般纳税人与购买方签订的合同中,所列的价外费用均包括税款,必须先将其中所含税款剔除后,才能加入增值税的计税依据中。同时,在进行增值税计算时应将所有以外币列示的销售额转化为人民币列示后再行计算。
如果一个纳税人在没有正当理由的情况下以明显较低的价格进行应税销售,税务机关会作出如下决定。
第一,按纳税人上一年度同类商品的平均销售价格确定。
第二,根据其他纳税人上一年度的类似商品的平均销售价格来确定
第三,通过以下公式计算的组成计税价格来确定:
$$组成计税价格 = 成本 \times (1 + 成本利润率)$$
属于应征消费税的货物,其组成计税价格应加上消费税税额。计算公式为:
$$组成计税价格 = 成本 \times (1 + 成本利润率) + 消费税税额$$
除了前文所述的几项具体应纳税行为之外,单位或者个体工商户的以下行为,应当视同销售货物而须缴纳增值税:
(1) 将货物交付其他单位或者个人代销;
(2) 销售代销货物;
(3) 设有两个以上机构并实行统一核算的纳税人,将货物从一个机构移送其他机构用于销售,但相关机构设在同一县(市)的除外;
(4) 将自产或者委托加工的货物用于非增值税应税项目;
(5) 将自产、委托加工的货物用于集体福利或者个人消费;
(6) 将自产、委托加工或者购进的货物作为投资,提供给其他单位或者个体工商户;
(7) 将自产、委托加工或者购进的货物分配给股东或者投资者;
(8) 将自产、委托加工或者购进的货物无偿赠送其他单位或者个人;
(9) 财政部和国家税务总局规定的其他情形。
此外,单位和个体工商户发生下列情形,应视同销售服务、无形资产或者不动产缴纳增值税:
(1) 单位或者个体工商户向其他单位或者个人无偿提供服务,但用于公益事业或者以社会公众为对象的除外;

(2)单位或者个人向其他单位或者个人无偿转让无形资产或者不动产,但用于公益事业或者以社会公众为对象的除外。

(一)有关销售方式的筹划

如今多数企业积极参与市场竞争,为占据更大的市场份额,企业往往会根据商品、客户类型与采购规模采取不同的销售方式,而我国税法对不同销售方式规定了不同的计税方式。因此,以销售为主的企业可以通过自主采取适当的销售方式达到降低企业总体税负的目的,其具体筹划方式如下。本节主要介绍折扣销售方式的筹划。

折扣销售是指根据交易方的信用度、订单规模等,出于促销目的,以折扣价向购买者提供货物或服务的销售行为。例如,购买方订购100件商品,可以按原销售价格的80%支付货价;订购200件商品,可以按原销售价格的70%支付货价等。

对此,我国税法规定:如果销售额和折扣额在同一张发票上的"金额"栏中分别注明,可将折扣后的余额作为销售额计算增值税;如果未在同一张发票的"金额"栏中注明折扣额,而仅在发票的"备注"栏中注明折扣额或者将折扣额另开发票的,不得从销售额中减除折扣额,且以上规定以现金形式折扣为前提。

具体筹划方式及税收效益,可参见如下案例。

【案例5-6】

D公司主要经营一种商品,其不含税单价为50元,经过与购买方洽谈后,决定以实物折扣的方式向其销售1万件该商品,每销售50件赠送5件,合计赠送1000件。(该商品适用增值税税率为13%)

【解析】

根据相关法律法规,企业将自产货物用于对外赠送,应按照销售处理,赠送货物应参照货物平均价格计入应纳增值税销售额中。因此,该企业按照实物折扣方式销售后的应纳增值税税额=(10000+1000)×50×13%=7.15(万元)。

若该企业将这种实物折扣方式变更为折扣销售,在开具发票时变成价格折扣,如此一来,这单销售交易的不含税价格总额就会从55万变为打折后的50万元,同时应纳增值税税额也会变为6.5万元,即通过纳税筹划,该企业的该笔销售业务的纳税负担减轻了0.65万元。

【案例5-7】

某一副食品生产厂符合一般纳税人条件,其销售额适用一般计税方法。2021年该厂向本市某批发企业销售罐头200箱,每箱罐头的不含税价格为500元。该食品厂对于该笔销售所采取的折扣政策如下:购买方每购买100箱,可以按合同总价款的80%支付;每购买200箱,可以按合同总价款的70%支付。经过本次销售,该食品厂向货物购买方开具了增值税专用发票,将销售价款在发票的"金额"一栏注明,而折扣额在"备注"一栏填列。请问如何帮助该企业降低税负,并计算税负降低金额。

【解析】

该食品厂应纳增值税销售额=200×500=10(万元)。

应纳税额=10×13%=1.3(万元),注明在备注栏的折扣额不得从应纳增值税销售额中扣除。

若该企业将销售价款与折扣额在同一张发票的"金额"栏分别注明,此时,该企业的应纳税额=10×70%×13%=0.91(万元)。可见,经纳税筹划后,该企业税收负担降低了0.39万元。

【案例5-8】

H商贸公司是一家以专营海内外各大名牌服装为主的零售企业,符合税法规定的一般纳税人判定条件。2021年,该公司全年实现销售收入42680万元。适逢2022年国庆节,H公司准备策划一起面向新老客户的促销活动,以提升公司知名度,增加利润。由于此活动事关该公司本年度收入是否达标,因此该公司的决策者们非常重视这一活动。他们得出的结论是,如果他们为活动设定一个价格范围,并以商品原价的20%折扣销售一定数量的商品,他们就能按计划完成年度利润目标。市场部进行了估算,决定将活动的销售额目标定为5000万元。由于该活动仍处于规划的早期阶段,其财务影响还不完全清楚,各部门在最初的宣传方案方面的主要分歧如下。(增值税税率为13%)

(1) 总经理认为,现在人们在购物时更偏向于物美价廉,如果采用现金返利的方式作促销,可能更能引起顾客的注意。

(2) 市场部认为,出于利润最大化的目标,向顾客发放优惠券可以刺激销售量的大幅增加,进而为公司带来更大的利润。

(3) 财务部认为,从长期角度考虑,如果采用现金返利的方式,企业可能不仅无法增加利润,反而还会造成亏损;如果采用发放优惠券的方式,在增加资金运用量的同时会增加税负,而采用让利模式销售,可以降低增值税纳税额。

由于各部门均是站在自身角度考虑且都有一定的道理,因此,各部门无法达成一致意见。于是,该公司决定向X财务咨询公司的税务专家就该活动的促销方式进行咨询。

经过协商,该公司与X税务咨询公司之间就这项促销活动的税收筹划服务达成了双向合作协议,X公司派出专职人员为商贸公司提供单项税收筹划服务。

据税务专家介绍,如果促销活动中所有其他因素保持不变,涉税支出水平将是决定活动成败的一个重要因素。因此,企业在策划促销活动时应考虑与税负有关的问题,并应根据总体业务发展目标评估税收筹划活动的成效。为了帮助该企业了解相关问题,该税务专家通过举例的方式为促销活动决策的选择提供了建议。该专家以10000元的销售额为一个基数单元,提出了如下三种方案:

一是以商品原价的8折出售,即让利20%。

二是向顾客发放相当于商品价值20%的购物券。换句话说,公司向顾客出售初始价格为10000元的商品,并给顾客一张价值2000元的代金券,该代金券可用于公司所属商场内的任何消费。

三是向顾客返还20%的现金。这意味着在以原价出售价值10000元的货物后,有2000元现金需要返还给买方。

以上三种方案是近年来企业在促销活动中最常使用的方法。对于这些方法中的每一种,从税收的角度来看,公司应支付的税额是多少?哪种方法对企业更有利?

【解析】

本例中商品定价为10000元/件,假定相关商品的购进成本为6000元/件(含税),每销售一件商品可以在企业所得税税前扣除的工资及相关费用为600元。

为了方便计算,下面对增值税的主要税收负担进行研究。增值税代表着公司的现金流出,对商业活动有重大影响。

方案一:

折扣销售是一种销售促进计划,即把销售商品的部分利润返还给买方。在这个例子中,

20%的折扣意味着每件定价10000元的商品以8000元售出。假设其他要素没有变化,企业应缴纳的增值税额如下

$$\frac{8000-6000}{1+13\%}\times 13\%=230.09(元)$$

方案二:

假设顾客购买了价值10000元的商品,获得一张价值2000元的代金券,并使用该代金券在商场进一步购物,而商场的购物价格为1200元。根据《中华人民共和国增值税暂行条例》,这种情况下的礼品赠与属于税法意义上的视同销售行为,应按规定计算和征收增值税。由于这种情况下的销售是比较复杂的交易,所以应缴增值税额是按以下方式计算的。在向消费者销售10000元的商品时,应缴纳的增值税为

$$\frac{10000}{1+13\%}\times 13\%-\frac{6000}{1+13\%}\times 13\%=460.18(元)$$

关于向消费者赠送2000元的商品,按照视同销售的税法规定,该企业应当缴纳的增值税为

$$\frac{2000}{1+13\%}\times 13\%-\frac{1200}{1+13\%}\times 13\%=92.04(元)$$

将上述两个环节应纳增值税合计可得

$$460.18+92.04=552.22(元)$$

方案三:

通过计算可得该企业应缴纳的增值税额为

$$\frac{10000-6000}{1+13\%}\times 13\%=460.18(元)$$

现在,我们将上述三种方案的计算进行汇总分析,可以看出,采取方案一时企业承担的增值税税负最低。因此,在不考虑其他税种影响的情况下,方案一为最优促销方式。

(二) 有关销售价格的纳税筹划

1. 与价外费用有关的纳税筹划

由前文可知,价外费用均为含税收入,在并入应纳增值税销售额时应换算为不含税销售额,这样一来,销售价格有关的筹划空间就展现出来了。

例如,依相关法律规定,连同包装物一起出售的应税商品,其包装物成本作为价外费用应并入不含税销售额中,并计征增值税。但如果将该包装物成本作为押金处理,并且单项列明核算,就可以避免计征增值税。

有关包装物的增值税计征规定如下:

(1) 若包装物随应税商品一并销售处理,无论该包装物是否单独核算,均应并入应纳增值税销售额计征增值税;

(2) 若包装物不随应税商品作销售处理,仅收取押金且未超过规定期限的,不计征增值税;对逾期不再退还的押金或超过一年的押金(无论是否退还)均应并入应纳增值税销售额征税。

【案例5-9】

A鞭炮厂符合一般纳税人认定标准,2022年6月共计生产鞭炮5000箱,每箱含税价格350元,含包装物材料价格40元,本月准予抵扣的进项税额共计150000元(适用税率

13%)。请计算该厂当月应纳增值税额,并提出合理的税收筹划方案。

【解析】

当月应纳增值税=5000×350/(1+13%)×13%-150000=51327.43(元)。

方案一:包装物不作价销售,以收取押金的方式处理且未超过规定期限的,该押金收入不并入销售额征税。如此,该鞭炮厂应以每箱310元的价格销售,40元的包装物以押金的方式收取。

此时,应纳增值税=5000×310/(1+13%)×13%-150000=28318.58(元)。

经过筹划少纳增值税23008.85元(51327.43元-28318.58元)。

方案二:包装物不作价销售,以收取押金的方式处理,期限为二年,押金按年支付。通过筹划,鞭炮厂以每箱310元的价格销售,并分两次收取押金,每次20万元。

押金在合同期限内且未超过一年,不纳税,结果与方案一相同。

①12个月内时,押金不用纳税,只有与鞭炮销售有关的部分需要纳税。

②押金(20万元)超过12个月时,需要缴纳增值税。

③第二次押金(20万元)超过第二个12个月时(或不退还时)需要缴纳增值税。

方案三:包装物不作价销售,而是收取押金,并且适当调低鞭炮价格,调高包装物押金(50万),其他条件同方案一或方案二。

①12个月内时,押金不用纳税,只有与鞭炮销售(调低价格后)有关的部分需要纳税。

②押金(25万元)超过12个月时,需要缴纳增值税。

③第二次押金(25万元)超过第二个12个月时(或不退还时)需要缴纳增值税。

2. 与销售定价有关的纳税筹划

在市场经济中,企业应税商品或劳务的价格对于实现利润最大化目标来说是极其重要的,而政府所给予的自由定价权使纳税人可以根据自身成本和利润率等制定合理的销售价格,以获取可观利益。

由于自由定价权的存在,与销售定价相关的税收筹划空间就出现了。目前主要有以下两种与销售定价有关的筹划方式:一是借助关联企业之间的合作定价来降低企业整体税负;二是借助渗透战略打入市场,以价格优势获取更大的市场份额,进而获得更多利益。

【案例5-10】

甲集团公司旗下拥有三个独立核算的子公司,分别为A、B、C,三者之间存在明显的购销关系,主要为A公司向B公司销售原材料,B公司将购得的原材料进一步加工后生产的半成品销售给C公司,C公司将半成品进一步加工成成品后向市场销售。请结合下表,比较不同价格下甲集团的增值税税负。(注:表中价格均为含税价格)

企业名称	增值税税率(%)	生产数量(件)	正常市价(元)	转让价格(元)	所得税税率(%)
A	13	2000	600	500	25
B	13	2000	700	600	25
C	13	2000	800	800	25

【解析】

假设A企业的进项税额为50000元,如果三个子公司均按照市场现价进行货款结算,那么三个公司的应纳税额如下。

A 企业应纳增值税 = 600/(1+13%)×13%×2000−50000 = 138053.1−50000
= 88053.1(元)。

B 企业应纳增值税 = 700/(1+13%)×13%×2000−138053.1
= 161061.95−138053.1 = 23008.85(元)。

C 企业应纳增值税 = 800/(1+13%)×13%×2000−161061.95
= 184070.8−161061.95 = 23008.85(元)。

甲集团合计应纳增值税为 134070.8 元(=88053.1 元+23008.85 元+23008.85 元)。

但是,若三个子公司均采用内部转让价格而非市场正常价格进行结算时,甲集团应当缴纳的增值税就会变成如下情况。

A 企业应纳增值税 = 500/(1+13%)×13%×2000−50000 = 115044.25−50000
= 65044.25(元)。

B 企业应纳增值税 = 600/(1+13%)×13%×2000−115044.25
= 138053.1−115044.25 = 23008.85(元)。

C 企业应纳增值税 = 800/(1+13%)×13%×2000−138053.10
= 184070.8−138053.1 = 46017.7(元)。

甲集团公司此时合计应纳增值税为 134070.8 元(65044.25 元+23008.85 元+46017.7 元)。

仅从上述计算结果看,甲集团的合计应纳增值税税额并没有发生变化,但是考虑到三个子公司前后税款支付的时间点差异,就能发现由于三者之间购销关系的存在,原本应当由 A 企业当期支付的增值税税额降低了 23008.85 元(=88053.1 元−65044.25 元),即部分增值税额递延给了 B 企业。由此类推,原本应由 B 企业当期支付的增值税也有一部分递延至 C 企业。考虑到货币时间价值,甲集团的总体税负实际上是有所下降的。

二、有关进项税额的税收筹划

进项税是指纳税人在购进应税货物、服务、无形资产和不动产或者接受加工修理修配劳务时应支付或发生的增值税金额。

一般纳税人在取得以下票据时计算的进项税额,可以将其从销项税额中扣除。

(1) 从卖方收到的增值税专用发票(包括应税机动车销售行为的分项发票)上注明的增值税金额。

(2) 在海关进口时,从海关收到的特别增值税函上注明的增值税金额。

(3) 对于购买农产品取得的增值税专用发票或销售(收购)发票的,适用于应税或非应税项目,按照 10% 或 9% 的扣除率计算进项税额。

(一) 进货渠道的筹划

根据我国现行法律法规中发票管理的有关规定,我国目前增值税主要采取凭票抵扣的方式,一般纳税人若想进行进项税抵扣,需要他人开具增值税发票或由税务机关代为开具增值税发票。

但是,一般来说,小规模纳税人只有在税法允许的情况下才能向有关税务机关索取增值税发票,而不能根据自己的需要自行开具发票。因此,一般纳税人可以在购货渠道的选择上进行税收筹划,具体有以下两种方式。

一是选择符合一般纳税人资格的供货商,就其应税商品或服务所取得的增值税专用发票进行进项税额抵扣。

二是选择适用简易计税办法的供货商,从供货商那里取得税务机关代开的增值税专用发票。

如果一般纳税人根据简易征税法从小规模纳税人处取得应税货物、接受应税服务或取得应税无形资产或不动产的,只能适用5%或3%的税率。由于小规模纳税人开具发票时,采购方不能像一般纳税人那样申请预付税款抵扣,因此供应商将不得不提供一定的价格优惠,以免失去客户。

那么,价格优惠的幅度应该多大才能使一般纳税人愿意承受无法抵扣增值税带来的损失,而去选择小规模纳税人作为供应方呢?

通过以下计算,我们可以发现一个平衡点。

假设采购方从一般纳税人处购进应税货物、服务、无形资产和不动产的含税价格为 X,从采纳简易计税方法的小规模纳税人处购进应税货物、服务、无形资产和不动产的含税价格为 Y,两种采购方式的营业利润相等,如下列等式所示。

$$\left(不含税销售额-\frac{X}{1+增值税税率}\right)\times(1-增值税税率\times(城市维护建设税税率+教育费及地方教育附加税率))=\left(不含税销售额-\frac{Y}{1+增值税征收率}\right)\times$$
$$(1-增值税征收率\times(城市维护建设税税率+教育费及地方教育附加))$$

故:

$$\frac{X}{1+增值税税率}-\frac{X}{1+增值税税率}\times 增值税税率\times(城市维护建设税税率+教育费及地方教育附加税率)=\frac{Y}{1+增值税征收率}-\frac{Y}{1+增值税征收率}\times$$
$$增值税征收率\times(城市维护建设税税率+教育费及地方教育附加税率)$$

当城市维护建设税税率为7%,教育费及地方教育附加税率为5%时,可得

$$\frac{X}{1+增值税税率}-\frac{X}{1+增值税税率}\times 增值税税率\times(7\%+5\%)$$
$$=\frac{Y}{1+增值税征收率}-\frac{Y}{1+增值税征收率}\times 增值税征收率\times(7\%+5\%)$$

整理可得

$$Y=\frac{(1+增值税征收率)\times(1-增值税税率\times 12\%)}{(1+增值税税率)\times(1-增值税征收率\times 12\%)}\times X$$

若增值税税率为13%,增值税征收率为3%,则

$$Y=\frac{(1+3\%)\times(1-13\%\times 12\%)}{(1+13\%)\times(1-3\%\times 12\%)}\times X=90.05\%\times X$$

换句话说,如果从小规模纳税人那里购买的价格是从一般纳税人那里购买的价格的90.05%,那么购买者(一般纳税人),无论是从小规模纳税人那里还是从一般纳税人那里购买,收到的利益是相同的。因此,如果小规模纳税人的交易金额超过一般纳税人的90.05%,那么它应该从一般纳税人那里购买应税商品和服务,因为此时从一般纳税人那里收到的发票上允许的进项税额将大于小规模纳税人供应商给予的价格减免。反之,只有当小规模纳

税人的交易金额低于一般纳税人的90.05%时,才适合将小规模纳税人作为供应商。

表5.6为不同税率及征收率下的价格优惠平衡点。

表5.6 价格优惠平衡点增值税　　　　　　　　　　　　　　　　　　(单位:%)

一般纳税人的增值税税率	小规模纳税人的增值税征收率	价格优惠临界值(含税)
13	3	90.05
13	0	87.11
9	3	93.81
9	0	90.75
6	3	96.82
6	0	93.66

【案例5-11】

D肉制品加工厂(增值税一般纳税人)外购新鲜肉类作为加工原材料,现阶段有两个待选供应商A和B。A为增值税一般纳税人,可开具准予抵扣的适用税率为13%的增值税专用发票,相关新鲜肉类报价为100万元(含税);B为小规模纳税人,向主管税务机关申请代开税率为3%的增值税专用发票,相关新鲜肉类报价95万元(含税)。请从税收筹划角度为D工厂选择合适的供应商。(已知该地城市维护建设税税率为7%,教育费及地方教育附加税率为5%)

【解析】

从前文价格优惠平衡点可知,当一般纳税人增值税税率为13%,小规模纳税人增值税税率为3%时,价格优惠平衡点为90.05%,即价格优惠平衡点的销售额为900500元(1000000元×90.05%)。

从题中B的报价来看,950000元高于价格优惠平衡点处的900500元。因此通过对比可知,该肉制品加工厂应从A(一般纳税人)处采购原材料。

若加工厂从A处购买原材料,则

净成本=$\frac{1000000}{1+13\%}-\frac{1000000}{1+13\%}\times 13\%\times(7\%+5\%)=884955.75-13805.31=871150.44$(元)。

若加工厂从B处购进原材料,则

净成本=$\frac{950000}{1+3\%}-\frac{950000}{1+3\%}\times 3\%\times(7\%+5\%)=922330.1-3320.39=919009.71$(元)。

因此可以看出,从B处购买原材料的净成本比从A处购买多47859.27元,这说明加工厂应选择A作为供应商。

(二)兼营简易计税方法计税项目、免征增值税项目进项税额核算的筹划

根据我国相关法律规定,如果采用一般增值税计税方法的纳税企业同时销售简易计税和免征增值税的货物,相应的不可抵扣的增值税进项额则按各自销售量分配。

应税货物、适用简易计税程序的货物和免税货物的增值税进项税额可以明确分配的,按照规定抵扣应税部分对应的增值税进项税额。

如果应税货物、适用简易征税程序的货物和免税货物的事前税额不能明确分配,则可以

按照以下公式计算不可抵扣的进项税款

$$不可抵扣的进项税额 = \frac{当期简易计税方法计税项目销售额 + 免征增值税项目销售额}{当期全部销售额} \times 当期无法划分的全部进项税额$$

纳税人可以将计算出的不可抵扣的增值税额与简易计税货物和免征增值税货物的实际不可抵扣的增值税额进行比较。具体筹划方式见表5.7。

表5.7 不可抵扣的增值税额的对比筹划

计税项目	对比结果	筹划方式
①计算得出的不可抵扣的进项税额	①＞②	准确划分
②简易计税方法下的计税项目和免征增值税项目不可抵扣进项税额	①＜②	无须准确划分

还应注意,若纳税人选择准确划分,还应保存好相关财务资料,以备税务机关审查。

【案例5-12】

D商贸公司为增值税一般纳税人,主要的经营商品既有增值税应税货物,也有适用简易计税方法的货物。该公司本月购进原材料取得准予抵扣的增值税专用发票共150万元,共计税款19.5万元。该批材料的90%用于销售,取得含税收入140万元,其余10%则用于免征增值税项目,取得含税收入35万元。请作出合理的纳税筹划建议。

【解析】

如果D公司不能准确分配进项税,则只能计算出当月不可抵扣的进项税额。

不可抵扣的进项税额 $= \frac{35}{140+35} \times 19.5 = 3.9$(万元)。

若D公司能够将进项税进行准确划分,那么就能确定该公司本月不可抵扣的进项税额。

不可抵扣的进项税额 $= 19.5 \times 10\% = 1.95$(万元)。

通过上述计算可得,能够准确划分进项税额时,相较于不能准确划分时,可以减少增值税1.95万元(=3.9万元-1.95万元)。

当然,准确划分时能否达到减税目的,在很大程度上取决于购进的原材料在应税项目和简易计税货物之间的使用占比。如果当月原材料的50%用于销售,剩余50%用于简易计税项目,在销售收入相同并准确划分进项税额的情况下,不可抵扣的进项税额为9.75万元(=19.5万元×50%),与之前作比较,会发现此时不准确划分进项税额反而更具有减轻税负的优势。

(三) 购进固定资产、无形资产与不动产用途的筹划

根据现行法律规定,如果应税货物、服务、无形资产和不动产是专门为集体福利或个人消费而购买的,则这些购买费用不能从销项税额中扣除。但是,如果上述采购同时用于可抵扣和不可抵扣的货物,则相应的预缴阶段税款可以从销项税额中全额扣除。

除上述规定外,对于纳税人购进的其他权益性无形资产,无论专用于以上项目还是兼用,进项税额均允许全额抵扣。

例如,D公司购入一栋写字楼,专门用于职工食堂与俱乐部福利项目,则与该栋写字楼相关的进项税额不可抵扣,但如果将其中几层用于职员办公或存放库存商品,则相关进项税额就可以全额抵扣。

(四) 有关农产品收购方式的筹划

根据《关于深化增值税改革有关政策的公告》(财政部 税务总局 海关总署公告2019年

第39号)规定,与从农业生产者处收购的进项税加计抵扣相关的知识点见表5.8。

表5.8 进项税加计抵扣情况

情 况	扣 除 率
一般纳税人从农业生产者手中购进农产品,用于生产适用9%税率的货物	9%
一般纳税人从农业生产者手中购进农产品,用于生产适用13%税率的货物	9%+1%

【案例5-13】

C饮品公司是一家涉农制造业企业,专门生产与荷叶相关的饮品,2022年从农户处直接收购荷叶并支付款项600万元(加计抵扣10%),其中上门收购相关的运输费约50万元(加计抵扣9%),之后炮制、杀青以及烘干制成荷叶饼的过程共耗用人工费95万元,均不可抵扣进项税;耗用电费29.4万元,其中有5万元可抵扣进项税,在生产过程中还涉及其他可抵扣进项税约17万元。该公司本年度销售荷叶饮品共取得销售收入1000万元。对于该企业而言,应当如何对增值税进行税收筹划呢?(从农业生产者手中购进农产品,用于生产适用13%税率的货物)

为了合理规避涉税风险,并在此前提下获得节税收益,该公司的董事长决定请税务专家为公司进行税收筹划。Z财务咨询公司的税务专家到现场进行了考察。

荷叶饮品的生产制作流程如图5.1所示。

图5.1 荷叶饮品的生产制作流程

【解析】

根据荷叶饮品的具体生产状况,该税务专家就增值税预计的筹划空间,提出了以下两种筹划方案。

方案一:直接从农户处收购荷叶。

生产流程如图5.2所示。

图5.2 直接从农户处收购荷叶的生产流程

2022年,C公司从农户处直接收购了600万元的荷叶,上门收购支付了相关运输费用50万元,初、深加工耗用的人工费95万元均不可抵扣进项税,耗用电费中有5万元可以作进项税抵扣,其他生产过程中可抵扣进项税的有17万元,该年荷叶饮品销售收入共计1000万元。

有关增值税及税收负担率的计算如下:

(1) 与增值税计算有关的销项税额为130万元(=1000万元×13%)。

(2) 允许抵扣的进项税额为86.5万元(=600万元×10%+50万元×9%+5万元+17万元)。

(3) 应当缴纳的增值税额为43.5万元(=130万元-86.5万元)。

(4) 税负率为 4.35%（$=\frac{43.5}{1000}\times 100\%$）。

方案二：直接从农户处收购其生产的荷叶饼。

生产流程如图 5.3 所示。

图 5.3　直接从农户处收购其生产的荷叶饼的生产流程

2022 年，该公司直接从农户处收购荷叶饼共支付 724.4 万元，上门收购支付相关运输费用 50 万元，生产荷叶饮品共耗用可抵扣进项税共计 17 万元，本年度销售荷叶饮品共计获得销售收入 1000 万元。

有关应纳增值税及税负率计算如下：

(1) 与增值税计算有关的销项税额为 130 万元（=1000 万元×13%）。

(2) 允许抵扣的进项税额为 93.94 万元（=724.4 万元×10%+50 万元×9%+17 万元）。

(3) 应当缴纳的增值税额为 36.06 万元（=130 万元−93.94 万元）。

(4) 税负率为 3.61%（$=\frac{36.06}{1000}\times 100\%$）。

通过上述两种方案的计算，可以发现，直接从农户处收购其生产的荷叶饼的税负率更低，原因是企业在进行荷叶的初加工时所耗用的人工成本是无法作进项税抵扣的。需要注意的是，在公司进行加工所耗费的成本与由农户加工所耗费的成本相等的情况下，收购成本越低，税负越高。

第四节　增值税税率的税收筹划

参考《中华人民共和国增值税法（草案）》，应税项目税率可分为以下几个档次：

(1) 从事销售货物、提供加工修理修配劳务和有形动产租赁劳务或者进口货物的一般纳税人适用 13% 的税率；

(2) 从事一些特殊商品销售或进口以及提供交通运输服务、邮政服务、基础电信服务、建筑服务、不动产租赁服务、销售不动产、不动产转让、土地使用权转让的一般纳税人适用 9% 的税率；

(3) 从事现代服务（除租赁服务外）、增值电信服务、金融服务、生活服务、无形资产相关服务的一般纳税人适用 6% 的税率；

(4) 对于一些特殊项目的一般纳税人和小规模纳税人适用 5% 的税率；

(5) 适用简易计税方法的小规模纳税人适用 3% 的征收率；

(6) 从事货物出口、跨境销售国务院规定范围内的服务、无形资产的适用零税率。

结合其他有关规定,整理如表5.9所示。

表5.9 项目税率划分档次

适用范围	税率	备注
销售货物、提供加工修理修配劳务、有形动产租赁或者进口货物	13%	另有规定的个别项目除外
销售或进口特殊货物;提供交通运输服务、邮政服务、基础电信服务、建筑服务、不动产租赁服务、销售不动产、不动产转让、转让土地使用权	9%	这里所说的特殊货物主要包括如下内容。 ①粮食等农产品:面粉、米、灭菌乳、鲜奶、玉米面、玉米胚芽、烟叶; ②自来水(除农业灌溉用水、引水工程输送水外); ③天然气、二甲醚; ④居民用煤炭制品(不含原煤和工业用煤); ⑤图书、报纸、杂志等; ⑥饲料(不含直接用于动物饲养的粮食、饲料添加剂); ⑦农药、农机(整机)、农膜; ⑧规定的其他内容
提供现代服务(除租赁服务外)、增值电信服务、金融服务、生活服务、无形资产相关服务	6%	①现代服务主要包括:研发和技术服务、信息技术服务、文化创意服务、物流辅助服务、鉴证咨询服务、广播影视服务、商务辅助服务等; ②金融服务主要包括:贷款服务、直接收费金融服务、保险服务、金融商品转让; ③生活服务主要包括:文化体育服务、教育医疗服务、旅游娱乐服务、餐饮住宿服务、居民日常服务等
一般纳税人以及小规模纳税人的一些特殊项目	5%	例如"营改增"之前转让取得的房地产项目等
适用简易计税方法的小规模纳税人	3%	
出口货物	0	①国际运输服务; ②航天运输服务; ③向境外单位提供的完全在境外使用的研发服务、合同能源管理服务、设计服务、广播影视节目(作品)的制作和发行服务、软件服务、电路设计及测试服务、信息系统服务、业务流程管理服务、离岸服务外包业务、技术转让服务
跨境销售国务院规定范围内的服务、无形资产		

一、与兼营销售有关的税收筹划

税法规定纳税人若同时从事商品销售、加工服务、维修服务、应税服务、无形财产或不动产交易,则这些交易将分别记录并适用不同的税率。如果不单独记录,则按较高的税率征收增值税。因此,一般纳税人在从事混合经营或兼营行为涉及不同税率或征收率时,可以对不同税率或征税率的货物、服务进行分别核算,或者将业务分拆计征,从而避免从高计税。

混合销售行为和兼营行为存在以下筹划节点:

(1) 是不是同一项销售行为?

(2) 是否适用不同的税率或征收率?

(3) 如果是同一项销售行为适用不同的税率或征收率,是否可以拆分?

(4) 如果可以拆分,拆分的形式是以合同签订的形式好,还是以其他形式更好?比如成立一个子公司?

(5) 如果同一项销售行为通过签订两个合同进行拆分,税务机关是否认同?

(6) 如果成立一个子公司来实现对同一项销售行为的拆分,那么应考虑哪些因素?

经过区分后,我们分别就两种销售方式作税收筹划分析。

根据《中华人民共和国增值税暂行条例》以及"营改增"政策规定,如果纳税人销售按不同税率或关税征收的货物、加工和维修服务、应税服务、无形资产或不动产,这些销售必须单独列出,否则必须按较高税率计算增值税。各项规定如下:

(1) 兼营不同税率应税货物、服务的,应从高适用税率;

(2) 兼营不同征收率应税货物、服务的,应从高适用税率;

(3) 兼营不同税率和征收率的应税货物、服务的,应从高适用税率。

由此可见,在一般纳税人兼营征收多种税率或征收率的应税项目组合的情况下,如果不对销售额进行单独核算,可能会增加税收负担。

【案例 5-14】

D 公司(一般纳税人)是一家动物饲料生产企业,该企业的主要经营业务是生产并销售动物饲料,除此之外还将空置的仓库对外提供仓储服务。2021 年,该企业销售动物饲料共取得不含税收入 2000 万元,提供仓储服务取得不含税收入 800 万元,当年取得的准予抵扣的增值税专用发票金额为 100 万元。请说明该企业应如何开展税收筹划。(动物饲料业务适用 9% 的税率,仓储服务业务适用 6% 的税率)

【解析】

如果 D 公司未分别核算销售应税商品和提供仓储服务获得的收入,则应纳增值税为 152 万元[=(2000+800)万元×9%−100 万元]。但是如果对两类收入分别核算,则应纳增值税为 128 万元(=2000 万元×9%+800 万元×6%−100 万元)。

通过计算可见,如果该公司将两种业务收入分开核算,将比不分开核算少支付 24 万元的增值税。因此,如果一个应税实体销售适用不同税率或征收率的应税商品或提供适用不同税率或征收率的应税服务,必须将两者严格分开核算,以避免从高税率缴纳增值税。

二、与混合销售有关的税收筹划

自 2016 年我国全面"营改增"后,若应税实体既销售应税商品又提供应税服务,就会发生混合销售。

生产、批发或零售应税货物的实体和独资企业的混合销售应按货物销售业务规定缴纳增值税,而其他实体和独资企业的混合销售应按服务销售业务规定缴纳增值税。

上述生产、批发或零售应税货物的实体和独资企业基本上包括两个层次:第一,主要生产、批发或零售应税商品的应税实体;第二,销售应税商品并同时提供应税服务的应税实体。

需要注意的是,增值税纳税人销售活动板房、机器设备、钢结构件等自产货物的同时提供建筑、安装服务的,不属于《营业税改征增值税试点实施办法》第四十条的规定。在混合销售的情况下,货物的销售和建筑服务的销售必须分开核算,并适用不同的税率或关税。同时,在一般计划下销售自产机械设备并提供装配服务的应税企业必须分别核算机械设备销售业务和装配服务业务,装配服务业务可以适用工程项目的简易计税方法。

【案例 5-15】

D公司是一家位于市区的空调生产经销商,属一般纳税人,主要经营业务为销售空调并提供送货上门服务和安装服务,2022年6月,空调销售金额为226万元(含税),与之相关的运费占销售总额的5%,安装服务占销售总额的1%。当月购进原材料以及支付相关运输安装成本180万元,准予抵扣的进项税额为23.4万元,那么该公司6月应缴纳的增值税税额为多少?可以有哪些税收筹划方案?[城建税(城市维护建设税)为7%,教育费及地方教育附加税率分别为3%和2%,所得税税率为25%]

【解析】

首先,应当判定该公司6月这项业务是混合销售还是兼营销售。由于这项业务在同一项销售行为中同时涉及应税货物与应税劳务,所以应属于混合销售。

其次,计算如下信息:

该公司6月应纳增值税 $= \dfrac{226}{1+13\%} \times (1+5\%+1\%) \times 13\% - 23.4 = 4.16$(万元)。

相关的应缴城建税、教育费及地方教育附加 $= 4.16 \times (7\%+3\%+2\%) = 0.5$(万元)。

应纳税所得额 $= \dfrac{226}{1+13\%} \times (1+5\%+1\%) - 180 - 0.5 = 31.5$(万元)。

应纳所得税额 $= 31.5 \times 25\% = 7.875$(万元)。

最后,设计以下几个税收筹划方案进行分析。

方案一:通过分开签订合同来实现税收筹划的目的。

具体方式是针对空调销售、空调运输、空调安装分别签订合同。

应纳增值税额 $= \dfrac{226}{1+13\%} \times 13\% + \dfrac{226}{1+13\%} \times 5\% \times 9\% + \dfrac{226}{1+13\%} \times 1\% \times 9\% - 23.4$
$= 3.68$(万元)。

应纳税所得额 $= \dfrac{226}{1+13\%} \times (1+5\%+1\%) - 180 - 3.68 \times (7\%+3\%+2\%) = 31.56$(万元)。

应纳所得税额 $= 31.56 \times 25\% = 7.89$(万元)。

相较于未分别签订合同的情况,增值税实现节税0.48(=4.16-3.68)万元,相应的城建税、教育费及地方教育附加实现节税0.06[=0.48×(7%+3%+2%)]万元,企业所得税多缴0.015(=7.89-7.875)万元,共计节税0.525(=0.48+0.06-0.015)万元。

方案二:通过成立新公司(一般纳税人)但不改变定价来实现税收筹划的目的。

具体方式是就运输与安装服务分别成立一个一般纳税人公司。在一般计税方法下,保证总计准予抵扣的进项税额不变、定价机制不变,这时,该企业的纳税情况计算如下。

税前空调销售金额为 $200\left(=\dfrac{226}{1+13\%}\right)$ 万元。

应纳增值税额 $= (200 \times 13\% + 200 \times 5\% \times 9\% + 200 \times 1\% \times 9\%) - 23.4 = 3.68$(万元)。

应纳税所得额＝200×(1＋5％＋1％)－180－3.68×(7％＋3％＋2％)＝31.56(万元)。
应纳所得税额＝31.56×25％＝7.89(万元)。

相较于初始情形,该方案实现增值税节税0.48(＝4.16－3.68)万元,相应的城建税、教育费及地方教育附加实现节税0.06万元,企业所得税多交0.015万元,共计节税0.525万元,与方案一相同。

方案三:通过成立新公司(小规模纳税人)但不改变定价,来实现税收筹划的目的。

具体方式是就运输与安装服务分别成立一个小规模纳税人公司,在简易计税方法下,缴纳的增值税款仅与销售价款有关,定价机制不变。

空调销售占比＝$\dfrac{200}{200\times(1+5\%+1\%)}\times 100\%=94.34\%$。

应纳增值税额＝(200×13％－23.4×94.34％)＋200×5％×3％＋200×1％×3％
　　　　　＝26－22.08＋0.3＋0.06
　　　　　＝4.28(万元)。

应纳税所得额＝200×(1＋5％＋1％)－180－4.28×(7％＋3％＋2％)
　　　　　＝31.49(万元)。

应纳所得税额＝31.49×25％＝7.87(万元)

相较于之前多缴增值税税0.12(＝4.28－4.16)万元,多缴纳城建税、教育费及地方教育附加0.01万元,企业所得税少缴纳0.005(＝7.87－7.875)万元,但是各税种总额增加了0.125万元,没有达到税收筹划的目的,故该方式不可行。

需要注意的是,成立新的小规模纳税人公司后,原本可以抵扣的一部分进项税额不允许抵扣了。

方案四:通过成立新公司(一般纳税人)调整价格,来实现税收筹划的目的。

具体方式是就运输与安装服务分别成立一个一般纳税人公司,在一般计税方式下,将空调销售价格占比下调2％,但将运输与安装服务价格占比各上调1％,使货物与服务的总售价保持不变。

定价机制调整前货物与服务的总售价＝200＋200×5％＋200×1％＝212(万元)。

其中:

空调销售价格占比＝$\dfrac{200}{212}\times 100\%=94.34\%$。

运输服务价格占比＝$\dfrac{200\times 5\%}{212}\times 100\%=4.72\%$。

安装服务价格占比＝$\dfrac{200\times 1\%}{212}\times 100\%=0.94\%$。

若采用新的定价机制,空调的销售价格则降至195.76(＝212×92.34％)万元,运输服务和安装服务的价格分别上升至12.13(＝212×5.72％)万元和4.11(＝212×1.94％)万元。

计算可得定价调整后相关税额情况:

应纳增值税额＝195.76×13％＋12.13×9％＋4.11×9％－23.4＝3.51(万元)。

应纳所得税额＝[195.76＋12.13＋4.11－180－3.51×(7％＋3％＋2％)]×25％
　　　　　＝7.90(万元)。

相较于未作税收筹划时,少纳增值税0.65(＝4.16－3.51)万元,少缴纳城建税及附加0.08万元,多缴纳企业所得税0.025(＝7.90－7.875)万元,但总的税额减少0.705万元。

方案五:通过成立新公司(小规模纳税人)调整价格来实现税收筹划的目的。

具体方式是就运输与安装服务分别成立一个小规模纳税人公司,在简易计税方式下,将空调销售价格占比下调2%,但将运输与安装服务价格占比各上调1%,使货物与服务的总售价保持不变。

若采用新的定价机制,经过定价调整后:

应纳增值税额 = (195.76×13% − 23.4×94.34%) + 12.13×3% + 4.11×3%
= 3.86(万元)。

应纳所得税额 = [195.76 + 12.13 + 4.11 − 180 − 3.86×(7% + 3% + 2%)]×25%
= 7.88(万元)。

相较于未作纳税筹划时,少纳增值税 0.3(= 4.16 − 3.86)万元,少纳城建税及附加 0.04 万元,企业所得税多缴纳 0.005 万元,总税额减少 0.335 万元。

第五节 增值税减免的税收筹划

我国现行增值税税收优惠政策主要涉及起征点、税率优惠和税收减免等规定,各纳税人可以根据自身经营需要充分利用这些税收优惠政策,以达到减税目的。

一、增值税减免政策

(一)《中华人民共和国增值税暂行条例》及相关法律中规定的免税项目

《中华人民共和国增值税暂行条例》及相关法律中规定的免税项目如下。

(1) 农业生产者销售的自产农产品。

自产农产品是指直接参与作物生产的农业、林业、畜牧业和渔业组织和个人销售的自家种植的产品。农业生产者销售自产农产品免交增值税,农业生产者按一般征税方法购买的农产品或按简易计税方法购买的农产品,按抵扣税率事先缴纳增值税,并有权从当期产生的销项税额中扣除。

(2) 避孕药品与用具。

(3) 古旧图书。

(4) 直接用于科学研究、试验和教学的进口仪器、设备。

(5) 外国政府、国际组织无偿援助的进口物资和设备。

(6) 由残疾人组织直接进口后,专供残疾人使用的物品。

(7) 其他个人销售自己使用过的物品。

(8) 财政部、国家税务总局规定的其他免税项目。

①自 2016 年 5 月 1 日起,社会团体收取的会费,免征增值税。但社会团体开展的经营性服务活动取得的收入,应按照增值税法照章征税。

②批发与零售蔬菜。

③除豆粕之外的粕类饲料商品。

④农业生产者(含个人与企业)销售自产的种子。

⑤节能服务公司将项目中的货物转让给用能企业。
⑥自2018年1月1日起至2020年12月31日,在批发、零售环节销售图书。
⑦电影发行收入。
⑧科普单位以及县级以上党政部门开展的知识科普性活动的门票收入。
⑨境内外合作从事学历教育办学取得的收入。

(二) 营业税改征增值税试点过渡政策规定的免税项目

营业税改征增值税试点过渡政策规定的免税项目的部分内容如下。

(1) 托儿所、幼儿园提供的保育和教育服务。
(2) 养老机构提供的养老服务。
(3) 残疾人福利机构提供的育养服务。
(4) 婚姻介绍服务。
(5) 殡葬服务。
(6) 残疾人员本人为社会提供的服务。
(7) 医疗机构提供的医疗服务。
(8) 从事学历教育的学校提供的教育服务。
(9) 学生勤工俭学提供的服务。
(10) 纪念馆、博物馆、文化馆、文物保护单位管理机构、美术馆、展览馆、书画馆、图书馆在自己的场所提供文化体育服务取得的第一道门票收入。
(11) 寺院、宫观、清真寺和教堂举办文化、宗教活动的门票收入。
(12) 个人转让著作权。
(13) 个人销售自建自用住房。
(14) 符合条件的利息收入,如国家助学贷款等。
(15) 被撤销的金融机构以货物、不动产、无形资产、有价证券等财产清偿债务。
(16) 保险公司开办的一年期以上人身保险商品取得的保费收入。
(17) 符合条件的金融商品转让收入。
(18) 金融同业往来利息收入。
(19) 符合条件的担保机构从事中小企业信用担保或者再担保业务取得的收入(不含信用评级、咨询、培训等收入)3年内免征增值税。
(20) 纳税人提供技术转让、技术开发和与之相关的技术咨询、技术服务。
(21) 符合条件的合同能源管理服务。
(22) 政府举办的从事学历教育的高等、中等和初等学校(不含下属单位),举办进修班、培训班取得的全部归该学校所有的收入。
(23) 政府举办的职业学校设立的,并由学校资助和运营的,主要为在校学生提供实习机会的现代服务(不包括融资租赁、广告和其他现代服务)和生活服务(不包括文化体育服务、其他生活服务和桑拿、氧吧)等业务活动所取得的收入,并且运营收入归属学校。
(24) 家政服务企业的员工制家政服务人员提供家政服务取得的收入。
(25) 福利彩票、体育彩票的发行收入。
(26) 军队空余房产租赁收入。
(27) 为了配合国家住房制度改革,企业、行政事业单位按房改成本价、标准价出售住房取得的收入。

(28) 将土地使用权转让给农业生产者用于农业生产。

(29) 涉及家庭财产分割的个人无偿转让不动产、土地使用权。

(30) 土地所有者出让土地使用权,土地使用者将土地使用权归还给土地所有者。

(31) 县级以上地方人民政府或自然资源行政主管部门出让、转让或收回自然资源使用权(不含土地使用权)。

(32) 随军家属就业。

(33) 军队转业干部就业。

【案例 5-16】

D茶叶公司主要从事茶树种植、采摘以及茶叶生产等业务,主要生产过程包括种植茶树,采摘茶叶,生产初制茶,通过风选、采摘、粉碎和干燥将初制茶转化为精制茶,然后将精制茶分销给各贸易公司和个人。企业的生产税主要来自销售精制茶的1000万元,而进项税包括两部分,其中一部分是种植茶树或购买与茶叶生产有关的物资和服务形成的农业投入24万元;另一部分是企业经营过程中水电修理等相关进项税额16万元。这两部分的进项税额合计相较于销项税额来说比例很小。请问如何运用我国现行增值税税收优惠政策帮助企业减轻税收负担?(根据我国现行增值税相关规定,生产的精制茶适用13%的增值税税率,城建税税率为7%,教育费附加税率为3%。)

【解析】

由题干可知,在未进行税收筹划之前,该公司每年销售精制茶取得的不含税销售收入为1000万元,购进茶树和其他农业生产资料的进项税额为24万元,企业经营过程中水电修理等相关进项税额为16万元。

应纳增值税=销项税额-进项税额=1000×13%-(24+16)=90(万元)。

税负率=90/1000×100%=9%。

可以通过独立运营茶叶种植园来作税收筹划,以利用农业生产者销售的自产农产品的增值税税收优惠政策。

经过税收筹划后,茶叶种植园对外销售的初制茶叶免税。假设独立经营的种植园销售给其他加工厂的茶叶不含税售价为700万元,则有

应纳增值税=销项税额-进项税额=1000×13%-[700×(7%+3%)+16]=44(万元)

税负率=44/1000×100%=4.4%。

经计算可知,该筹划方案可以为该企业降低税负,共计节省增值税46万元,节省城市维护建设税和教育费附加4.6万元,税负降低4.6%。

但实施该税收筹划方案时应注意,由于茶叶种植园与加工厂之间存在内部关联关系,主管税务机关会核定原材料进价与相应进项税额,该公司应按照正常售价将茶叶种植园的茶叶销售至加工厂,不得为了增加加工厂的进项税额而一味地抬高售价。

二、增值税的即征即退优惠

除上述规定的免税政策外,《中华人民共和国增值税暂行条例》及其他相关规定中还对个别行业的应税行为实行即征即退的优惠政策,例如以下几种。请注意在实际操作过程中,应根据最新政策规定的税率和标准进行税收筹划。

(1) 增值税一般纳税人销售其自行开发生产的软件产品,按13%(注:自2018年5月1日起,原适用17%税率的调整为16%;自2019年4月1日起,原适用16%税率的税率调整

为13%)税率征收增值税后,对其增值税实际税负超过3%的部分实行即征即退政策。(《关于软件产品增值税政策的通知》(财税〔2011〕100号))

(2)对安置残疾人的单位和个体工商户,实行由税务机关按纳税人安置残疾人的人数,限额即征即退增值税的办法。(《关于促进残疾人就业增值税优惠政策的通知》(财税〔2016〕52号))

(3)对纳税人销售自产的利用风力生产的电力产品,自2015年7月1日起,实行增值税即征即退50%的政策。(《关于风力发电增值税政策的通知》(财税〔2015〕74号))

(4)一般纳税人提供管道运输服务,对其增值税实际税负超过3%的部分实行增值税即征即退政策。(《关于全面推开营业税改征增值税试点的通知》(财税〔2016〕36号)附件3《营业税改征增值税试点过渡政策的规定》第二条规定)

(5)经人民银行、银监会或者商务部批准从事融资租赁业务的试点纳税人中的一般纳税人,提供有形动产融资租赁服务和有形动产融资性售后回租服务,对其增值税实际税负超过3%的部分实行增值税即征即退政策。(同上)

三、起征点

小规模纳税人从事税法上规定的应税货物销售服务、提供条例中列明的应税劳务或服务的,从以上具体应税行为中取得的销售额未达到一定限额,即增值税起征点的,免征增值税;如果超过这一限额的,应当就取得的所有销售额按照适用的征收率计算并缴纳增值税。

《关于小规模纳税人免征增值税征管问题的公告》(国家税务总局公告2021年第5号)对增值税起征点作的相关规定如下。

(1)小规模纳税人发生增值税应税销售行为,合计月销售额未超过15万元(以1个季度为1个纳税期的,季度销售额未超过45万元,下同)的,免征增值税。

(2)小规模纳税人发生增值税应税销售行为,合计月销售额超过15万元,但扣除本期发生的销售不动产的销售额后未超过15万元的,其销售货物、劳务、服务、无形资产取得的销售额免征增值税。

【案例5-17】

D维修店主要经营机械维修业务,登记为增值税小规模纳税人,适用3%的税率。该维修店每月销售额在10~30万元之间,请通过计算说明在这个区间内,是否销售额越多,获得的税收收益越多。(假定对于小规模纳税人,月销售额未超过10万元的,免征增值税)

【解析】

根据增值税起征点规定分析如下(以下均为含税金额)。

(1)如果月销售额在10万元以下,无须缴纳增值税,因此在此范围内,销售额越大越好。

(2)如果月销售额高于10万元,则须全额缴纳增值税,同时根据缴纳的增值税额征收城市维护建设税和教育费及地方教育附加。

由以上信息可得到一个节税点,假设该维修店月含税销售额为 X 时取得的税后收益与获得10万元销售额时获得的税后收益相等,则有

$$X - \frac{X}{1+3\%} \times 3\% = 100000$$

得到 $X = 103000$(元)。

综上所述,如果该小规模纳税人的月含税销售额为103000元时,其获得的税后收益为

100000元。如果月含税销售额处于100000元与103000元之间,则其获得的税后收益将低于100000元,因此,在这种情况下,纳税人应尽量将月销售额控制在100000以下;如果月含税销售额高于103000元,则其获得的税后利益大于100000元,在这种情况下应争取更大的月含税销售额。

第六节 增值税出口退税的税收筹划

一、出口退税的有关规定

在学习与增值税出口退税相关的税收筹划前,我们需要了解一下与增值税出口退税有关的内容。

首先,我国增值税现行的退税形式主要分为以下三种。

(1)出口免税并退税,即纳税人在开展税法规定的应税货物、劳务以及相关服务的出口业务时不需要缴纳增值税,并且对于个别列明的货物、劳务和服务在出口前,如果在境内实际承担了相关增值税税款,则可以按税法规定的相应退税率申请退税。

(2)出口免税但不退税,即纳税人在开展税法规定的应税货物、劳务以及相关服务的出口业务时不需要缴纳增值税,但由于相关货物、劳务和服务属于规定的免税项目,因此在后续出口中无须退税。

(3)出口既不免税也不退税。所谓的出口不免税是指国家明令限制或禁止出口的应税货物在出口销售环节视同内销,应当依规定征收增值税。不退税是指对这类货物在出口前实际承担的增值税税款不予进行退税处理。

上述规定所涉及的出口退税货物应合理具备以下条件。

(1)属于税法规定的增值税、消费税征税范围。

(2)须为经过合理报关手续的离境货物。是否经过报关手续是区分出口货物是否能够退税的主要界定标准,即未进行报关的货物,理论上无论结算的货币为外汇还是人民币,均不得视为可退税的货物。

(3)须为经过账务处理的货物。

(4)须为出口收汇并已作核销处理的货物。

我国财政部和国家税务总局曾根据国务院正式出台的政策性文件作出明确规定,除文件规定的增值税出口退税税率外,出口的应税货物适用的退税率即为其本身的增值税适用税率。自2019年4月1日起,我国适用的增值税出口退税税率包括13%、10%、9%、6%和0,共计5档。

与增值税出口退税相关的计算方法有两种。

(1)国内生产型企业实行"免抵退"税计算。

"免抵退"税政策主要适用于生产企业。其中"免"指的是生产性企业在自产用于出口的应税货物时,其在销售环节可以免征增值税;"抵"指的是生产型企业在自产用于出口的应税货物时,在国内生产应税货物所耗用的国内购进的原材料相关税额,可以在出口销售时予以退还;"退"指的是在计算当期应纳税额时,如果出现当期应纳税额大于当期应退税额的,对于未抵完的税额可以根据规定予以退税。其中有关计算公式如下:

当期应纳税额＝当期内销货物的销项税额－(当期进项税额
　　　　　　－当期出口货物不予免征、抵扣和退税的税额)。

当期出口货物不予免征、抵扣和退税的税额＝当期出口货物离岸价(FOB)
　　　　　　×外汇汇率×(增值税适用税率－退税率)。

当期应退税额＝当期出口货物的离岸价格×外汇汇率×退税率。

(2) 外贸企业以及实行外贸企业制度的其他企业实行"免退"税计算。

"免退"税政策主要适用于外贸企业。由于外贸企业出口的应税货物是向国内其他生产性企业收购的,其在收购过程中已经承担了生产企业已缴纳的增值税税款,因此外贸企业在进行出口退税计算时,可以根据规定按照货物的收购成本与其对应的退税率申请退税款。

二、出口退税的税收筹划方式

纳税人可以利用我国税法规定的不同经营方式下区别化的出口退税政策,选择合适的经营方式来降低税负。

我国生产企业目前主要有两种货物出口方式:一是进料加工;二是来料加工。两者可分别按"免抵退"和"不免也不退"办法进行税收筹划。下面是有关出口退税率小于征收率时的税收筹划案例。

【案例 5-18】

D生产企业主营出口业务,主要采用进料加工的方式为国外X公司加工橡胶商品。与该商品相关的进口保税料件合计2000万元,经过加工形成最终商品后再返销至X公司,售价为2800万元。除此以外,该生产企业为加工橡胶商品购进相关辅料、备件等取得增值税专用发票的进项税额为20万元。(该橡胶商品适用13%的增值税税率和10%的退税率)

【解析】

免抵退税额递减额＝免税购进原材料价格×出口货物退税率
　　　　　　　　＝2000×10%＝200(万元)。

免抵退税额＝出口货物离岸价×外汇人民币折合率×出口货物退税率
　　　　　　－免抵退税额递减额
　　　　　　＝2800×1×10%－200＝80(万元)。

免抵退税不得免征和抵扣税额递减额＝免税购进原材料价×
　　　　　　　　　　　　　　　　　(出口货物税率－出口货物退税率)
　　　　　　　　　　　　　　　　＝2000×(13%－10%)＝60(万元)。

免抵退税不得免征和抵扣税额＝当期出口货物离岸价×外汇人民币折合率
　　　　　　　　　　　　　　×(出口货物税额－出口货物退税率)
　　　　　　　　　　　　　　－免抵退税不得免征和抵扣税额递减额
　　　　　　　　　　　　　　＝2800×1×(13%－10%)－60＝24(万元)。

当期期末应纳税额＝当期内销货物的销项税额－
　　　　　　　　(进项税额－免抵退税不得免征和抵扣税额)
　　　　　　　　＝0－(20－24)
　　　　　　　　＝4(万元)。

可知,企业计算所得的当期应纳税额为正值,当期应退税额为零,所以该企业本期应当缴纳的增值税税额为4万元。但是我国税收法律制度规定,来料加工方式实行免税。如果该企业将进料加工方式改为来料加工方式,则可以避免这一部分税负。

有关会计处理方式如下:

(1) 企业在购进备件等时支付的进项税额。

借:应交税费——应交增值税(进项税额)   200 000
　　贷:银行存款   200 000

(2) 企业免抵退税不得免征和抵扣的税额。

借:主营业务成本   240 000
　　贷:应交税费——应交增值税(进项税转出)   240 000

(3) 计算应缴纳税额。

借:应交税费——应交增值税(转出未交增值税)   40 000
　　贷:应交税费——未交增值税   40 000

【案例 5-19】

如果将案例 5-18 中的出口售价改为 2200 万元,其他条件不变,则应纳税额应该如何计算?

【解析】

在进料加工方式下:

免抵退税额递减额 = 免税购进原材料价格 × 出口货物退税率

$$= 2000 \times 10\% = 200(万元)。$$

免抵退税额 = 出口货物离岸价 × 外汇人民币折合率 × 出口货物退税率 － 免抵退税额递减额

$$= 2200 \times 1 \times 10\% - 200 = 20(万元)。$$

免抵退税不得免征和抵扣税额递减额 = 免税购进原材料价 ×(出口货物税率 － 出口货物退税率)

$$= 2000 \times (13\% - 10\%) = 60(万元)。$$

免抵退税不得免征和抵扣税额 = 当期出口货物离岸价 × 外汇人民币折合率 ×(出口货物税率 － 出口货物退税率)－ 免抵退税不得免征和抵扣税额递减额

$$= 2200 \times 1 \times (13\% - 10\%) - 60 = 6(万元)。$$

当期期末应纳税额 = 当期内销货物的销项税额 －(进项税额 － 免抵退税不得免征和抵扣税额)

$$= 0 - (20 - 6) = -14(万元)。$$

可知,企业应纳税额为负,当期存在期末留抵税额。

若当期期末留抵税额不高于当期免抵退税额,则当期应退税额等于当期期末留抵税额。因此该企业的应收退税额为14万元,即该企业采用进料加工方式可获得退税14万元,比来料加工更能实现税收收益。

有关会计处理方式如下:

(1) 企业在购进备件等时支付的进项税额。

借:应交税费——应交增值税(进项税额)   200 000
　　贷:银行存款   200 000

(2) 有关免抵退税不得免征和抵扣税额。
借:主营业务成本   60 000
　　贷:应交税费——应交增值税(进项税转出)   60 000
(3) 计算应缴纳税额。
借:应收补贴款——应收出口退税   140 000
　　贷:应交税费——应交增值税(出口退税)   140 000

【案例 5-20】

如果案例 5-18 中的出口退税率提高至 12%,其他条件不变,该企业应纳税额应该如何计算?

【解析】

进料加工方式下:

免抵退税额递减额＝免税购进原材料价格×出口货物退税率
　　　　　　　　＝2000×12%＝240(万元)。

免抵退税额＝出口货物离岸价×外汇人民币折合率×出口货物退税率
　　　　　　－免抵退税额递减额
　　　　　＝2800×1×10%－240＝40(万元)。

免抵退税不得免征和抵扣税额递减额＝免税购进原材料价×(出口货物税率
　　　　　　　　　　　　　　　　　－出口货物退税率)
　　　　　　　　　　　　　　　　＝2000×(13%－12%)
　　　　　　　　　　　　　　　　＝20(万元)。

免抵退税不得免征和抵扣税额＝当期出口货物离岸价×外汇人民币折合率
　　　　　　　　　　　　　　×(出口货物税率－出口货物退税率)
　　　　　　　　　　　　　　－免抵退税不得免征和抵扣税额递减额
　　　　　　　　　　　　　　＝2800×1×(13%－12%)－20＝8(万元)。

当期期末应纳税额＝当期内销货物的销项税额－(进项税额
　　　　　　　　　－免抵退税不得免征和抵扣税额)
　　　　　　　　＝0－(20－8)＝－12(万元)。

可知,企业应纳税额为负,当期存在期末留抵税额。

若当期期末留抵税额不高于当期免抵退税额,则当期应退税额等于当期期末留抵税额。因此该企业的应收退税额为 12 万元,即该企业采用进料加工方式可获得退税 12 万元,比来料加工更能实现税收收益。

【案例 5-21】

若案例 5-18 中取得增值税专用发票的进项税额为 40 万元,其他条件不变,该企业的应纳税额应该如何计算?

【解析】

进料加工方式下:

免抵退税额递减额＝免税购进原材料价格×出口货物退税率
　　　　　　　　＝2000×10%＝200(万元)。

免抵退税额＝出口货物离岸价×外汇人民币折合率×出口货物退税率
　　　　　　－免抵退税额递减额
　　　　　＝2800×1×10%－200＝80(万元)。

免抵退税不得免征和抵扣税额递减额＝免税购进原材料价×(出口货物税率
－出口货物退税率)
＝2000×(13％－10％)＝60(万元)。

免抵退税不得免征和抵扣税额＝当期出口货物离岸价×外汇人民币折合率
×(出口货物税率－出口货物退税率)
－免抵退税不得免征和抵扣税额递减额
＝2800×(13％－10％)－60＝24(万元)。

当期期末应纳税额＝当期内销货物的销项税额－(进项税额
－免抵退税不得免征和抵扣额)
＝0－(40－24)＝－16(万元)。

可知,企业应纳税额为负,当期存在期末留抵税额。

若当期期末留抵税额不高于当期免抵退税额,则当期应退税额等于当期期末留抵税额。因此该企业的应收退税额为16万元,即该企业采用进料加工方式可获得退税16万元,比来料加工更能实现税收收益。

1. 纳税人如何根据增值税的特点进行税收筹划?
2. 增值税的主要筹划方法有哪些?
3. 出口退税业务的税收筹划需要注意哪些问题?

1. 一般纳税人D牌服装厂主营业务为对外销售服装。公司在外购用于生产服装的布料时,有以下三种选择。

(1) 一般纳税人A企业:布料报价含税价格为每吨6000元,由企业开出专用发票。

(2) 小规模纳税人B企业:布料报价含税价格为每吨5400元,由税务所代开征收率为3％的专用发票。

(3) 小规模纳税人C企业:布料报价含税价格为每吨5300元,由企业开出无法抵扣的普通发票。

在不考虑其他税种的情况下,请问D牌服装厂应从何处购买这批布料来进行增值税的税收筹划,并说明理由。

2. D牌牛奶加工厂的主营业务为对外销售牛奶,其商品的制作流程为:饲养奶牛—生成牛奶—加工为奶制品。牛奶加工完成以后有两种销售渠道,一种是在线上卖给居民,另一种是销售给牛奶公司。但是D牌牛奶加工厂的进项税额占销项税额的比例较小,在不考虑其他税种的情况下,请问D牌牛奶加工厂应如何进行增值税的税收筹划?(奶制品适用的增值税税率为13％)

第六章

消费税税收筹划

本章介绍消费税的税收筹划。消费税是在征收增值税的基础上再对部分商品加征的货物税。其征税范围、纳税人、征税环节、计税依据等,与增值税相比均有其自身的特点。本章针对消费税的这些特点介绍消费税税收筹划的原理与方法,并通过案例来分析不同业务的税收筹划方案。读者通过本章的学习,可以针对消费税具体问题制定筹划方案。

第一节 消费税税收筹划的概念及原理

一、消费税的相关概念

消费税是针对在我国境内从事委托加工、生产和进口,以及销售特定消费品的单位、个人,在特定环节对其某些商品或服务,就其销售额或销售数量而征收的一种税。简单地说,消费税是对特定的商品和服务的消费支出而征收的一种税。

(一)消费税的纳税人

在我国境内生产、委托加工和进口应税消费品的单位、个人,以及国务院规定的出售应税消费品的其他单位、个人,是消费税的纳税义务人。

消费税的纳税人具体包括以下几类(表6.1)。

表6.1 消费税的纳税人

消费税的纳税人		说　　明
生产(含视为生产行为的)应税消费品的单位和个人	自产销售	纳税人销售时纳税
	自产自用	纳税人自产的应税消费品,用于连续生产应税消费品的不纳税;用于其他方面的,于移送使用时纳税

续表

消费税的纳税人	说　明
进口或代理进口应税消费品的单位和个人	进口消费税由海关代征
委托加工应税消费品的单位和个人	为了加强消费税的征收管理,委托加工的应税消费品由受托方在向委托方交货时代收代缴税款(除非受托方为个人)
零售金银首饰、铂金首饰、钻石及钻石饰品的单位和个人	生产、委托加工、进口和批发金银首饰、钻石及钻石饰品、铂金首饰时不征收消费税,纳税人在零售环节纳税
零售超豪华小汽车的单位和个人	对超豪华小汽车,在生产(进口)环节按现行税率征收消费税的基础上,在零售环节加征一道消费税
从事卷烟批发业务的单位和个人	纳税人(卷烟批发商)销售给纳税人以外的单位和个人的卷烟于销售时纳税,卷烟批发商之间销售的卷烟不缴纳消费税

(二)消费税的征税范围

为了便于征收管理和加强对税收来源的控制,我国的消费税的征税范围包括五个方面。

(1)生产销售应税消费品。征收消费税的主要环节是在生产销售的过程中。除特殊商品外,消费税只在单一环节征收,所以已经在生产销售环节征收了的,流通环节无须再缴纳消费税。

(2)委托加工应税消费品。当委托方提供的是原材料和主要材料,受托方仅仅收取加工费和辅料时,属于委托加工的形式。委托方收回应税消费品后,继续加工应税消费品的,则可扣除加工过程中支付的消费税。

(3)进口应税消费品。单位和个人在进口应税消费品的时候,必须向海关申报消费税。

(4)销售零售应税消费品。零售应税消费品包括金银首饰(仅限金、银和金基、银基合金首饰及其镶嵌首饰)、铂金首饰、钻石、钻石珠宝和豪华轿车。

(5)批发销售应税消费品。只有卷烟在批发环节需要缴纳消费税。

(三)消费税的征收环节

消费税的纳税环节相对单一,具体情况如表6.2所示。

表6.2　消费税征收环节

环　节		备　注
进口应税消费品		消费税的纳税环节相对单一,除了超豪华轿车和卷烟是双环节征收外,其他应税商品只在某一环节征收
生产应税消费品出厂销售		
移送使用	将自产应税消费品用于连续生产应税消费品	
	将自产应税消费品用于连续生产非应税消费品	
将自产应税消费品用于投资、分红、赠送、职工福利		

（四）消费税的税目与税率

1. 税目

消费税的税目即消费税的具体征税范围。税目的制定与经济形势、消费政策、产业结构、国民消费习惯、消费水平、财政状况等多种因素息息相关。根据《中华人民共和国消费税法（征求意见稿）》，我国消费税有15个主要的税目，而在各税目之下又设有几个子税目（表6.3）。

表6.3 消费税税目、税率（额）表

税　　目	税率（额）
一、烟	
1. 卷烟	
（1）甲类卷烟（生产或进口环节，后同）	56%加0.003元/支
（2）乙类卷烟	36%加0.003元/支
（3）批发环节	11%加0.005元/支
2. 雪茄烟	36%
3. 烟丝	30%
二、酒	
1. 白酒	20%加0.5元/500克（或者500毫升）
2. 黄酒	240元/吨
3. 啤酒	
（1）甲类啤酒	250元/吨
（2）乙类啤酒	220元/吨
4. 其他酒	10%
三、高档化妆品	15%
四、贵重首饰和珠宝玉石	
1. 金银首饰、铂金首饰和钻石及钻石饰品（零售环节）	5%
2. 其他贵重首饰和珠宝玉石	10%
五、鞭炮焰火	15%
六、成品油	
1. 汽油	1.52元/升
2. 柴油	1.2元/升
3. 航空煤油	1.2元/升
4. 石脑油	1.52元/升
5. 溶剂油	1.52元/升
6. 润滑油	1.52元/升
7. 燃料油	1.2元/升
七、小汽车	
1. 乘用车	
（1）气缸容量（排气量，下同）在1.0升（含1.0升）以下的	1%

续表

税　目	税率(额)
(2) 气缸容量在1.0升以上至1.5升(含1.5升)的	3%
(3) 气缸容量在1.5升以上至2.0升(含2.0升)的	5%
(4) 气缸容量在2.0升以上至2.5升(含2.5升)的	9%
(5) 气缸容量在2.5升以上至3.0升(含3.0升)的	12%
(6) 气缸容量在3.0升以上至4.0升(含4.0升)的	25%
(7) 气缸容量在4.0升以上的	40%
2. 中轻型商用客车	5%
3. 超豪华小汽车(零售环节)	10%
八、摩托车	
1. 气缸容量为250毫升的	3%
2. 气缸容量为250毫升以上的	10%
九、高尔夫球及球具	10%
十、高档手表	20%
十一、游艇	10%
十二、木制一次性筷子	5%
十三、实木地板	5%
十四、电池	4%
十五、涂料	4%

2. 税率的形式

消费税税率的基本形式包括比例税率和定额税率两种。消费税税率的特殊形式为复合计征，即从价又从量、定额税率和比例税率相结合。消费税的税率形式和适用税目如表6.4所示。

表6.4　消费税税率的形式

税率形式	适用税目
定额税率	黄酒、啤酒、成品油
比例税率和定额税率复合计税	白酒、卷烟
比例税率	除白酒、卷烟、黄酒、啤酒、成品油以外的其他各项应税消费品

(五) 消费税计税依据和应纳税额的计算

消费税可以按从价定率、从量定额、复合计税三种方式计算应纳税额。计税依据包括销售额、销售数量两方面。具体计税依据归纳如表6.5所示。

表6.5　消费税计税依据

计征办法	计税依据
从量定额	基本计税依据为销售数量，在不同情况下可以是销售数量、移送使用数量、委托加工收回的应税消费品数量、进口征税数量

续表

计征办法	计税依据
从价定率	基本计税依据为销售额(不含增值税),在不同情况下可以是销售额、同类消费品价格、组成计税价格
复合计税	销售数量和销售额

1. 销售数量的确定

从量定额销售数量的确定方式如表6.6所示。

表6.6 消费税销售数量的确定

应税行为	销售数量
销售应税消费品	应税消费品的销售数量
自产自用应税消费品	应税消费品的移送使用数量
委托加工应税消费品	纳税人收回的应税消费品数量
进口应税消费品	海关核定的应税消费品进口征税数量

2. 销售额的确定

(1) 销售额的基本内容。

销售额是指纳税人在销售应税消费品时所收取的所有价格和价格以外的所有费用,其中包含消费税,不包含增值税。价外费用是指从客户那里收取的手续费、代收费、代垫费、奖励费、违约金、包装费、返还利润等各种费用的总称。纳税人销售的商品,按人民币计算。纳税人按外汇计价的,应先折算成人民币。应税消费品的销售额的计算公式如下:

应税消费品的销售额=含增值税的销售额/(1+增值税税率或征收率)

(2) 包装物的计税问题。

包装物的计税规则如表6.7所示。

表6.7 包装物计税规则

情形		计税规则	归纳
销售		应税消费品与包装物一起销售的,不管包装物品是否合并或分开评估,也不论其在会计上如何核算,均应并入应税消费品的销售额中征收消费税	收取时直接并入销售额计税
收取租金		销售应税消费品同时收取包装物租金的,属于价外费用,应并入应税消费品的销售额中征收消费税	收取时直接并入销售额计税
		对酒类商品生产企业销售酒类商品(除啤酒、黄酒外)而收取的包装物押金,无论押金是否返还,无论其会计上如何核算,均应并入酒类商品销售额中征收消费税	
		对于酒类商品、成品油以外的其他应税消费品收取的包装物押金,未到期且收取时间不超过一年的,不计税。但对逾期未收回包装物不再退还的或已收取一年以上的押金,应并入应税消费品的销售额,按照应税消费品的适用税率征收消费税	逾期并入销售额计税

3. 消费税的基本计算

消费税税率形式、适用税目以及计税公式见表6.8。

表6.8 消费税税率形式、适用税目、计税公式概览表

税率形式	适用税目	计税公式
定额税率（从量计征）	啤酒、黄酒、成品油	应纳税额＝销售数量（移送使用数量、收回数量、进口数量）×定额税率
比例税率和定额税率并用（复合计征）	白酒、卷烟	应纳税额＝销售数量（移送使用数量、收回数量、进口数量）×定额税率＋销售额（同类消费品价格、组成计税价格）×比例税率
比例税率（从价计征）	除上述以外的其他税目	应纳税额＝销售额（同类消费品价格、组成计税价格）×比例税率

（六）消费税纳税义务发生时间

根据应税行为和结算方式的差异，消费税纳税义务的发生时间规定如表6.9所示。

表6.9 消费税纳税义务发生时间

应税行为	结算方式	纳税义务发生时间
销售应税消费品	赊销、分期收款	书面合同约定的收款日期的当天（书面合同没有约定收款日期或者无书面合同的，为发出应税消费品的当天）
	预收货款	发出应税消费品的当天
	托收承付、委托银行收款	发出应税消费品并办妥委托收手续的当天
	其他	收讫销售款项或者取得索取销售款项凭据的当天
委托加工应税消费品	受托方向委托方交货时代收代缴税款（除受托方为个人外）	受托方向委托方交货的当天
	自用应税消费品	移送货物的当天
	进口应税消费品	进入关境的当天

二、消费税税收筹划的原理

对消费税的筹划可以从四个维度开展：第一个维度是纳税人，第二个维度计税依据，第三个维度是税率，第四个维度是纳税义务发生时间。

消费税与其他税种的区别如下：消费税只对十五个税目在单一环节征收，这为我国的消费税筹划创造了有利的条件。由于消费税是针对具体的纳税人的，因此，在税务筹划过程中，可以通过企业间的合并、兼并来推迟纳税时间，或成立一个独立的营业部门，使计税环节向后推，以减轻消费税负担。通过配套销售模式与应税消费品的包装物押金的设置，也可以达到减少计税基础的目的。通过适当地选择销售方式，在一定情形下可以推迟税款缴纳时间，以获得相对的税收收益。在经营过程中，企业可以结合实际情况，综合考虑相关筹划方案。

第二节 消费税纳税人的税收筹划

因为消费税是针对某一特定的消费者而征收的,纳税环节单一(除特殊情况外),所以在消费税的税务筹划中,可以将上游和下游的公司进行整合,从而延缓消费税缴纳期限。此外,各环节的消费税税率有一定的差别,这也会对纳税人的应税收入产生一定的影响。并购可以使公司原来的购买和出售过程变成公司自用的原材料供销过程。两个企业之间原本有原料采购关系,在兼并之前,原料转移构成的是买卖关系;但并购完成后,这一活动就变成了企业内部的原料转移,从而没有了市场交易行为。这个环节是不需要交税的,只需等生产的应税商品出厂时再缴纳。若后一阶段的消费税税率比前一阶段低,就可以直接降低企业的税收负担。

因此,如果后一阶段的消费税税率较低,需要把前一阶段的税负延迟到后一阶段,就可以通过合并来进行消费税税收筹划,从而降低税负。

【案例6-1】

某市有两家制酒企业A公司和B公司。销售粮食类白酒为A公司主营业务,B公司购入A公司自主生产的粮食白酒,作为生产某系列药酒的原材料。本年度,A公司将300吨粮食白酒出售给B公司,不含税销售价为6元/斤。同年度,B公司销售药酒250吨,取得销售收入330万元(不含税)。怎样筹划可以减少A公司的应纳消费税呢?(白酒的消费税比例税率为20%,定额税率为0.5元/斤;药酒适用的消费税税率为10%)

【解析】

A公司可以通过合并B公司,把B公司作为生产车间来递延纳税时间,同时降低消费税税负。

第一,合并可以延迟缴纳部分税款。两个公司合并后,A公司可以把消费税的支付时间向后延迟。A公司将自产自用的粮食白酒用于连续生产药酒,这一环节无须缴纳消费税,待出厂销售时再行缴纳。

第二,合并会导致部分税款降低。A公司合并B公司后,用于生产药酒的粮食白酒(连续生产应税消费品的应税消费品)于连续生产环节无须缴消费税。

A公司合并B公司前:

A公司应纳消费税=(300×1000×2×6×20%+300×1000×2×0.5)/10000
=102(万元)。

B公司应纳消费税=330×10%=33(万元)。

A公司和B公司合计缴纳消费税额=102+33=135(万元)。

A公司合并B公司后:

销售药酒应纳消费税税额=330×10%=33(万元)。

因此,如若A公司合并B公司,则可以节约102(=135-33)万元消费税税款。

第三节　消费税计税依据的税收筹划

一、设立独立核算门市部

目前,我国绝大多数应税消费品都是在生产和出厂阶段缴纳消费税,而消费税只在一个单独的环节征收(特殊除外),所以不需要在流通过程中额外缴纳消费税。因此税收筹划可以通过在单一环节减少计税依据的方式来实现,以降低企业的税收负担。

把计税环节向后推进,或把税基中的一部分去掉,都可以减少计税价格。把出厂环节的价格降低,可以直接获得节税利润。所以,减少出厂环节的应税价格是很重要的。纳税人可以通过建立独立核算的门市部专门销售应税消费品,并单独核算销售收入,从而使其能够根据内部转让价格来计算和缴纳消费税。之后独立核算门市部再以正常价格对外销售。对外销售处于销售环节,不再缴纳消费税。

需要注意的是,公司对附属销售部门的销售价格需要根据市场平均销售价格来确定。低于正常价格时,税务部门可以按照企业的利润水平和生产规模确定商品的最低价(对外销售商品价格的50%～70%)。因此,企业不可盲目地降低转让价格,应将转让价格保持在合理且合法的区间内。

【案例 6-2】

梨花酿酒厂是当地颇有名气的一家酿酒企业,主要生产并销售粮食白酒。近些年,梨花酿酒厂的商品声名远扬,吸引了全国各地的批发商来此处购买。每年都有一些同城的零售商、餐饮企业、个人直接从酿酒厂购买白酒。今年11月,梨花酿酒厂向同城消费者合计出售粮食白酒大约1000箱(每箱12瓶装,一瓶重500克)。梨花酿酒厂对零售商、餐饮企业、个人的售价为1500元/箱,对批发商的定价为1220元/箱。请问该酿酒厂应采取什么措施进行消费税税收筹划?(以上价格不含税,粮食白酒按0.5元/500克的定额税率和20%的比率税率复合计税)

【解析】

按规定,纳税人若设立门市部独立进行核算,那么就可以根据销售给门市部的价格计算和缴纳消费税。该酿酒厂可以按每箱1200元的价格将商品销售给门市部,再由门市部以每箱1500元的价格向零售商、餐饮企业、个人出售。

11月销售给零售商、餐饮企业、个人消费者的白酒应纳消费税税额为

$$1000 \times 1500 \times 20\% + 12 \times 1000 \times 0.5 = 306000(元)$$

设立独立核算的门市部后,11月销售给独立核算的门市部的应纳消费税税额为

$$1000 \times 1200 \times 20\% + 12 \times 1000 \times 0.5 = 246000(元)$$

可见,酿酒厂通过设立独立核算的门市部,可以节约60000元(=306000元-246000元)的消费税税额。

二、包装物押金的筹划

根据《中华人民共和国消费税暂行条例实施细则》及相关政策,以下是关于应税消费品包装物价值的相关规定。

第一,包装物的出售。包装物连同应税消费品一并出售时,按从价税率征税,不管包装物品是否合并或分开评估,也不论其在会计上如何处理,其价值都要计入应税消费品的销售额。

第二,包装物的租金。包装材料的租金属于价外支出,应计入应税商品的销售额。

第三,包装物押金。如果只是对应税消费品的包装物收取押金,押金尚未逾期且仍在一个会计年度内的,则属于应税消费品的收入。超过一年的,就要按应税消费品的销售额计算消费税。

具体计税规则总结见表6.10。

表6.10 包装物计税规则

情　　况	规　　定	
作价随同销售	并入销售额中征收消费税、增值税	
一般应税消费品包装物押金(从价计税非酒类消费品)	未逾期且未超过一年	不征收消费税、增值税
	逾期未退还或一年以上	征收消费税、增值税
酒类商品包装物押金(啤酒、黄酒除外)	无论押金是否返还及会计上如何核算,均应在收取的当期并入酒类商品销售额中征收消费税、增值税	
啤酒、黄酒包装物押金(成品油也适用此规定)	未逾期且未超过一年	不征收消费税、增值税
	逾期未退还或一年以上	征收增值税,不征收消费税(从量计征,与价格无关)

考虑到相关规定对包装物押金、租金的特殊要求,对消费税税基的筹划可以从包装物押金着手。符合条件的押金无须并入销售额征收消费税,因此同时符合以下两个条件时,企业可以通过税收筹划方案节省税款:①按收取包装物押金的形式,减少应税消费品的税基;②企业收取的包装物押金必须在12个月内退还。如果押金逾期未退或者超过一年后才退还,则需要缴纳消费税,但消费税的缴纳时间已经递延。

【案例6-3】

丙公司生产并销售高尔夫球及相关球具。丙公司于11月向某高尔夫球场销售一批高尔夫球杆,共500根,不含税单价为1000元/根。每根球杆都需单独进行包装,包装物的价值为100元/根(不含增值税)。丙公司应怎样对包装物进行税收筹划来降低消费税税负?(高尔夫球杆的消费税税率为10%)

【解析】

方案一:包装物同高尔夫球杆一起销售,丙公司应纳消费税
$$(1000+100)\times 500\times 10\% = 5.5(万元)$$

方案二:收取包装物押金100元/根,并签订合同,商定高尔夫球场在12个月内将包装物退还给丙公司,丙公司同时退还押金。

出厂销售时,丙公司应纳消费税
$$1000\times 500\times 10\% = 5(万元)$$

收取的包装物押金为

$$100\times500=5(万元)$$

与方案一相比,方案二在出厂环节可以少缴纳 0.5 万元的消费税。后期包装物押金缴纳消费税与否取决于押金是否在规定的时间内退还。若高尔夫球场未逾期归还包装物,则无须再对押金支付消费税,丙公司可节约消费税 0.5 万元;若高尔夫球场在 12 个月之后才退还包装物至丙公司,丙公司须在合同约定的期限届满时补缴 0.5 万元的消费税。虽然这种情况下应纳消费税额相同,但是递延了包装物的应纳消费税的纳税时间,实现了纳税筹划的效果。

三、应税消费品换、投、抵的筹划

按照有关法律规定,纳税人用于交换生产或消费材料、投资入股或抵消债务的应税消费品,应按同类商品的最高售价计算。纳税人使用应税消费品进行换、投、抵的,应当先销售再换、投、抵,降低消费税的税基,从而降低消费税税负。

纳税人所制造的商品,用于礼品、样品、广告、员工福利等,采用同类型商品的计税价格,以不包含增值税的销售收入为基础计征消费税;若当月同类商品的价格不一致,则以加权平均后的均价作为同类消费品的价格;在没有类似商品的情况下,按组成计税价格计算税款。

组成计税价格的计算公式如下。

从价计税时:

$$组成计税价格=(成本+利润)/(1-比例税率)$$
$$=[成本\times(1+成本利润率)]/(1-比例税率)。$$

复合计税时:

$$组成计税价格=(成本+利润+自产自用数量\times定额税率)/(1-比例税率)$$
$$=[成本\times(1+成本利润率)+自产自用数量\times定额税率]/(1-比例税率)。$$

【案例 6-4】

甲公司与乙橡胶厂达成合作,用自产的摩托车 200 辆换取乙公司的橡胶材料,用作生产轮胎的原材料。当月,甲公司以两档价位销售了此型号的摩托车:按 3000 元/辆售出了 30 辆,按单价 3500 元/辆售出了 15 辆。假设该型号摩托车适用的消费税税率为 10%,请为甲公司设计一个税收筹划方案。

【解析】

若甲公司直接用摩托车换取生产材料,则应按照当月同型号摩托车的最高售价计算缴纳消费税为

$$200\times3500\times10\%=70000(元)$$

甲公司可以考虑改变生产材料换取方式,将摩托车先销售,后用销售款购买橡胶材料,销售的 200 辆摩托车的单价可按同型号摩托车当月的加权平均单价计算缴纳消费税。当月平均单价为

$$(3000\times30+3500\times15)/(30+15)=3166.67(元/辆)$$

经此番税收筹划后,销售摩托车应纳消费税为

$$200\times3166.67\times10\%=63333.4(元)$$

可实现节税 6666.6 元(=70000 元-63333.4 元)。

【案例6-5】

乙公司为摩托车生产企业,9月以4档价格对外出售了一批同种型号的摩托车:以3000元/辆销售40辆,以3500元/辆售出20辆,以3800元/辆售出10辆,以4000元/辆售出5辆。当月乙公司将同型号摩托车100辆(评估价格为每辆3200元)以参股的方式投资给当地一家工厂。假设该型号摩托车适用的消费税税率为10%,请为乙公司设计税收筹划方案。

【解析】

乙公司有两种投资方案。

方案一:直接用摩托车进行投资。

乙公司应纳消费税

$$4000 \times 100 \times 10\% = 40000(元)$$

方案二:先将100辆摩托车出售,再将取得的收入向工厂注资。

乙公司应纳消费税

$$3200 \times 100 \times 10\% = 32000(元)$$

与方案一相比,方案二可节约消费税8000元(=40000元-32000元)。

可见,乙公司在用应税消费品进行投资时,应选择先将摩托车售出,再进行投资。这种筹划方式可以节约8000元的消费税。

【案例6-6】

3月,芬芳酿酒厂拟用自产的C款薯类白酒共600千克偿还欠乙包装厂的债务。当月芬芳酿酒厂的C款薯类白酒的销售情况如下:按60元/千克售出700千克白酒;按80/千克售出1000千克白酒;按110元/千克售出900千克白酒。合同约定,按照当月酿酒厂的加权平均价格计算用于偿还债务的酒的价格。财务人员针对该笔抵债业务计算应缴纳的消费税为:[(700×60+1000×80+900×110)/(700+1000+900)]×600×20%+600×2×0.5=10800元。税务机关在税务稽查中发现该笔业务处理存在错误,要求芬芳酿酒厂补缴抵偿乙包装厂债务的消费税。请问税务机关的要求是否合理?芬芳酿酒厂以后该如何进行税收筹划?(薯类白酒适用的复合计税规则为20%的比例税率和0.5元/500克的定额税率)

【解析】

根据规定,纳税人使用自产的应税消费品偿还债务,须按同类消费品的最高价格作为税基。所以,酿酒厂应缴纳的消费税为110×600×20%+600×2×0.5=13800元,须补缴3000元(=13800元-10800元)的消费税税额,可见税务机关的要求是合理的,符合税法的规定。

若酿酒厂先以均价售出这600千克白酒,再偿还乙包装厂的债务,则需缴纳消费税为10800元。如此则财务人员的会计处理无误,无须再补缴税款。

可见若芬芳酿酒厂先将600千克白酒以60元/千克的价格销售给乙包装厂,降低消费税的计税依据,再调减应付账款等相关科目,这样可达到节税目的。

四、以外币结算的应税消费品的筹划

纳税人以外币销售应税商品,其税基为按照折合率折算为人民币后的销售额。人民币的折合率有两种:一种是出售当天的人民币汇率中间价,一种是出售当月1日的人民币汇率中间价。考虑到外汇市场的汇率变动会对企业降低税收负担的行为产生影响,据相关规定,一年之内外汇折算方法不能随意更改。因此,在确定汇率以前,纳税人必须正确地判断和评价未来的经济形态。

一般情况下,如果采用更低的汇率换算,就可以降低企业的消费税税负,但需要关注外汇市场的波动对折合率的影响。一般来说,在一段时期内人民币持续升值,宜采用销售当日的汇率;采用结算日当月1日的汇率适用于一段时间内人民币不断贬值的情况。应当注意的是,币值是处于不断波动的,大多数情况下都不是只升值或贬值,因此人民币折合率的选择应从总体角度考虑。而且即使筹划得当,也并非所有收入都能以较低的汇率进行折算。

【案例6-7】

某高档化妆品生产企业10月20日在国内销售成套的高档化妆品,以外币形式结算,取得销售收入30万欧元。当日人民币汇率中间价为1欧元兑7.45元,10月1日人民币汇率中间价为1欧元兑6.99元。高档化妆品适用的消费税税率为15%。该企业可以通过什么途径进行税收筹划?

【解析】

如果采用10月20日的汇率中间价,将销售额折合成人民币为

$$30 \times 7.45 = 223.5(万元)$$

应纳消费税 $= 223.5 \times 15\% = 33.53$(万元)。

如果采用10月1日的汇率中间价,销售额折合成人民币为

$$30 \times 6.99 = 209.7(万元)$$

应纳消费税 $= 209.7 \times 15\% = 31.46$(万元)。

采用两种不同的汇率中间价,应纳消费税相差2.07万元(=33.53万元−31.46万元),因此该企业应选择10月1日的汇率对销售额进行折算。

第四节 消费税税率的税收筹划

一、兼营和成套销售的税收筹划

消费税针对不同的税目设有不同的税率。当纳税人同时销售适用不同税率的多款应税消费品时,就有了一定的筹划空间,可以通过选择适当的销售方式和核算方式来减轻税负。

为了增大商品销量、提升商品美观度和档次,许多公司会将商品组合成一系列礼品盒进行销售。根据现行税法规定,一个实体如果同时销售适用不同税率的应税消费品,应分别核算不同税率下的应税商品的销售数量和销售额。如果不单独核算,则统一适用较高的消费税税率。考虑到这一点,纳税人如果同时经营两类或更多的应税消费品,就应当分开核算。

从税收筹划角度看,如果将税率相同的应税商品组成套装销售,在一定程度上可以增加销量,提升收入。但当成套消费品中的商品由适用税率不同的应税消费品或不征税商品组成时,企业应考虑成套销售所增加的收入额和应承担的消费税孰高。如果消费税税负的增量小于销售额的增量,就可以选择成套销售。为达到节税的目的,企业一方面需要完善核算

制度,明确各类应税消费品的销售状况,分别核算;另一方面要权衡利弊、选择适当的销售方式和核算方法。

【案例6-8】

某地一酿酒厂主要生产粮食白酒和葡萄酒。为了打造特色商品,提升销量,该酿酒厂将一瓶白酒(500克)、一瓶葡萄酒(500克)和一个开瓶器组成礼品对外销售。礼品的价格为150元/套。其中,粮食白酒价格为80元/瓶,葡萄酒价格为60元/瓶,开瓶器价格为10元/把。3月,该酿酒厂对外售出15000瓶粮食白酒,获得120万元销售收入;售出10000瓶葡萄酒,获得60万元销售收入;售出成套礼品2000套,获得30万元销售收入。请对不同核算方式下该酿酒厂的应纳消费税税额进行计算和比较。(以上收入均为不含税收入,粮食白酒的消费税税率为20%的从价税率加上0.5元/500克的从量税率,葡萄酒的消费税税率为10%)

【解析】

(1) 若三类商品未独立核算,酒厂应纳消费税为

$(1200000+600000+300000) \times 20\% + (15000+10000+2000 \times 2) \times 0.5 = 434500$(元)

(2) 若三类商品独立核算,则

白酒应纳消费税 $= 1200000 \times 20\% + 15000 \times 0.5 = 247500$(元)。

葡萄酒应纳消费税 $= 600000 \times 10\% = 60000$(元)。

礼品套装应纳消费税 $= 300000 \times 20\% + 2000 \times 2 \times 0.5 = 62000$(元)。

酒厂合计应纳消费税 $= 247500 + 60000 + 62000 = 369500$(元)。

可以看出,单独核算不同税率的应税消费品,税额将减少65000元($=434500$元-369500元)。因此酿酒厂的财务人员应该对应税消费品进行独立核算,避免增加消费税税负。

【案例6-9】

爱美丽日化公司生产的主要商品是高档化妆品和普通护肤护发用品。该日化公司有两种销售方案。

方案A:单独销售高档化妆品及普通护肤护发用品,并单独核算。

方案B:将高档化妆品和普通护肤护发用品包装成礼盒,以礼盒形式对外销售。

将高档化妆品和普通护肤护发用品分开销售,高档化妆品销售收入为20万元,普通护肤护发用品销售收入为9万元。假定组合后礼盒的销售收入为29万元,若以消费税税负最小化作为筹划目标,应该选择哪种方案?(高档化妆品的消费税税率为15%,以上均为不含税收入)

【解析】

方案一:仅需对高档化妆品征收消费税。

应纳消费税 $= 20 \times 15\% = 3$(万元)。

方案二:应按礼盒的售价计征消费税。

应纳消费税 $= 29 \times 15\% = 4.35$(万元)。

因此,基于消费税税负最小化的目标,应该选择方案一,将应税消费品和非应税消费品分别销售、核算。

【案例6-10】

爱美丽日化公司计划把生产的高档化妆品、普通护肤护发用品和文创周边商品组成新年限定礼盒进行销售。该礼盒中，高档化妆品包括一瓶价值500元的香水(30毫升)，一只260元的口红(2.1克)，一瓶60元的指甲油(5毫升)；普通护肤护发用品包括一瓶50元的沐浴液，一瓶30元的身体护肤油；文创周边商品包括10元的化妆镜等；定制包装盒5元。公司按照惯例将商品包装好后销售给商场，是否还有消费税的筹划空间？(高档化妆品的消费税税率为15%，以上价格均为不含税价格)

【解析】

公司将商品包装好后销售给商场，单个礼盒应纳消费税为

$$(500+260+60+50+30+10+5)\times 15\%=137.25(元)$$

如果公司先将上述商品单独卖给商场，经商场自行包装再卖给顾客，则应税高档化妆品应纳消费税为

$$(500+260+60)\times 15\%=123(元)$$

每个礼盒可节约消费税14.25元($=137.25$元-123元)。

可以看出，同时销售应税消费品和非应税消费品的纳税人，应尽量先销售后包装以降低消费税税额。先销售后包装、分别核算是纳税人同时销售应税消费品和不征税商品的好办法。

在实际操作中，财务人员通过对以上商品分别开发票、分别核算销售收入，可以降低消费税税负。

二、利用临界值制定合理的价格策略

某些消费税税目有几个子税目，不同的子税目适用的税率不完全相同。但相同税目下的子税目有共同的性质，纳税人可以创建子税目相互转化的条件，并选择较低的税率进行税收筹划。比如，摩托车的消费税税率，根据汽缸容积而定，不同容积适用不同的消费税税率：250毫升的汽缸容积，适用3%的消费税税率；超过250毫升的汽缸容积，适用10%的消费税税率。组成应税消费品的成分不同，适用的税率也不尽相同。比如成品油中燃料油的消费税税率为1.2元/升，溶剂油的消费税税率为1.52元/升。再如卷烟，其消费税税率是根据单位价格确定的，甲类和乙类香烟的税率相差20%。现行消费税法规定，卷烟在生产、进口、委托加工环节，每条(200支)卷烟的调拨价格在70元以下的(不包括增值税)，适用的消费税税率为36%；70元以上的，适用的消费税税率为56%。因此，调拨价格70元就成为卷烟消费税税率变化的转折点。如果卷烟的价格稍微高于这一临界值，纳税人可以考虑把它降低到临界值以下，从而适用较低的税率。但当企业生产的是高档香烟时，单位价格远远超过每条(200支)卷烟的调拨价格70元，通过降低单价来减轻税负的方法可能会造成损失。

以啤酒为例。现行消费税法规定，以单位出厂价格的高低来区分啤酒的消费税税率，不含增值税出厂价格(含包装物和包装物押金)在每吨3000元以下的，适用于220元/吨的税率；不含增值税出厂价格(含包装物和包装物押金)不小于每吨3000元的，适用于250元/吨的税率。针对这一啤酒价格临界值的筹划思路与卷烟类似。

(一)卷烟价格临界值的计算

我国税法规定，对卷烟按照"从量＋从价"的方法征收消费税，即一箱卷烟的定额税率为

150元,甲类卷烟的从价税率为56%,乙类卷烟的从价税率为36%。当卷烟价格小幅超过临界值时,消费税税率将从36%跃升至56%,税负必然加重,企业收入的增加可能低于税负的增加,这是企业提价的不可行区域。因此,企业的定价策略对企业的税负及利润的影响至关重要。

下面计算卷烟价格的无差异临界值。假设一条卷烟的临界值价格为 P 元($P>70$),此时卷烟适用56%的消费税税率。临界值处的税后利润与每条调拨价格为69.99元时的税后利润相等。增值税税率为13%,城建税税率为7%,教育费附加为3%。

卷烟价格为 P 时,税后利润为:

① $P-$ 成本 $-P\times 56\%-$ 从量税 $-(P\times 56\%+$ 从量税 $+P\times 13\%-$ 进项税额 $)\times(7\%+3\%)$。

卷烟价格为69.99元/条时,税后利润为:

② $69.99-$ 成本 $-69.99\times 36\%-$ 从量税 $-(69.99\times 36\%+$ 从量税 $+69.99\times 13\%-$ 进项税额 $)\times(7\%+3\%)$。

令①式=②式,经计算,得出: $P=111.49$。即卷烟价格的无差异临界值为111.49元每条。由此可以得出以下两条结论:

(1) 卷烟的价格为111.49元/条的税后利润与价格为69.99元/条的税后利润相等;

(2) 当每条卷烟的价格在70~111.49元时,企业可以考虑将卷烟的售价降低至69.99元/条,此时消费税税率由56%降至36%,价格降低导致的收入减少可以由消费税税负的降低来弥补。

【案例6-11】

黄河卷烟厂为增值税一般纳税人,10月以每条调拨价格80元售出3000条B牌卷烟(一条10包,每包20支)。该卷烟厂开设在市区,问该厂销售卷烟的消费税是否有筹划空间?(以上价格不含税,消费税税率为56%和0.003元/支,城建税税率为7%,教育费附加税率为3%,不考虑地方教育附加)

【解析】

10月卷烟厂应纳消费税及教育费附加税税额为

$(3000\times 10\times 20\times 0.003+80\times 3000\times 56\%)\times(1+7\%+3\%)=149820$(元)

由于B牌卷烟的价格为80元/条,低于无差别临界值价格,假设不考虑增值税的影响,把价格降为69元/条后相关经营数据如下。

消费税及教育费附加税税额 $=(3000\times 10\times 20\times 0.003+69\times 3000\times 36\%)\times(1+7\%+3\%)=83952$(元)。

消费税及教育费附加税税额节约 $=149820-83952=65868$(元)。

企业收入减少额 $=(80-69)\times 3000=33000$(元)。

营业利润增加额 $=65868-33000=32868$(元)。

经过对B牌卷烟的价格进行筹划之后发现,适当的降价有利于企业营业利润的增长。因此,黄河卷烟厂可以通过对B牌卷烟进行重新定价来减少应纳消费税税额,从而达到消费税筹划的目的。

(二) 啤酒价格临界值的计算

按照相关政策规定,啤酒的消费税采用从量计征的方式,不含增值税出厂价格(含包装物和包装物押金)每吨 3000 元以下的认定为乙类啤酒,适用消费税税率为 220 元/吨,不含增值税出厂价格(含包装物和包装物押金)每吨 3000 元以上的认定为甲类啤酒,适用消费税税率为 250 元/吨。出厂价在每吨 3000 元附近,啤酒厂的消费税税负变化较大,可能会出现啤酒收入的增加小于消费税税负增加的不利情形,所以在定价上应慎重。

下面计算啤酒价格的无差异临界值。设临界值价格为 P 元/吨($P>3000$),此时适用的消费税税率为 250 元/吨。临界值处的税后利润与每吨价格为 2999.99 元的啤酒税后利润相等。假设销售数量为 Q,增值税税率为 13%,城建税税率为 7%,教育费附加税率为 3%。

啤酒价格为 P 时,税后利润为:

①$PQ-$成本$-250Q-(250Q+PQ\times 13\%-$进项税额$)\times(7\%+3\%)\times(1-$企业所得税税率$)$。

啤酒价格为 2999.99 元/吨时,税后利润为:

②$2999.99Q-$成本$-220Q-(220Q+2999.99Q\times 13\%-$进项税额$)\times(7\%+3\%)\times(1-$企业所得税税率$)$。

令①式等于②式。经计算,得出:$P=3033.42$。即啤酒价格的无差别临界值为 3033.42 元/吨。由此可以得出以下两条结论:

(1)啤酒的价格为 3033.42 元/吨的税后利润与价格为 2999.99 元/吨的税后利润相等;

(2)当啤酒的价格在 3000 元~3033.42 元/吨时,企业可以将啤酒的售价降低至 2999.99 元/吨,消费税税率由 250 元/吨降低至 220 元/吨,消费税税负的降低可以弥补降低售价带来的损失。

【案例 6-12】

某啤酒厂为增值税一般纳税人,销售 A、B 两种啤酒给当地餐饮企业。9 月份销售情况如下:销售 A 啤酒 30 吨,开具的增值税专用发票注明价款 89000 元,包装物押金 1500 元;销售 B 啤酒 15 吨,开具的增值税专用发票注明价款 39000 元,包装物押金 800 元。问该厂销售啤酒应缴纳的消费税是否有筹划空间?(此时适用的增值税税率为 13%)

【解析】

A 啤酒的出厂价格$=[89000+1500/(1+13\%)]/30=3010.91$(元/吨)。

这一价格高于 3000 元/吨,属于甲类啤酒,适用的消费税税率为 250 元/吨。

B 啤酒的出厂价格$=[39000+800/(1+13\%)]/15=2647.2$(元/吨)。

这一价格低于 3000 元/吨,属于乙类啤酒,适用的消费税税率为 220 元/吨。

该啤酒厂 10 月应纳消费税税额:$30\times 250+15\times 220=10800$(元)。

由于 A 啤酒的价格为 3010.91 元/吨,低于无差别临界值价格,假设不考虑增值税的影响,把 A 啤酒的出厂单价降低至 3000 以内,使其适用 220 元/吨的定额税率,可以减轻企业的税负,且不会降低企业的营业利润。企业可以通过降低单独核算的包装物押金的金额,使 A 啤酒的单价降低,从而达到税收筹划的目的。

设销售 A 啤酒收取的包装物押金为 X 元/吨,要 A 啤酒的出厂价格小于 3000 元/吨,即

$$[89000+X/(1+13\%)]/30<3000$$

可求得 X 应小于 1130,即把 A 啤酒的押金降至 1130 元以下时,A 啤酒将被归为乙类啤酒,适用 220 元/吨的定额税率。此时应纳消费税为 9900[$=(30+15)\times 220$]元,可实现节税 900($=10800-9900$)元。

第五节 消费税纳税时间的税收筹划

一、选择合理的销售方式

根据我国消费税政策规定,消费税纳税义务的发生时间取决于应税行为的性质和结算方式。从税收筹划的角度看,选择恰当的销售方式能够推迟企业纳税义务发生的时间,从而合理地递延税款的缴纳时间。值得关注的是,企业选择销售方式推迟纳税义务的发生时间,不会减少企业的应纳税额,而是通过延期纳税获得货币的时间价值。

【案例6-13】

嘉人化妆品有限公司在2022年有以下几笔大型交易。

业务一:1月15日,与当地的A百货公司签订合同,销售一批高档化妆品礼盒,销售金额为210万元。货物分成三个批次,每批售价70万元,分别于2月15日、3月15日、4月15日运往百货公司。A公司在每批货物发出两个月后支付货款。1月底,该公司的财务人员针对该笔销售业务计算并缴纳了消费税。

业务二:3月20日,与外地的B百货公司签订一笔销售合同,销售200万元的香水。3月29日发出货物,12月20日收到货款。3月底,公司财务人员针对这200万元的销售额计算并缴纳了消费税。

业务三:4月2日,与C购物中心签订一笔销售合同,出售一批高档化妆品,合同价格为400万元。C公司当日支付了货款,货物于10月10日发运。公司财务人员在4月底针对这400万元的销售额计算并缴纳了消费税。

假设适用的消费税税率为15%,请从税收筹划的角度对以上三笔业务进行分析。

【解析】

对于第一笔业务,公司在1月应纳消费税税额:210×15%=31.5(万元)。

如果化妆品公司在合同中明确规定用分期收款的结算方式收取货款,那么纳税义务将递延到合同约定的收款日期发生,该公司应于2月、3月、4月分别计算和缴纳消费税税额。

对于第二笔业务,公司在3月应纳消费税税额:200×15%=30(万元)。

如果化妆品公司在合同中明确以赊销的形式收取货款,那么该笔业务的纳税义务发生时间可以由3月递延至12月,于12月缴纳30万元的消费税。

对于第三笔业务,公司在4月应纳消费税税额:400×15%=60(万元)。

从销售合同的性质来看,这笔交易是预收货款的结算方式,纳税义务发生时间为10月10日,即发出应税消费品的当天。公司的财务人员应该于10月缴纳该笔税款。

二、委托加工与自行加工的选择

企业通过对应税商品的自行加工和委托加工来实现应税消费品的生产。按规定,若委托方供应原材料及主要原材料,并由受托人取得加工费及代垫辅助费用,则为委托加工。委托加工有两种形式:一是将委托加工的商品回收后直接进行销售;二是企业回收委托加工的商品后,继续进行加工,以连续生产应税消费品。

为避免税款流失的现象发生,受托人在交货时,需要代收代缴消费税税款(受托方为个人的无须代扣代缴)。在回收应税消费品后,若委托人以不高于从受托方处收回的价格直接出售,则不再缴纳消费税;如果以高于受托方的计税价格出售的,应当按规定申报消费税,计算消费税时可以扣除受托方代收代缴的消费税;如果将收回的应税消费品继续加工成应税消费品再销售的,应于出厂环节缴纳消费税,属于抵扣范围的,按照生产领用量按比例扣除已经缴纳的消费税。

【案例 6-14】

甲公司计划将价值 90 万元的一批原材料加工成高档化妆品,经内部商量讨论形成了以下三种方案。

方案一:将原材料送至乙化妆品厂,由其加工成高级化妆品,加工费 60 万元。甲公司收回后直接用于销售,对外售价为 300 万元。(乙化妆品厂无同类消费品)

方案二:将原材料送至乙化妆品厂,由其加工为高级化妆品,加工费为 25 万元。甲公司回收后,继续对其进行处理,并产生 35 万元的加工费,随后以 300 万元的价格出售。

方案三:甲公司自行加工,产生 70 万元的加工费用,后以 300 万元的价格直接出售。

不考虑城建税和教育费附加,请问哪种方案可以取得最好的税收收益?(高档化妆品的消费税税率为 15%,企业所得税税率为 25%)

【解析】

方案一:甲公司回收应税消费品后,以高于从受托方处收回的价格售出。

乙公司在移送委托加工物品时,应代收代缴消费税,税额为

$$(90+60)/(1-15\%) \times 15\% = 26.47(万元)$$

甲公司出售时,须缴纳消费税

$$300 \times 15\% - 26.47 = 18.53(万元)$$

合计应纳消费税

$$26.47 + 18.53 = 45(万元)$$

甲公司的税后利润 $= (300-90-60-45) \times (1-25\%) = 78.75(万元)$。

方案二:甲公司委托加工收回后继续加工,再对外销售。

乙公司在移送委托加工物品时,应代收代缴消费税,税额为

$$(90+25)/(1-15\%) \times 15\% = 20.29(万元)$$

甲公司出售时,须再缴纳消费税税额

$$300 \times 15\% - 20.29 = 24.71(万元)$$

合计应纳消费税

$$20.29 + 24.71 = 45(万元)$$

甲公司的税后利润 $= (300-90-60-45) \times (1-25\%) = 78.75(万元)$。

方案三:甲公司自行加工营销消费品直接销售。

出售时,甲公司须缴纳消费税

$$300 \times 15\% = 45(万元)$$

甲公司的税后利润 $= (300-90-60-45) \times (1-25\%) = 78.75(万元)$。

对比这三种方案,虽然企业选择的加工方式不同,加工费不同,但消费税的计税依据相同,因此负担的消费税税额相同,税后利润也相等,但是消费税纳税义务发生的时间有差异。方案一和方案二中,受托方在委托加工提货的时候,就需要代收代缴消费税,而方案三在出厂销售时才需要缴纳消费税,递延了纳税时间,可节约部分营运资金。但需要注意的是,在实际情况中,委托加工的成本往往低于自行加工的成本,因此选择委托加工后直接销售或者委托加工后继续进行加工会更有利于成本的减少。

某汽车生产商专门生产某款高档小轿车,该车裸车销售价格为90万元,适用的消费税税率为25%。由于该款汽车针对的是商务人士,客户购买汽车时往往要求配置豪华配件,豪华配件的利润率是45%。该企业可以在汽车完成个性化配置后再对外销售,也可以先销售汽车,等汽车上牌后再进行个性化配置。请问该厂商何时应该采取直接销售的策略,何时应该采取先销售后配置的策略?(注:零售价超过130万元的超豪华小轿车加征10%豪车购置税,不考虑增值税)

1. 某化妆品厂商A生产的化妆品套装的正常出厂价为400元每套,适用消费税税率为15%,而其向旗下销售公司供货时定价为320元每套。厂商A当月生产了该化妆品套装1000套。某小规模纳税人B企业购进该化妆品套装200套,支付价税款合计520元每套。该化妆品套装是由高档化妆品、护肤护发品及包装物组成,其中高档化妆品包括女士香水一瓶(150元)、口红一支(50元)、粉底液一瓶(80元);护肤护发品包括洗发水一瓶(30元)、沐浴露一瓶(30元)、发蜡一瓶(20元);化妆工具等其他配件包括美妆蛋一个(20元)、包装盒(20元),其中美妆蛋成本10元,包装盒成本10元。

(1) 请比较厂商A直接对外销售和由旗下销售公司对外销售该化妆品套装应缴纳的消费税税额。

(2) 请分析B企业在购进该化妆品套装时应当从A厂商处取得普通发票还是专用发票,为什么?

(3) 针对该化妆品套装,A厂商是应该包装好后对外销售还是应该先销售给商家,再由商家包装后对外销售?为什么?

2. 甲公司委托乙公司将其价值1000万元的原材料加工成半成品a,协议约定加工费为300万元;甲公司收回半成品a后继续将其加工为成品b,继续加工的费用合计150万元;该批成品售价5000万元。当月,甲公司售出三批该成品,售价分别为5100万元、5150万元、5050万元。该应税消费品成品适用的消费税税率为50%,半成品适用的消费税税率为30%。

(1) 假设甲公司委托乙公司加工后再回收加工的成本费用与直接由甲公司将原材料加工为成品和完全由乙公司将原材料加工为成品的成本费用均相同。甲公司采取哪种生产方式可以获得利润?请分别计算三种方式下的企业利润,再结合现实情况将三种方案进行排序。

(2) 假设甲公司当月末以一批成品 b 为支付对价取得丙公司 20% 股份,请问甲公司应当如何进行税收筹划。

第七章

企业所得税税收筹划

本章主要介绍企业所得税的筹划方法与技巧。企业所得税是一个涉及面广、计算复杂的大税种,也是极具筹划空间的税种。本章将主要从企业所得税的纳税人身份、计税依据、税率、税收优惠、纳税时间等不同税制要素方面介绍相应的筹划方法和案例。通过本章的学习,读者应掌握不同企业、不同业务、不同环节的企业所得税税收筹划方法,并能设计出好的筹划方案。

第一节 企业所得税税收筹划的概念及必要性

一、企业所得税的相关概念

企业所得税是指国家对企业的生产经营所得和其他所得征收的一种税。

(一) 纳税人

企业所得税纳税人是所有在中国境内实行独立经济核算的内资企业或其他组织,包括以下六类:①国有企业;②集体企业;③私营企业;④联营企业;⑤股份制企业;⑥有生产经营所得和其他所得的其他组织。个人独资企业、合伙企业须缴纳个人所得税,不属于企业所得税纳税人。

根据《中华人民共和国企业所得税法》的规定,企业所得税实行收入来源地管辖和居民管辖相结合的管辖方式,将企业这一范畴划分为居民企业和非居民企业。居民企业是指依法在中国境内成立,或者依照外国(地区)法律成立但实际管理机构在中国境内的企业。非居民企业是指依照外国(地区)法律成立且实际管理机构不在中国境内,但在中国境内设立机构、场所的,或者在中国境内未设立机构、场所,但有来源于中国境内所得的企业。

(二) 应纳税所得额

企业所得税应纳税所得额计算公式如下:

（单位纳税年度）企业所得税应纳税所得额

＝收入总额－不征税收入－免税收入－扣除项目－允许弥补的以前年度的亏损。

其中，收入总额包括：①销售货物收入；②提供劳务收入；③转让财产收入；④权益性投资收益（如股息、红利等）；⑤利息收入；⑥租金收入；⑦特许权使用费收入；⑧接受捐赠收入；⑨其他收入。不征税收入包括：①财政拨款；②依法征收和列入财政管理的行政事业性收费和政府性基金；③其他经国务院批准的不征税的收入。

（三）税率

现行税制下企业所得税的基本税率为25%，这一税率适用于大多数企业，包括居民企业和非居民企业。但也有部分非居民企业不适用25%的税率，这些企业的收入来自我国境内，但在我国境内无常驻机构，这些企业适用于20%的税率。此外，符合条件的小型微利企业适用的税率为20%，需要政府重点扶持的高新技术企业适用的税率为15%。

企业所得税应纳税额的计算公式如下：

企业所得税应纳税额＝企业所得税应纳税所得额×适用税率－减免税额－抵免税额。

（四）税收优惠

税收制度中的税收优惠措施主要包括免税、减税、加计扣除、加速折旧、所得税抵免和税额抵免等。我国税收优惠相关政策可见表7.1。在实际开展税收筹划过程中以最新政策规定的内容为准。

表7.1 税收优惠相关政策

税收优惠		适用范围	政策依据
直接减免	免征	蔬菜、谷物、薯类、油料、豆类、棉花、麻类、糖料、水果、坚果的种植；农作物新品种的选育；中药材的种植；林木的培育和种植；牲畜、家禽的饲养；林产品的采集；灌溉、农产品初加工、兽医、农技推广、农机作业和维修等农、林、牧、渔服务业项目；远洋捕捞	《中华人民共和国企业所得税法实施条例》
	减半征收	花卉、茶以及其他饮料作物和香料作物的种植；海水养殖、内陆养殖	《中华人民共和国企业所得税法实施条例》
定期减免	二免三减半（从获得第一笔生产和销售收入的纳税年度开始）	重点支持上海浦东、经济特区的高新技术企业；集成电路企业（线宽＜0.8μm）	《关于经济特区和上海浦东新区新设立高新技术企业实行过渡性税收优惠的通知》（国发〔2007〕40号）；《关于进一步鼓励软件产业和集成电路产业发展企业所得税政策的通知》（财税〔2012〕27号）

续表

税收优惠		适用范围	政策依据
定期减免	三免三减半（起始年度同上）	符合条件的环境保护、节能节水项目；国家重点扶持的公共基础设施项目投资经营的所得；节能服务公司实施符合条件的合同能源管理类项目	《中华人民共和国企业所得税法实施条例》；《关于促进节能服务产业发展增值税、营业税和企业所得税政策问题的通知》（财税〔2010〕110号）
低税率	20%	小型微利企业（年度应纳税所得额≤300万元、申报期上月末从业人数≤300人、资产总额≤5000万元）	《关于进一步支持小微企业和个体工商户发展有关税费政策的公告》（财税〔2023〕12号）
低税率	15%	政府支持的高新技术开发企业；西部大开发鼓励类产业	《中华人民共和国企业所得税法》；《关于延续西部大开发企业所得税政策的公告》（财政部 税务总局 国家发展改革委公告2020年第23号）
低税率	10%	非居民企业取得企业所得税法规定的所得的优惠；国家鼓励的重点集成电路设计和软件企业（自获利年度起第一年至第五年免征企业所得税后的接续年度）	《中华人民共和国企业所得税法实施条例》；《关于促进集成电路产业和软件产业高质量发展企业所得税政策的公告》（财政部 税务总局 发展改革委 工业和信息化部公告2020年第45号）
投资抵税	根据投资总额的70%抵减	在中小高科技领域投资超2年的创投公司	《关于延续实施创业投资企业个人合伙人所得税政策的公告》（财政部 税务总局 国家发展改革委 中国证监会公告2023年第24号）
投资抵税	根据投资总额的10%抵减	企业购置并实际使用相关文件规定的环境保护、节能节水、安全生产等专用设备	《中华人民共和国企业所得税法实施条例》
减计收入	收入按90%减计	金融机构农户小额贷款的利息收入；保险公司为种植业、养殖业提供保险业务取得的保费收入	《关于延续实施支持农村金融发展企业所得税政策的公告》（财税〔2023〕55号）
加速折旧	缩短折旧年限（需高于规定的折旧年限的60%）	由于技术进步，产品更新换代较快的固定资产；常年处于强震动、高腐蚀状态的固定资产	《中华人民共和国企业所得税法实施条例》

续表

税收优惠		适用范围	政策依据
有免征额优惠	免征额	一个纳税年度内,居民企业技术转让所得不超过500万元的部分,免征企业所得税;超过500万元的部分,减半征收企业所得税	《中华人民共和国企业所得税法实施条例》

（五）税前扣除

根据《中华人民共和国企业所得税法》规定,企业实际发生的与创收有关的合理成本、费用、税金、损失,以及其他支出,可以在计算应纳税所得额时被扣除。其中成本支出包括销售货物、劳务、固定资产、无形资产的费用;费用支出包括销售、管理和财务费用;税金支出是指除企业所得税和增值税之外的其他税项,且这些税项允许被抵扣。

二、企业所得税税收筹划的相关概念

在我国目前的税收制度中,企业所得税是仅次于增值税的第二大税种,在企业税务工作中具有举足轻重的作用。其税源广,灵活性大,为税收筹划提供了广阔的空间。为了使企业价值、经营效益及所有者权益最大化,我国的税收制度采取了降低税率、增加优惠政策、放宽税前扣除空间等措施,以减轻企业的税收负担。这些改革措施使得企业的税后盈余有所提高,同时也提供了更多的税收筹划空间,有利于增加企业的税收收益。

首先,拥有不同身份的纳税人受制于不同的税收制度和纳税义务,纳税人可以通过转换纳税人身份达到节税目的。其次,根据计税公式可知,减少应纳税所得额和降低适用税率可以增加税后收益。再次,由于税率有多个档次,税收优惠政策也有多种类型,因此企业可创造条件,改变投资地区、方向、方式等,以尽可能地享受税收优惠。最后,企业可通过调整纳税时间,通过合并分立和资产重组等方式进行税收筹划。

本章接下来分别讲述企业可以采取的企业所得税税收筹划方式,并通过案例分析企业所得税税收筹划为企业带来的税收收益。

第二节 企业所得税纳税人的税收筹划

一、纳税人身份的选择

不同的纳税人身份适用不同的企业所得税计算和征收方式,因此企业在选择纳税人身份时应充分关注税收制度相关规定。

（一）个人独资企业、合伙企业和公司制企业的选择

我国现行税法将企业划分为个人独资企业、合伙企业和公司制企业三种类型。从2000

年1月1日起,国家停止对个人独资企业和合伙企业征收企业所得税,其投资者的生产经营所得比照个体工商户的生产经营所得征收个人所得税,并按照五级超额累进征收税率缴纳税款。公司制企业则需要缴纳企业所得税,其在向个人投资者分配股息或红利时,还需要扣缴个人所得税。根据税法规定,该类股息和红利适用20%的比例税率。

综上所述,企业设立时选择纳税人身份的一般思路如下。

(1)个人独资企业和合伙企业仅需缴纳个人所得税,而公司制企业须同时缴纳企业所得税和个人所得税。就总体税收负担而言,后者通常较前者更重。

(2)最终的税收负担受多方面因素的共同影响,包括税基、税率和税收优惠政策等。因此,在选择设立何种类型的企业时应综合考虑这些因素。

(3)在个人独资企业、合伙企业与公司制企业间进行纳税人身份选择时,还要充分考虑可能出现的各种风险。

【案例7-1】

王某响应国家号召回乡自办企业,企业的年应纳税所得额为500000元。请问该企业从纳税人身份的角度出发可以怎样进行税收筹划。

【解析】

方案一:

该企业作为个人独资企业,依据现行税制,按照个人所得税经营所得纳税,税收负担计算如下。(适用税率为30%,速算扣除数为40500)

$$500000 \times 30\% - 40500 = 109500(元)$$

方案二:

该企业如作为合伙企业,根据最新的小型微利企业优惠规定,如果企业所从事的行业不属于国家限制或禁止的行业,并满足以下三个条件,即职工人数在300人以下,资产总额在5000万元以下,年应纳税所得额在300万元以下,则该企业可享受小型微利企业的优惠政策。具体来说,该企业年应纳税所得额低于100万元的部分,减按应纳税所得额的25%纳税,税率为20%。如果该企业的年应纳税所得额超过100万元,但不超过300万元,则应纳税所得额减少50%,并以20%的税率纳税。因此,每年50万元的应纳税所得额的实际税率为5%(=25%×20%),这意味着企业的实际税负为

$$500000 \times 5\% = 25000(元)$$

若该企业将税后利润全部分配给投资者,则王某需要代缴个人所得税95000元(=475000元×20%)。王某实际税负为

$$25000 + 95000 = 120000(元)$$

方案三:

如果该企业转为不享受上述税收优惠政策的公司制企业,并且赚取的所有税后利润都作为股息平均分配给投资者,那么实际总税负为

$$500000 \times 25\% + 500000 \times (1-25\%) \times 20\% = 200000(元)$$

由此可见,选择个人独资企业比合伙企业更合适,前者少承担所得税10500元(=120000元-109500元)。

(二) 子公司与分公司的选择

一个企业在投资并建立一分支机构时,不同的组织形式有不同的优势和劣势,最常见的两种组织形式是子公司和分公司形式。

建立子公司的程序很复杂。子公司需要独立经营、自负盈亏和独立纳税,在生产经营过程中还要接受当地政府的监督。但是子公司具有独立法人身份,这代表着它可以和总公司一样享受当地的税收优惠政策。

而分公司由于不具有法人资格,无权享受当地的税收优惠政策。但是分公司的设立手续相较于子公司来说较为简单,也不需要缴纳额外的企业所得税。而且分公司简单的组织结构意味着总公司方便对其进行管理和控制。

设立子公司或分公司所带来的税收优惠取决于许多因素。一般来说,在投资的早期阶段,企业分支机构很可能会出现亏损,建议分支机构以分公司形式进行运营,将亏损额与总公司的所得额合并纳税。一旦公司发展成熟,则分支结构选择子公司的组织形式可以充分享受公司所在地的各种税收优惠。

【案例 7-2】

某餐饮公司为本地地标性餐饮企业,已在本地设立 4 家分店(采取分公司的形式)。该公司计划继续扩展店面,在周边城市增设 6 家直营分店。由于分店在法律形式上为分公司,因此 10 家分店将与总公司在年末汇总纳税。

【解析】

假设每家分店每年均能创造 20 万元的利润,则每年合计应缴纳企业所得税为

$$200000 \times 25\% \times 10 = 500000(元)$$

由于该公司所属行业类型为国家非限制和禁止的行业,且每家分店均满足小型微利企业的条件,因此总部可以以加盟的形式在各地设立子公司。如果将分店设置为子公司,则这些分店可以享受国家税收优惠,减按 25% 的应纳税所得额征收企业所得税。此时,10 家分店每年合计缴纳企业所得税为

$$200000 \times 25\% \times 20\% \times 10 = 100000(元)$$

由此可见,若该公司设立子公司,则每年可少承担企业所得税 400000 元(=500000 元 −100000 元)。

(三) 私营企业与个体工商户的选择

私营企业又称为"私有企业",是由自然人投资设立或由自然人控股的企业,其生产资料与商品属于私人所有,以雇佣劳动力的方式为主进行生产活动,筹集资金方式较多,包括个人集资、债券集资、发行股票等方式。私营企业具有企业决策可控性强、企业运营较为灵活、经营管理活动较为活跃等特点。私营企业适用《中华人民共和国企业所得税法》,企业所得税税率为 25%。

个体工商户则是由劳动者个人及其家庭成员为主体组成的个体经济单位,它使用自己的工具、生产资料和资本,并在国家有关部门注册。它们主要存在于小规模的工艺制造、零售、餐饮、服务、运输和其他生产和劳动部门。个体工商户一般具有经营规模小、难以扩张业务等特点。个体工商户适用《中华人民共和国个人所得税法》,其个人所得税税率如表 7.2 所示。

表 7.2　个体工商户适用的所得税税率

级　数	全年应纳税所得额	税率(%)	速算扣除数
1	不超过 30000 元的部分	5	0
2	超过 30000 元至 90000 元的部分	10	1500
3	超过 90000 元至 300000 元的部分	20	10500
4	超过 300000 元至 500000 元的部分	30	40500
5	超过 500000 元的部分	35	65500

由于私营企业与个体工商户所适用的企业所得税的税率并不相同,因此,个人投资者在投资前应仔细预测其盈利能力和未来前景,并在作出有利于自己的投资决定前考虑所有因素。

二、纳税人身份的转变

纳税人,通常被称为纳税主体,是指根据法律和行政法规规定有义务纳税的单位和个人。按照国际税收惯例,企业所得税的纳税主体应该是独立的法人实体,也就是说,只有具备法人资格的企业才有资格进行最终的纳税申报。没有法人资格的分支机构则必须与总部一起汇总纳税,无法独立纳税。因此,企业可以尝试通过改变自身纳税主体的身份来减少甚至完全避免缴纳企业所得税。

在我国,法人单位主要有以下四类:①行政机关法人;②事业法人;③社团法人;④企业法人。不具有法人资格的分公司和企业内部的组织,都不是独立的法人单位,都无须缴纳企业所得税。

【案例 7-3】

某集团于 2021 年初决定进军药品加工业等盈利能力强的行业,并于 2022 年初在公司总部所在地设立甲公司。甲公司 2022 年共实现 1500 万元的利润。同时,该集团在外地还设有一家常年处于亏损状态的乙公司,但是由于乙公司业务繁多且在当地具有一定的市场价值,该集团并不打算将乙公司关停。2022 年,乙公司仍处于亏损状态,亏损金额达到 500 万元。

【解析】

若按照现有的组织结构模式,甲、乙公司作为独立法人,均应独立缴纳企业所得税。2022 年甲公司应缴纳企业所得税 375 万元(=1500 万元×25%)。乙公司为亏损状态,应缴纳企业所得税为 0 元。甲、乙公司合计缴纳企业所得税为 375 万元。

但若该集团撤销乙公司的独立法人身份而将乙公司转入甲公司旗下,将其登记为甲公司的分支机构(即为分公司),则乙公司不再作为独立纳税人,其所产生的亏损将由甲公司进行汇总纳税,此时甲、乙公司合计应缴纳企业所得税为 250 万元[=(1500 万元-500 万元)×25%],相比前述情况可节省企业所得税 125 万元。

第三节　企业所得税计税依据的税收筹划

一、收入项目的筹划

（一）应税收入确认金额

企业的收入包括纳税人以货币和非货币形式从中国境内和境外各种来源取得的收入，包括纳税人的生产经营收入和其他收入。收入确认金额是在收入确认的基础上解决金额多少的问题，即收入计量。表7.3是不同类别收入的计量方法。

表 7.3　不同类别收入的计量方法

收入类别	计量方法
商品销售收入	根据企业与购货方签订的合同或协议的金额确定，无合同或协议的，应按照购销双方都接受的价格确定
提供劳务的总收入	按照企业与接受劳务方签订的合同或协议的金额确定，如根据实际情况需要增加或减少交易金额，企业应及时调整合同总收入
让渡资产使用权中的金融企业利息收入	根据合同或协议规定的存贷款利息确定
使用费收入	按照企业与其资产使用者签订的合同或协议确定

在收入计量中，通常也会考虑各种可以对企业所得税应纳税所得额进行抵免的因素。这些因素可以帮助企业在避免对总收入造成太大影响的同时，进行更广泛的税收筹划。例如，运输费用、装卸费用和出口货物销售佣金等应在交易实际发生时与销售收入相抵。这些抵免因素可以减少总体应税收入和企业所得税。

【案例 7-4】

某大型餐饮企业为当地餐饮业龙头企业，主营自热菜生产与售卖。已知其为增值税一般纳税人，适用增值税税率为13%。企业财务人员分析发现，企业每销售200元餐饮商品所耗费的人工及原料成本为100元。该企业计划推出为期一年的促销活动，初步拟定活动方案为"满200减20"，即每进店消费满200元，额外赠送20元餐饮商品。企业财务人员据此拟定了以下四种方案。

方案一：顾客消费满200元，餐厅赠送9折折扣优惠券，仅限本次消费使用。

若实行此种方案，企业销售收入将按照折扣后的实际所得金额来计算，即每售出200元商品，企业将获得实际收入180元。已知企业所得税税率为25%，则：

应纳增值税 $= 180/(1+13\%) \times 13\% - 100/(1+13\%) \times 13\% = 9.20$（元）。

销售毛利率 $= 180/(1+13\%) - 100/(1+13\%) = 70.80$（元）。

应纳企业所得税 $= 70.80 \times 25\% = 17.70$（元）。

税后净收益 $= 70.80 - 17.70 = 53.10$（元）。

方案二：顾客在企业旗下餐馆消费满200元，餐馆赠送20元现金折扣券，但本次消费不可使用且不可折换成现金，可于下次消费时享受减20元的折扣。

若实行此种方案，则本笔业务的相关获利情况及应纳税额计算如下。

应纳增值税 = 200/(1+13%)×13% − 100/(1+13%)×13% = 11.50(元)。

销售毛利率 = 200/(1+13%) − 100/(1+13%) = 88.50(元)。

应纳企业所得税 = 88.50×25% = 22.125(元)。

税后净利润 = 88.50 − 22.125 = 66.375(元)。

但需要注意的是，在方案二中，当顾客下次到店使用折扣券时，商场的获利情况与应纳企业所得税将与方案一相同，因此方案二仅仅多了流入资金增量部分的时间价值。

方案三：顾客消费满200元，餐馆额外赠送价值20元的凉拌毛豆一份(成本为10元)。

若实行此方案，餐馆赠送菜品的行为同样视为销售，则本笔业务的相关获利情况及应纳税额计算如下。

应纳增值税 = 200/(1+13%)×13% − 100/(1+13%)×13%
　　　　　 + 20/(1+13%)×13% − 10/(1+13%)×13% = 12.65(元)。

销售毛利率 = 200/(1+13%) − 100/(1+13%) − 10/(1+13%) − 20/(1+13%) = 61.95(元)。

应纳企业所得税 = 61.95×25% = 15.49(元)。

税后净利润 = 61.95 − 15.49 = 46.46(元)。

方案四：顾客消费满200元，可额外换购价值20元的菜品(成本为10元)，加量不加价，实行捆绑制销售。

若实行此方案，餐馆收取的销售收入没有改变，且由于实行捆绑制销售，避免了无偿赠送，则本笔业务有关获利情况及应纳税额计算如下。

应纳增值税 = 200/(1+13%)×13% − 100/(1+13%)×13% − 10/(1+13%)×13% = 10.35(元)。

销售毛利率 = 200/(1+13%) − 100/(1+13%) − 10/(1+13%) = 79.65(元)。

应纳企业所得税 = 79.65×25% = 19.91(元)。

税后净利润 = 79.65 − 19.91 = 59.74(元)。

(二) 应税收入确认时间

企业为实现自身利益最大化，应在法律范围内合理进行筹划，尽量推迟缴税。推迟缴税的纳税人相当于得到了国家的无息贷款，并且有更多的资金用于当年的生产和经营，从而产生更多的收入。

推迟税款缴纳的方法基本可以归为以下三类：一是在合法合规的情况下推迟收入的确认；二是尽早确认相关费用；三是直接推迟缴纳税款。通过选择不同的销售结算方式，企业可以在一定程度上降低税负。

【案例7-5】

某电子科技公司主营高端电子产品的生产和销售，2024年4月共获得4笔主营业务收入，总金额计1500万元。其中两笔交易购买方即时付清货款，该电子科技公司承诺在5个工作日内交付商品，两笔交易取得的收入共计800万元；另外一笔价值400万元的交易，购买方采取赊购形式，由该电子科技公司先发出商品，购买方一年后将货款一次付清；剩下一笔价值300万元的交易,购买方采取分期付款的模式,付款周期为三年,购买方每年向该电子科技有限公司支付100万元货款。已知该公司为增值税一般纳税人,适用增值税税率为13%,企业毛利率为12%,适用企业所得税税率为25%。假设当期没有发生进项税额,针对以上4笔业务,公司财务人员设计了以下两种税收筹划方案。

方案一:公司采取直接收款方式。

该方案中,相关税费计算如下:

计提销项税额=1500/(1+13%)×13%=172.57(万元)。

企业应纳所得税额=1500/(1+13%)×12%×25%=39.82(万元)。

方案二:对于未到账的应收账款,公司采用分期收款和赊账的结算方式。

该方案中,相关税费计算如下:

当期销项税额=800/(1+13%)×13%=92.04(万元)。

企业应纳所得税额=800/(1+13%)×12%×25%=21.24(万元)。

由计算可得,方案二由于采用分期收款和赊账的结算方式,当期应纳增值税和所得税都相应减少。由此可见,企业在无法及时收到货款时,可以采用分期收款或赊销的结算方式来减少当期产生的税负,从而减轻企业当期资金压力。

二、税前扣除项目的筹划

(一) 期间费用的筹划

企业生产经营中的期间费用包括销售费用、管理费用、财务费用,而企业的应纳税所得额则直接受这些费用的影响。因此,如果能够控制费用,也就能控制应纳税额。而且在企业盈利的状况下,如果费用能得到提前扣除,则可以为企业赢得一笔资金的时间价值。

同时,为避免企业滥用费用开支导致当年应纳税所得额减少,《中华人民共和国企业所得税法实施条例》严格规定了允许扣除的费用项目。该条例在考虑企业日常会计核算需求的前提下,将允许扣除的费用项目划分为三类:税法有扣除标准的费用项目、税法没有扣除标准的费用项目,以及税法给予优惠的费用项目。

税法有扣除标准的费用项目包括职工福利费、工会经费、业务招待费、广告费和业务宣传费等,这类有扣除标准的费用一般采用以下筹划方法。

(1) 从原则上来说,这些费用需要按照税法的规定来抵扣,避免因为纳税调整而增加企业税负,加重企业负担。

(2) 合理区分不同费用项目的核算范围,使税法允许扣除的标准费用得以充分抵扣。

(3) 尽量将有扣除标准的费用通过会计相关处理合理转化为没有扣除标准的费用,通过加大扣除项目总额的方式,更大程度地降低应纳企业所得税。

税法没有扣除标准的费用项目包括办公费、差旅费、咨询费、劳动保护费、诉讼费、租赁及物业费、车辆使用费、土地使用税、印花税等。这类费用一般采用以下筹划方法。

(1) 正确设置费用项目,合理加大费用开支。

(2) 选择合理的费用分摊方法。例如,对无形资产、长期待摊费用等进行摊销时,在企业盈利年度,应该尽早分摊费用,提前发挥其抵税作用,从而推迟企业所得税的纳税时间;在企业亏损年度,则使费用摊销尽可能多地计入亏损,最大化发挥费用分摊的抵税作用,从而使企业得到更多的税前弥补。

税法给予优惠的费用项目包括研发费用等。企业应充分享受税收优惠政策,使费用扣除最大化。

【案例 7-6】

某集团的总资产约为 10 亿元,正处于开发商品、拓展市场的发展阶段。其中,该集团旗下甲公司的年销售额为 2 亿元,但其广告费为 5000 万元。若不进行广告费的税收筹划,则该集团广告费的扣除限额为 3000 万元(＝20000 万元×15%),剩下的 2000 万元(＝5000 万元－3000 万元)无法在本年度得到扣除,这将产生一笔利益损失。故该集团围绕广告宣传费 5000 万元作出以下税收筹划方案。

集团将甲公司的销售部门分离出来,成立单独的销售公司,独立核算;甲公司的商品以 1.6 亿元卖给销售公司,销售公司以 2 亿元卖给公众。该集团在两家公司之间分摊 5000 万元的广告费用。甲公司承担 2400 万元,销售公司承担余下的 2600 万元。在总体利益不变的情况下,广告费的扣除限额以企业的销售收入为计算依据,相应计算结果如下。

甲公司广告费扣除限额为 2400 万元(＝16000 万元×15%),因此甲公司的广告费 2400 万元可以全部在税前列支。销售公司广告费扣除限额为 3000 万元(＝20000 万元×15%),而销售公司实际承担广告费 2600 万元,因此销售公司的广告费也可以全部在税前列支。

由上述案例可知,企业在缴纳企业所得税时,可通过分摊方式使费用在当期得到扣除,从而减少支出,促进企业发展。

(二) 成本项目的筹划

成本是所得税税前扣除项目之一,在税率一定的情况下,应纳税额的大小与成本的大小成反比,即成本越高,纳税人的税收负担越轻。因此,如果能够控制成本,也就可以控制应纳税额,具体有以下筹划方法。

(1) 合理处理成本的归属对象及归属区间。纳税人必须将经营活动中发生的成本合理划分为直接成本和间接成本。特别是既生产应税商品又生产免税商品的企业,合理确定直接成本和间接成本的归属对象和归属区间尤为重要。

(2) 选择合适的成本结转处理方法。成本结转处理方法主要包括约当产量法、完工商品计算法、定额成本计价法等。税法并没有限制使用哪一种方法,但采用不同的成本结转处理方法对完工商品成本结转影响很大,因此企业需要根据实际情况选择适当的成本结转处理方法。

(3) 选择合适的成本核算方法。成本核算方法主要包括品种法、分批法、分步法三种。不同的成本核算方法得出的产成品成本有很大差异,所以企业需要合理选择成本核算方法。

(4) 合理确定成本与费用在存货与资本化对象或期间费用之间的归属。如果企业的某项成本与费用能在存货与资本化对象之间选择归属,那么纳税人应尽可能将其计入存货成本,以加快该笔费用的税前扣除;如果企业发生的某项成本与费用可以在存货与期间费用之间选择归属,那么从企业所得税的角度来看,由于期间费用在当期就可以扣除,因此该项成本与费用应该计入期间费用。

(三) 固定资产的筹划

固定资产的筹划需要关注以下事项。

(1) 成本费用在被资本化并计入固定资产后,无法进行增值税进项税额的抵扣,因此,可以记入费用或分配给存货的成本不应将其资本化为非流动资产。

(2) 固定资产的折旧取决于四个主要因素：可折旧额、使用年限、折旧方法和净残值。在计算折旧时，必须充分考虑这四个因素的影响。

【案例 7-7】

某公司属于制造业小型微利企业，2024 年度购进两台生产机器，每台价值 150 万元。该公司计划按照税法规定的 10 年折旧年限计算折旧，即每年计提 30 万元折旧。该公司预计 2024 年度获得利润总额 400 万元，则应缴纳企业所得税为

$$100\times25\%\times20\%+(400-100)\times50\%\times20\%=35(万元)$$

如果该公司可以享受固定资产加速折旧政策，将余下的 300 万元一次性计入当期成本费用，则该公司 2024 年度应纳税情况如下。

增加税前扣除＝300－30＝270（万元）。

应纳税所得额减少值＝400－270＝130（万元）。

应纳企业所得税＝$100\times25\%\times20\%+(130-100)\times50\%\times20\%=8$（万元）。

由上可知，企业通过固定资产加速折旧在 2024 年度降低了企业所得税负担 27 万元（＝35 万元－8 万元）。故企业可以利用固定资产折旧计提方法合理降低当年所得税负担。

(3) 不能折旧且暂时不需要使用的固定资产必须加速处理，以最大限度地扣减税前资本损失。

【案例 7-8】

乙企业 2023 年发生企业内部主营业务转移，之前用于生产原业务产品的一台机器被闲置下来。据财务人员分析，该台机器于 2015 年购入，预计可使用年限为 10 年，购入价值为 150 万元，剩余可使用年限为 4 年，账面价值剩余 48 万元，根据当前二手设备市场平均价格，该机器可以按 4 万元的价格出售。

如果该企业不对该固定资产做任何处理，那么其剩余的账面价值 48 万元既不能计提折旧，也不能使计提的跌价准备在税前扣除。

如果该固定资产被出售，则企业获得 4 万元销售收入，实现固定资产处置的净损失为 44 万元（＝48 万元－4 万元），此项净损失即可在当期抵税，企业可少交所得税＝44×25％＝11（万元）。

(4) 固定资产维修费用可以在计税时提前扣除，而固定资产改良费用只有在被分配到固定资产中后才能通过折旧扣除。除此之外，维修过程中使用的料件还可以进行增值税进项税额抵扣，而改良支出中所使用的料件则无法进行进项税额抵扣。但是固定资产的大维修费用必须作为长期折旧入账，不能直接从当期税收中扣除。《中华人民共和国企业所得税法实施条例》规定，固定资产的大维修支出必须满足两个条件：第一，修理支出必须至少是固定资产购置时的应税价值的 50％；第二，修理后固定资产的使用寿命必须至少延长两年。

【案例 7-9】

丙企业对工厂中一台旧生产设备进行大修理，过程中耗费材料、配件总共 100 万元，支付修理工人工资 30 万元，总计花费 130 万元，而该设备的原价值为 258 万元。

由于总修理费大于设备原价值的 50％，因此应作为大修理支出，按照该固定资产尚可使用年限进行分期摊销。所以，130 万元修理费用应计入设备原值，在后续使用年限中逐年摊销。

但该设备原值的50%为129万元,与修理费用相差不大,适当开展税收筹划可以在一定程度上实现节税目的。如果利用减少人工费用的方法使总体维修费用低于129万元,就可以将维修费用计入当年的财务报表,在税前扣除,以享受节税优惠。

(5)企业可以通过各种方式获得固定资产,包括购买、经营租赁和融资租赁。不同的收购方式要遵守不同的税收规则,这也为税收筹划创造了条件。

若以经营租赁的方式从出租方取得固定资产,那么纳税人符合独立纳税人交易原则的租金可根据收益时间均匀扣除;而若是以融资租赁方式取得的固定资产,其租金支出则不能扣除,但可按规定提取折旧费用。

【案例 7-10】

丁公司于2024年初制定了新的业务发展战略,决定增设一台新的机器设备扩大生产。公司财务人员通过调查该设备的交易市场得知,目前该设备的获取方式有直接购入和进行经营性租赁两种。已知该企业适用的企业所得税税率为25%,资金贴现率为8%。财务人员基于以上数据作了以下两种税收筹划方案。(PVIFA为年金现值系数)

方案一:经营性租赁。每年租金15万元,每年年末支付,共租5年。

此时,该固定资产净现值 $= -15 \times PVIFA(8\%, 5) \times (1-25\%) = -15 \times 3.993 \times 75\% = -44.92(万元)$。

方案二:直接购置。假定买入价为80万元,5年提完折旧,每年计提16万元,且没有残值和维修费。

此时,该固定资产净现值 $= -80 + 16 \times 25\% \times PVIFA(8\%, 5) = -80 + 16 \times 25\% \times 3.993 = -64.028(万元)$。

由此可见,经营性租赁有着明显的节税优势,丁公司应选择方案一。

(四)无形资产摊销的筹划

无形资产摊销额有三个决定性因素,分别为无形资产的价值、摊销年限及摊销方法。通常情况下,为了规避企业未来的不确定性风险,加快无形资产成本的回收,以及提前扣除后期成本和费用,企业应该选择较短的摊销期限。这可以帮助企业推迟纳税时间,使得企业在经营过程中更具优势。

【案例 7-11】

丙公司出于公司业务拓展需要与一外企达成战略合作,该外企授予丙公司一项高科技专利的使用权。据第三方机构评估,该专利每年可以为丙公司创造200万元的收益。已知该项专利市场价值为1500万元,法律规定其有效年限为10年。丙公司在获得专利权前每年的应纳税所得额为600万元,获得专利权后,公司每年预计须缴纳企业所得税为

$$(200+600) \times 25\% = 200(万元)$$

假定该公司报酬率为10%,则

应缴纳企业所得税现值 $= 200 \times PVIFA(10\%, 10) = 200 \times 6.145 = 1229(万元)$。

公司财务人员从税收筹划角度出发,为提高投资方利润分配率,将该无形资产使用年限议定为5年,则

前五年每年增加费用为 $1500/5 - 1500/10 = 150(万元)$。

因此利润减少为650万元($= 600$万元$+ 200$万元$- 150$万元),每年须纳税额为 $650 \times 25\% = 162.5(万元)$。

后五年的无形资产摊销为0,利润为950万元(=600万元+200万元+150万元),每年须纳税额为950×25%=237.5(万元)。

应缴纳企业所得税现值总和为

$$162.5 \times PVIFA(10\%,5) + 237.5 \times [PVIFA(10\%,10) - PVIFA(10\%,5)]$$
$$= 162.5 \times 3.791 + 237.5 \times (6.145 - 3.791)$$
$$= 1175.11(万元)。$$

相较于前一种方案,可减少应缴纳企业所得税现值为53.89万元(=1229万元-1175.11万元)。

(五)公益性捐赠的筹划

我国税法鼓励企业进行公益性捐赠。《中华人民共和国企业所得税法》规定,企业发生的公益性捐赠支出,在年度利润总额12%以内的部分,准予在计算应纳税所得额时扣除;超过年度利润总额12%的部分,准予结转以后三年内在计算应纳税所得额时扣除。在符合税法规定的前提下,企业可以充分利用捐款政策,选择不同的捐赠方式,在实现捐赠的同时降低税负。

【案例7-12】

丁公司2023年度实现利润总额1500万元,适用的企业所得税税率为25%。为提高其产品知名度及品牌竞争力,同时树立良好的社会形象,丁公司决定向当地福利机构捐赠300万元,公司财务人员从税收筹划角度考虑,拟定出了以下两种方案。

方案一:进行非公益性捐赠,以私人的名义向福利机构发起捐赠。该方案不符合税法规定的公益性捐赠扣除条件,捐赠额无法在税前扣除。故丁公司该年度应当缴纳企业所得税为

$$1500 \times 25\% = 375(万元)$$

方案二:通过我国境内公益性社会组织进行公益性捐赠。捐赠额在法定扣除限额内的部分可以据实扣除,而超过的部分只能在以后年度结转扣除。故丁公司该年度应当缴纳企业所得税最低为

$$(1500 - 1500 \times 12\%) \times 25\% = 330(万元)$$

为了最大限度地使捐款支出予以扣除,丁公司可以将捐款分两次捐出,以保证300万元的捐赠支出可以在计算应纳税所得额时予以全部扣除。

三、亏损弥补的筹划

亏损减免政策是我国一项重要的企业所得税激励政策。该政策是政府专门为支持纳税人发展、克服困难而出台的。企业应充分利用亏损减免政策,最大限度地实现节税效益。

(1)重视亏损年度后的运营。一旦公司遭受损失,就必须将未来的投资风险降到最低,并通过专注于生产和投资活动来确保健全的内部运作。

(2)通过企业合并、汇总纳税等方式可以获得税收优惠,减少企业的亏损。根据税法规定,合并或汇总纳税的成员企业发生的亏损,可以直接冲抵其他成员企业的所得额或并入总公司的亏损额,而不必等到以后年度用本企业的所得来弥补。如果被合并的公司不再是一个独立的纳税人,任何在合并前没有被抵销的经营损失都可以由被合并的公司用其后来的收入抵销。因此,一些长期高度盈利的公司可能会合并不盈利的公司,以减少其应税收入,

节省税收。尤其是一些大型集团试图通过合并或汇总纳税的方法,用盈利公司的利润来抵消亏损公司的损失,从而降低其税基。

第四节 企业所得税税率的税收筹划

一、企业所得税的税率

我国现行的企业所得税税率是比例税率,基本税率为25%,我国境内企业都要遵循该基本税率缴纳所得税。此外,国家近年来为助力企业发展,出台了一系列法律法规减少企业税负,满足条件的特殊企业在缴纳企业所得税时可申请享受优惠税率。详情见表7.4、表7.5。

表7.4 《中华人民共和国企业所得税法》规定的企业所得税基本税率

适用对象	适用情况	适用税率
居民企业	依法在中国境内成立的企业	25%
	依照外国(地区)法律成立但实际管理机构在中国境内的企业	
非居民企业	中国境内设立机构、场所的,应当就其所设机构、场所取得的来源于中国境内的所得,以及发生在中国境外但与其所设机构、场所有实际联系的所得	
	中国境内设立机构、场所,但取得的所得与其所设机构、场所没有实际联系的,应当就其来源于中国境内的所得缴纳企业所得税	20%
	中国境内未设立机构、场所的,取得的所得与其所设机构、场所没有实际联系的,应当就其来源于中国境内的所得缴纳企业所得税	

表7.5 优惠政策税率详情表

适用对象	适用税率	政策依据及实行期限
国家重点扶持的高新技术企业	减按15%	按《中华人民共和国企业所得税法》的规定,实行期限自2008年1月1日起
经认定的技术先进型服务企业		按《关于将技术先进型服务企业所得税政策推广至全国实施的通知》(财税〔2017〕79号)的规定,实行期限自2017年1月1日起
符合条件的从事污染防治的第三方企业		按《关于从事污染防治的第三方企业所得税政策问题的公告》(财政部 税务总局 国家发展改革委 生态环境部公告2023年第38号)的规定,实行期限自2024年1月1日起至2027年12月31日止

续表

适用对象	适用税率	政策依据及实行期限
注册在海南自由贸易港并实质性运营的鼓励类产业企业（相关主营业务收入占企业收入总额60%以上）	减按15%	按《关于海南自由贸易港企业所得税优惠政策的通知》（财税〔2020〕31号）的规定，实行期限自2020年1月1日起至2024年12月31日止
设立在西部地区国家鼓励类产业企业（相关主营业务收入占企业收入总额60%以上）		按《关于延续西部大开发企业所得税政策的公告》（财政部 税务总局 国家发展改革委公告2020年第23号）的规定，实行期限自2021年1月1日起至2030年12月31日止
中国（上海）自贸试验区临港新片区重点产业		按《关于中国（上海）自贸试验区临港新片区重点产业企业所得税政策的通知》（财税〔2020〕38号）的规定，2020年1月1日起，自设立之日起5年内
国家鼓励的重点集成电路设计和软件企业	免征	按《关于促进集成电路产业和软件产业高质量发展企业所得税政策的公告》（财政部 税务总局 发展改革委 工业和信息化部公告2020年第45号）的规定，2020年1月1日起，自获利年度起5年内
	减按10%	上一条规定的接续年度

（一）小型微利企业减按20%优惠税率

国家一直关注并鼓励小型微利企业的发展，也出台了相应政策，尽可能减轻小型微利企业的税收负担，为其设定了优惠税率，详情见表7.6。

表7.6 小型微利企业优惠政策

适用对象	优惠政策	实行期限
小型微利企业	对小型微利企业减按25%计算应纳税所得额，按20%的税率缴纳企业所得税政策	2023年1月1日至2027年12月31日
	减半征收资源税（不含水资源税）、城市维护建设税、房产税、城镇土地使用税、印花税（不含证券交易印花税）、耕地占用税和教育费附加、地方教育附加	2023年1月1日至2027年12月31日
政策依据：《关于进一步支持小微企业和个体工商户发展有关税费政策的公告》（财税〔2023〕12号）		

除此之外，国家还降低了对小型微利企业的认定标准。在中国从事法定行业的企业，如果符合以下条件，就可以被认定为小型微利企业，享受小型微利企业的优惠待遇：①年度应纳税所得额在300万元以下；②申报期上月末从业人数在300人以下；③资产总额在5000万元以下。

（二）面向技术先进型服务企业的15%优惠税率

面向技术先进型服务企业的优惠措施主要分为两个部分：①经确认的技术先进型服务企业，减按15%的税率缴纳企业所得税；②经认定的技术先进型服务企业所产生的职工教育经费支出中，不高于全部工资薪金总额8%的部分，准予在计算应纳税所得额时扣除，超出的部分在以后纳税年度内可以结转或扣减。

二、税率的筹划方法

（一）享受低税率政策

我国企业所得税税率有多个不同的阶次，存在较大的差异，因此企业可以根据需求通过合法手段以适用低税率优惠条件。例如提供先进技术服务，争取被认定为技术先进型服务企业。如果企业规模偏小、营收一般，则可以通过控制应纳税所得额，以满足小型微利企业的认定条件。

【案例7-13】

H企业成立于2018年，现有在职员工50人，资产总值为800万元，2024年预计年应纳税所得额为330万元。在此情况下，H企业2024年应纳税所得额为330万元，大于300万元，属于一般纳税人，适用的所得税税率为25%，故：

应纳企业所得税=330×25%=82.5（万元）。

如果H企业可以将应纳税所得额减少至300万元以内，那么H企业便符合小型微利企业的认定标准，可适用减按20%的所得税优惠税率，此时：

应纳企业所得税=100×25%×20%+(300-100)×50%×20%=25（万元）。

通过税收筹划，H企业减少企业所得税57.5万元（=82.5万元-25万元）。

【案例7-14】

P集团准备成立一家新的子公司Q公司从事高新技术研发，预计其每年的应纳税所得额在3000万元左右。为了减税降费，公司向会计师事务所咨询，并采纳其方案，申请将Q公司认定为高新技术企业。Q公司于2018年成立，并于2020通过高新技术企业认定。

2018年，Q公司是一般纳税人，适用25%的基本税率，此时：

应纳企业所得税=3000×25%=750（万元）。

2020年，Q公司通过高新技术企业认定，适用减按15%的税收优惠税率，此时：

应纳企业所得税=3000×15%=450（万元）

通过税收筹划，Q公司每年可减少企业所得税300万元（=750万元-450万元）。

（二）预提所得税的筹划

预提所得税不是一个税种，而是指纳税人按月（季）预先计提部分所得税以备年底清算汇缴时再扣缴，也就是按照预提方式，由所得支付人在向所得受益人支付款项时为其代扣代缴税款。根据我国现行税法的相关规定，如果非居民企业从我国获得利润收入或特许权使用费等其他收入，且与我国的营业场所或常设机构没有任何实际联系，则需要对其在我国取得的收入缴纳最高10%的预扣税。然而，新的企业所得税法对外国投资者从所投资企业获得的股息和红利实行优惠的预扣税豁免。

【案例7-15】

国外A企业准备在我国上海开展人工智能相关产品业务，在不考虑成本、费用等支出的情况下，预计每年的营业收入可达500万元。现A企业有以下三种选择。

(1) 在上海设立实际的管理机构、场所。

(2) 在上海建立一个没有实际管理职能但执行经营行为的常设机构，并且其在我国的全部业务收入来自该常设机构。

(3) 在上海不设立具有实际管理职能的机构、场所，也不设立执行营业行为的机构、场所。

不同的选择会面对不同的税率和纳税情况，为了尽可能地减少公司税负，A企业应该如何抉择？

【解析】

若选择方案(1)在上海设立实际管理机构、场所，则企业适用的所得税税率是25%，应纳企业所得税为125万元（=500万元×25%）。

若选择方案(2)在上海建立一个没有实际管理职能但执行经营行为的常设机构，并且全部业务收入来自该常设机构，此时公司适用的所得税率是25%，公司应纳企业所得税额为125万元（=500万元×25%）。

若选择方案(3)不在上海设立实际管理机构和场所与营业机构和场所，则应按10%的税率预先计提所得税，此时公司应纳企业所得税为50万元（=500万元×10%）万元。

因此，该企业选择方案(3)最有利于公司减轻税负。

(三) 享受增值税进项税额加计抵减相关的企业所得税的优惠政策

为了促进国民经济进一步发展，满足人民日益增长的生产生活需要，国家出台了众多减税降费的政策措施，增值税进项税额加计抵减就是其中非常重要的一部分。

例如，按照相关规定，在2023年1月1日至2023年12月31日，符合条件的从事生产、生活性服务业的一般纳税人，可按照当期可抵扣增值税进项税额加计10%抵减应纳增值税所得额。

企业在经营过程中运用此项政策实际缴纳所得税时，相关会计处理如下所示。

借：应交税费——未交增值税（应纳税额）

  贷：银行存款（实际纳税金额）

    其他收益（加计抵减的金额）

与企业日常活动有关的政府补助根据交易的实质应列入"其他收入"科目或相应的成本和费用中。与企业日常活动无关的政府补助，应当计入"营业外收支"科目，并通过调整"其他收益"，在利润表的"营业利润"项目中体现。根据国家的相关规定，因享受增值税进项税额加计抵减政策而确认的其他收益，属于与企业日常经营有关政府补助，不符合不征税收入的条件，应就其相应的金额按规定缴纳企业所得税。

【案例 7-16】

H 企业是从事生产服务业的增值税一般纳税人,现有职工 300 人,资产总额为 5000 万元。截至 2020 年 12 月 31 日,H 企业账面已确认的增值税销项税额为 1000 万元,进项税额为 600 万元,另外还有上期未抵扣完的期初留抵进项税额 200 万元。此外,H 企业 2020 年应纳税所得额为 300 万元。H 企业若符合适用增值税进项税额加计抵减政策的条件,那么本期可计提的加计抵减的增值税进项税额为 60 万元(=600 万元×10%)。不考虑其他税种的影响,H 企业如何进行税收筹划更有利于节税?

【解析】

方案一:适用增值税进项税额加计抵减的优惠政策,并选择使用此项优惠政策,那么可额外抵减增值税进项税额 60 万元。此时,H 企业的应纳税所得额需要调增 60 万元,其作为一般纳税人适用的企业所得税税率为 25%,此时:

本期应纳增值税=1000−600−200−60=140(万元)。

本期应纳企业所得税额=(300+60)×25%=90(万元)。

总计应纳税额=140+90=230(万元)。

方案二:不适用增值税进项税额加计抵减的优惠政策,此时该企业无须就此优惠政策而对应纳税所得额进行调整,此时:

本期应纳增值税=1000−600−200=200(万元)。

本期应纳企业所得税=300×25%=75(万元)。

总计应纳税额=200+75=275(万元)。

仅从上述计算结果看,方案一较方案二减少了 45 万元(=275 万元−230 万元)税费。

一般情况下,企业可以通过增值税进项税额加计抵减的优惠政策直接减少增值税额,帮助企业获得较大的税收收益。但是,由于该政策同时会调增企业应纳税所得额,这部分调增额需要乘以 25% 的税率以缴纳企业所得税。因此,在进行税务筹划时,如果发现企业的进项税额不足以抵扣或者抵扣前后增值税额相差不大,并且同时享受其他企业所得税优惠政策时,就需要进行综合考虑。

【案例 7-17】

H 企业的销项税额为 810 万元,其他条件数据同案例 7-16。不考虑其他税种的影响,H 企业如何进行税收筹划更有利于节税?

【解析】

若采用方案一,则:

本期应纳增值税=810−600−200−60=−50(万元)。

此时,这 50 万元是作为留抵进项税额待以后期间抵扣销项税额的,所以:

本期应纳企业所得税=(300+60)×25%=90(万元)。

总计应纳税额为 90 万元。

若采用方案二,则:

本期应纳增值税=810−600−200=10(万元)。

本期应纳企业所得税=300×25%=75(万元)。

总计应纳税额 85 万元。

从上述计算结果看,方案二较方案一少了 5 万元税费。

第五节 企业所得税优惠政策的税收筹划

一、企业所得税优惠政策

企业所得税相关优惠政策见表 7.7。

表 7.7 企业所得税相关优惠政策

	适用对象	政策依据及税收优惠
农、林、牧、渔减免税优惠政策	蔬菜、谷物、薯类、油料、豆类、棉花、麻类、糖料、水果、坚果的种植；农作物新品种的选育；中药材的种植；林木的培育和种植；牲畜、家禽的饲养；林产品的采集；灌溉、农产品初加工、兽医、农技推广、农机作业和维修等农、林、牧、渔服务业项目；远洋捕捞	根据《中华人民共和国企业所得税法实施条例》，免征企业所得税
	花卉、茶以及其他饮料作物和香料作物的种植；海水养殖、内陆养殖	根据《中华人民共和国企业所得税法实施条例》，减半征收企业所得税
其他减免税优惠政策	符合条件的环境保护、节能节水项目；国家重点扶持的公共基础设施项目投资经营的所得	根据《中华人民共和国企业所得税法实施条例》，自项目取得第一笔生产经营收入所属纳税年度起，第一年至第三年免征企业所得税，第四年至第六年减半征收企业所得税
	符合国家规定条件的居民企业技术转让所得	根据《中华人民共和国企业所得税法实施条例》，一个纳税年度内，居民企业技术转让所得不超过 500 万元的部分，免征企业所得税；超过 500 万元的部分，减半征收企业所得税
	中国铁路建设债券利息收入	根据《关于铁路债券利息收入所得税政策的公告》（财税〔2023〕64 号），对企业投资者持有 2024—2027 年发行的铁路债券取得的利息收入，减半征收企业所得税

续表

	适用对象	政策依据及税收优惠
加计扣除优惠政策	企业开发新技术、新产品、新工艺发生的研究开发费用	根据《关于进一步完善研发费用税前加计扣除政策的公告》（财税〔2023〕7号），按照实际发生额的100%在税前加计扣除
	安置残疾人员所支付的工资	根据《关于安置残疾人员就业有关企业所得税优惠政策问题的通知》（财税〔2009〕70号），按照支付工资的100%加计扣除
减少所计收入优惠政策	企业以规定的资源作为主要原材料，生产国家非限制和禁止并符合国家和行业相关标准的产品取得的收入；金融机构农户小额贷款的利息收入；保险公司为种植业、养殖业提供保险业务取得的保费收入	根据《中华人民共和国企业所得税法实施条例》和《关于延续实施支持农村金融发展企业所得税政策的公告》（财税〔2023〕55号），减按90%计入收入总额
税额抵免政策	企业购置并实际使用相关文件规定的环境保护、节能节水、安全生产等专用设备	根据《中华人民共和国企业所得税法实施条例》，根据投资总额的10%抵减
特殊行业优惠政策	国家鼓励的重点集成电路设计和软件企业；证券投资基金；节能服务公司；保险保障基金；期货投资者保障基金等	按相关政策文件规定的优惠政策实施
加速折旧优惠政策	由于技术进步，产品更新换代较快的固定资产；常年处于强震动、高腐蚀状态的固定资产	根据《中华人民共和国企业所得税法实施条例》，采用一般性加速折旧
	特定行业和特定类型的固定资产	按相关政策文件规定，采用特殊性加速折旧
降低税率优惠政策	符合国家规定条件的小型微利企业	按《关于进一步支持小微企业和个体工商户发展有关税费政策的公告》（财税〔2023〕12号）的规定，减按20%的税率
	国家重点扶持的高新技术企业	按《中华人民共和国企业所得税法》的规定，减按15%的税率
	西部地区国家鼓励类产业企业	按《关于延续西部大开发企业所得税政策的公告》（财政部 税务总局 国家发展改革委公告2020年第23号）的规定，减按15%的税率

二、投资地区的选择

我国根据不同区域的发展情况,制定了部分税收优惠政策。这些税收优惠政策在一定程度上为企业在进行注册登记时的税务筹划提供了空间。企业为了扩张经营,可以选择在税负较低的地方进行投资,从而获得税收优惠。

此外,我国税法还规定了很多减免税政策,减免税政策是最重要、最基本的税收法律制度之一,可以从根本上调动企业和个人投资于经济建设和社会发展的积极性。世界上很多国家和地区也将减免税政策作为促进经济发展、吸引投资、调整产业结构、促进就业和增加财政收入的重要手段和措施。

例如,在香港注册的内地企业,由于可享受企业所得税方面的优惠政策,可将利润的大部分或全部留在香港,使企业在香港的投资享受税收政策带来的利益。此外,香港地区在外汇汇兑、国际运输、证券交易等方面也对内地企业给予较大的照顾。但需要注意的是,如果企业在我国境内无实体工厂存在,其发生的生产经营活动就不能适用企业所得税优惠政策。

对已经设立的公司而言,若因注册地不在具体的税务优惠区域内而无法享受相关的税务优惠,该公司则要考虑是否进行搬迁。此时,企业要充分考虑自身生产运营业务的生命周期,综合考虑税收优惠政策、搬迁成本和费用,以及新公司与旧公司在信息、技术、客户开发等方面的差距等再作决定。

企业登记地点的迁移有一个方法上的问题。当决定迁移的时候,如何进行迁移就成了一个必须要解决的问题。在条件许可的情况下,企业可以将整体业务从普通区域转移到具有税收优惠的区域。如果整体搬迁效果不佳,可以将企业的主要办公地点转移到上述区域,仅改变公司的注册地址,而将原有公司作为分公司且保留在原来的地方。若以上方法不能实现,那么企业还可以进行资产重组,从而实现对注册地的变更。比如,采用企业分立、分开登记等方式,允许符合税收优惠政策的企业在税收优惠区域登记,而不能享受优惠政策的,则可以变更为分公司保留在原来的地点继续经营。另外,企业还可以选择在适当的区域设立新公司以获得税收优惠,再将原来的公司和新公司合并。

当然,我们也可以通过不同企业之间发生的关联交易,把高税率区域的公司的利润转移给那些享有税收优惠的公司,从而降低公司的整体税负。值得注意的是,通过让关联企业之间发生一定数量的关联交易来进行利益转让,其定价应在税法规定的范围内,否则相关税费仍会相应调整。

【案例 7-18】

假设一位投资者想投资一家在中国西部从事乘用车业务和其他活动的新公司,最初预计在本年度可从乘用车业务中获得 500 万元收入,并从其他活动中获得 300 万元收入,两项活动的利润率均为 25%,请作出相应的筹划方案。

【解析】

现有三种方案可供选择。

方案一:该投资者投资乘用车业务,并与其他贸易公司合作经营,因乘用车业务收入占全部业务收入的比例为 62.5%(=500/800×100%),小于总收入的 70%,因此不能享受减按 15% 的税率征收企业所得税的优惠政策。

应纳企业所得税=(500+300)×25%×25%=50(万元)。

方案二：该投资者分别投资两个企业，一个从事乘用车业务，一个从事其他业务。此时乘用车业务的收入为企业的总收入，占比为100%，超过了70%的比例，可享受减按15%的税率征收企业所得税的优惠政策。

应纳企业所得税＝500×25%×15%＋300×25%×25%＝37.5（万元）。

比较上述两种方案，方案二比方案一少缴企业所得税12.5万元（＝50万元－37.5万元），因此方案二更优。

方案三：投资者投资乘用车业务，并与其他贸易公司合作经营。企业扩大投资规模，拓展乘用车业务，预计乘用车业务年收入达到750万元。其他条件不变，从计算结果可以推算出目前乘用车业务的份额占企业全部业务收入的比例为71.43%［＝750/（750＋300）×100%］，超过了税法规定的70%。该企业经相关税务机关审核后被认定符合西部大开发的减免税政策，取得的全部业务收入都可享受减按15%的税率征收企业所得税的优惠政策。

应纳企业所得税＝（750＋300）×25%×15%＝39.38（万元）。

虽然方案三的收入大幅提高，但是因为该企业取得的全部业务收入都可以享受减按15%的税率征收企业所得税的优惠政策，因此该企业应缴纳的企业所得税并没有大幅增长，从而获得了更多的税收收益，与前两种方案相比更具优势。

三、投资方向的选择

（一）选择减免税项目进行投资

企业若投资于种植蔬菜、谷物、薯类、油料等农作物，选育农作物新品种，种植中药材，培育和种植林木，饲养牲畜和家禽，采集林产品，提供农、林、牧、渔服务（如灌溉、农产品初加工等）或进行远洋捕捞等活动，则可享受免征企业所得税的优惠政策；若投资于花卉、茶以及其他饮料和香料作物的种植以及海水养殖、内陆养殖等项目，则可享受减半征收企业所得税的税收优惠政策。

企业从事国家重点扶持的公共基础设施项目的投资经营所得，以及从事符合条件的环境保护、节能节水等项目的经营所得，可以享受三免三减半的税收优惠政策。具体来说，即企业在取得经营收入的前3年内免于缴纳企业所得税，在第4年至第6年减半缴纳企业所得税。

此外，成立符合条件的小微企业、高科技企业、集成电路产业企业、技术先进型服务企业和软件企业等都可以享受不同程度的税收优惠。

（二）创业投资企业对外投资的筹划

投资企业从事国家需要重点扶持和鼓励的创业投资，可以按投资额的一定比例抵扣应纳税所得额。投资企业向符合条件的未上市两年以上的优质中小企业进行资本投资，可按其投资额的70%在股权持有满2年的当年抵扣该创业投资企业的应纳税所得额；如果当年不足以抵扣，可转入下一纳税年度抵扣。

【案例7-19】

T公司是一家创业投资有限责任公司，2022年以股权投资形式注资2000万元在某经济开发区设立小型高新技术企业P企业，职工人数为120人。P企业主要从事软件开发业务，已取得软件企业开发资质并通过高新技术企业认定。当年，P企业实现利润200万元，2023年实现利润300万元。2024年1月，T公司将P企业的股权转让给他人，转让价格为3500万元。请分析T公司和P企业适用的所得税优惠政策并计算T公司转让股权所得应缴纳的企业所得税。

【解析】

T公司以股权投资形式成立一家小型高新技术企业，投资已就位，且该新成立企业已通过高新技术企业认定，可以根据投资情况享受税收减免。

T公司是P企业的投资方，依法享有100%的股权。根据相关法律法规，在我国境内设立和新取得资质的软件企业的相关机构经认定后，假定第1年至第2年免征企业所得税，第3年至第5年按25%的法定税率减半征收企业所得税，企业享受税收优惠直至期满。因此，P企业前两年免征企业所得税，两年利润总额500万元，全部分配给T公司，T公司无须就这一部分所得缴纳企业所得税。

2024年1月，T公司转让P企业股权，转让价格为3500万元，则：

股权转让所得＝3500－2000＝1500（万元）。

经计算可知：

T公司抵扣应纳税所得额限额＝2000×70%＝1400（万元）。

应缴企业所得税＝（1500－1400）×25%＝25（万元）。

四、投资方式的选择

不管是否可以直接控制投资资金的使用，都可以将企业的投资分为直接投资和间接投资两种。直接投资是指初始投资、设备购买、其他投资的购买和组合等方面的投资行为，间接投资主要与投资者积累一定数量的金融资产有关，可以分为股票投资、债券投资等。不同的投资所得会面临不同的税收待遇，比如国债利息收入属于免税收入。企业要综合考虑不同收益类型所适用的企业所得税政策对税后收益率的影响，应选择税后收益率最大的投资方案。

【案例7-20】

T公司目前有500万元的闲置资金，将用于投资新的项目。其面临两种选择：一种是投资于年利率为5%的国债；另一种是投资于年收益率为8%的其他债券。已知企业所得税税率为25%。请你从财务角度进行分析，选择哪种投资方式更适合该公司。

【解析】

方案一：若选择投资国债，则：

投资收益＝500×5%＝25（万元）。

由于我国税法明确规定国债利息收入是可以享受免征企业所得税的优惠政策的，所以T公司选择投资国债的税后收益为25万元。

方案二：若选择投资其他债券，则：

投资收益＝500×8%＝40（万元）。

税后收益＝40－40×25%＝30（万元）。

因此，选择投资其他债券更有益。

第六节 企业所得税纳税时间的税收筹划

一、企业所得税纳税时间筹划的相关概念

税收筹划的本质是尽可能使税后的经济效益最大化。其中,合理安排纳税时间就是一种合理有效的筹划方式。为了达成节税的目标,企业可以在法律允许范围内推迟缴税。通过将当期税款递延到后期,企业相当于从政府那里得到了一笔与递延税款金额相等的无息贷款,从而在一定期限内有更多资金用于提升经济效益或缓解财务压力。

想要推迟缴纳企业所得税的时间,一方面可以推迟确认收入,另一方面可以提早确认费用和列支税前扣除项目。

二、推迟确认收入

企业收入包括各种来源的货币和非货币收入,主要有以下类型:销售货物收入、提供劳务收入、转让财产收入、股息、红利等权益性投资收益、利息收入、租金收入、特许权使用费收入、接受捐赠收入、其他收入。表7.8所示为不同收入及其确认时间要求。

表7.8 不同收入及其确认时间要求

收入类别	确认时间要求
权益性投资收益（如股息、红利等）	除非特别说明,收入的实现便根据被投资单位的利润分配日确认;特别纳税调整中依外资公司的特殊要求确认
利息收入	依合同中规定的应付利息日期确认
租金收入	依合同中规定的应付租金日期确认。在此期间,若合同或协议规定的租期跨年度,并提前一次性付清,则按收入费用配比原则,在租赁期内,将前述收入按比例分摊到相应年度
特许权使用费收入	依合同中规定的应付特许权使用费日期确认
接受捐赠收入	依实际受捐日期确认

我国税法规定,实现收入的时间主要基于发出商品和签发销货款凭证的时间,对于直接销售而言,收入的确认时间是向买方交付提单的时间。如果销售发生在会计周期末,企业可以尝试将其递延至下个周期确认,但需要注意,不能因此影响企业日常资金的周转。对于信贷和分销,收入的确认时间与合同中规定的支付日期息息相关。公司如果不能立即收到付款,就可以通过使用分期收款的方式推迟确认收入;对于订购和分期预售,收入的确认时间以货物交付日期为准。

三、提早确认费用和列支税前扣除项目

按照《中华人民共和国企业所得税法》的规定,在计算应税收入时,企业可以从中扣除实

际发生的与创收有关的合理成本、费用、税费、损失以及其他支出。其中有关成本和费用的税收筹划是通过核算成本和分摊费用实现的。总体而言,税收筹划需要根据最小化费用支出和最大化费用分摊方式进行。现行税法以及财会法规对成本和费用的核算规定创造了一定筹划空间,可通过合理选择会计核算方法、划分和列支费用,对相关收入和费用采用如下筹划方法。

(1) 加快计提折旧。对于固定资产折旧,不同的折旧方式会对企业盈利水平和税收负担产生不同的影响。例如,与直线法相比,加速折旧法可以为公司提供更大的节税优势。这是因为在确定应税收入时,较快的折旧速度会减少初期的应税收入,并将税收负担转移到后期。虽然税基保持不变,但递延缴纳税款可以获得额外的货币时间价值。

(2) 尽快摊销开办费用。我国税法要求企业在建设规划阶段对开办费用进行全额摊销,摊销期间为从开始运营的下月起至少五年期内。与加快计提折旧类似,尽快摊销开办费用可以将部分税收负担从前期递延到后期。

(3) 加速计提成本。以存货结转成本为例,在物价持续上升时企业可以采用加权平均法,增加当期扣除的金额,从而达到递延税款的目的。

但是提早确认费用和列支税前扣除项目的做法并非适用于所有企业,比如处于"两免三减半"优惠期间的企业,成本、费用等越早扣除,可减免的税款就越少,而在后期利润变大时,可以适用的税收优惠政策减少,税收负担加重。因此,对于有机会在前期享受税收优惠的企业,应将税前扣除项目推迟至正常纳税年度。

【案例7-21】
T公司是一家制造业小型微利企业,于2023年度采购了两台总价值为200万元的机床。T公司将对这些设备进行折旧,并希望充分利用税法规定的10年折旧期进行会计核算。公司2023年度的总利润达到400万元。请问T公司可以怎样开展税收筹划?

【解析】
如果采用直线法计提折旧,则T公司于下一年度开始每年应计提折旧20万元,2023年应缴纳企业所得税

$$100 \times 25\% \times 20\% + (400-100) \times 50\% \times 20\% = 35(万元)$$

如果采用加速折旧法,则2023年当期可以确认较高的折旧额,假设确认200万元,则2023年折旧费用增加180万元(=200万元-20万元),应纳税所得额为220万元(=400万元-180万元),应缴企业所得税

$$100 \times 25\% \times 20\% + (220-100) \times 50\% \times 20\% = 17(万元)$$

通过税收筹划,T公司2023年度可以减少企业所得税18万元(=35万元-17万元)。

第七节 合并分立与资产重组的税收筹划

一、企业并购的税收筹划

企业并购通常会发生控制权的转移。企业在进行并购时,始终伴随着税收筹划问题,且

影响并购交易能否成功。所以,对企业并购过程中涉及的税务事务进行探讨是非常重要的。

一般情况下,企业并购主要应用于以下几个方面。

(1) 企业在并购、重组后可以进入新的领域或行业。

(2) 企业对亏损严重的企业进行并购,从而实现低成本扩张。

(3) 企业并购能够合并或收购与自己行业有关的公司,从而减少分销关系,并适当地避免缴纳增值税等税收。

(4) 企业并购存在改变纳税主体性质的可能性,比如企业并购另一企业后,规模扩大,由原来的小规模增值税纳税人转为增值税一般纳税人。再如企业原来是内资企业,被海外集团并购后便转为中外合资企业。

(5) 企业并购后规模扩大,资产折旧增多,可以减少收购后扩张造成的税收负担。

有关企业并购的税收筹划主要有以下方法。

(一) 选择并购对象

(1) 并购经营情况不佳的企业。经营情况不佳的企业通常存在重大亏损,与其并购就可以用其亏损来减少自身的利润,从而减少应税收入,即利用损益来减轻公司税负。并购亏损企业一般采取吸收兼并或控股合并的形式,但在并购亏损企业时应注意其产生不良影响的可能性,避免损害自身的发展。

(2) 并购享受优惠税收政策的企业。不同地区、不同产业的税收优惠政策存在差距。我国一直致力于缓解区域发展不平衡的问题,因此针对一些需要加快发展的地区,如西部地区和少数民族地区,出台了多项有力的税收优惠政策。此外,为了继续推进经济特区的发展,我国对在经济特区注册经营的企业也制定了相应的税收优惠政策。如果从产业和企业性质角度来看,在不考虑其他影响因素的情况下,国家在税收方面对高新技术企业、设立在西部地区的国家鼓励类产业企业、小型微利企业等特殊企业都进行了重点扶持。因此,企业可以优先选择并购免征所得税或享受其他税收优惠的企业,以便并购后享受相关优惠待遇,减轻企业的税收负担。

(二) 选择并购出资方式

企业进行并购的出资方式主要有以下3种:①现金收购资产;②现金收购股票;③股票置换资产。前两种属于应税重组,第3种是免税重组。

(1) 现金收购资产和现金收购股票。被收购方在收到收购方的付款现金后,就失去了在原公司的权益。由于存在货币交易行为,被收购方还应缴纳企业所得税,计税依据为转让股权所得扣除股权投资成本后的净收益。因此,若采用支付现金的方式进行并购,就要将并购对象的税收负担纳入考虑,如此,势必会增加并购成本,这也关系到并购行为能否成功。但若采用分期付款的方式支付现金,被收购方就有较大的期间收益确认空间,能够在一定程度上减轻税收负担。

(2) 股票置换资产,即股权置换。此时,收购方获得的权益是以股份换取的,不需要确认资产转让所得,因此不需要缴纳企业所得税,而被收购方由于没有产生现金流入和资产利得,因此也无须对出售资产的收入进行确认,同样无须缴纳企业所得税。在经济实践中,股权置换主要有吸收合并、新设合并、相互持股合并、股票换资产合并几种类型。

需要注意的是,在税收筹划实践时,我们应当将应税重组与免税重组结合起来,这样才能最大限度地节税。

第一,当被收购方的资产评估价值低于账面价值时,企业若选择以现金出资收购并购对象的全部股份,那么就应视同以现金收购全部资产的方式进行会计处理。并购对象会将取得的现金对价分配给股东以回收股份并进行注销。如此一来,收购方获得的资产就被重新评估了,固定资产就需要重新计算折旧,其计税基础一般会增加,但已计提折旧的无须冲回,并购对象可以享有已实现的资产利得。在这种情况下,选择股权置换的免税重组更合适。

第二,当企业并购的目标是并购对象的子公司的资产时,可以对并购对象进行现金并购,在对并购对象的控制权达到一定程度时,与并购对象协议用目标子公司的股份换取并购对象的股份。当然并购对象的股东可以按照自身意愿判断是否进行交易,选择进行交易就可获得现金收益,不同意则获取资产利得,并延期纳税。

(三)选择并购会计处理方法

虽然股权置换并购是一种免税重组方式,但也有会计处理上的差异,如选择购买法或者权益结合法,不同的选择会导致资产、公允价值和资产负债表出现差异,这也会影响合并后公司的税务状况。

(1)购买法的会计处理。在采用购买法对企业并购进行会计处理时,支付的购买价格是按购买日并购对象的净资产的公允价值入账的,公允价值与账面价值之间的差额作商誉处理,并需在期末进行减值测试。此外,固定资产超过账面价值的部分会使折旧费用有所提高,这有利于减少税费。所以,当企业选择采用股票置换资产的方式进行并购时,更适合用购买法进行会计处理。

(2)权益结合法的会计处理。在采用权益结合法对企业并购进行会计处理时,企业支付的对价、入账的资产和负债等都以账面价值入账,因此不会产生商誉,从而不会影响并购对象的经营收益。所以,并购企业以发行普通股票置换并购对象普通股票的形式并购企业时,更适合采用权益结合法进行会计处理。

【案例7-22】

H企业是一家处在高速扩张期的企业,计划出资320万元对K企业进行并购。K企业是一家制造业企业,主要资产是一条生产线,账面原值为300万元,无预计净残值,折旧年限为10年,已计提年限为6年,已计提的折旧为180万元。在并购前进行资产评估时,这条生产线的公允价值为320万元。那么H企业的资产在合并后应如何计提折旧?如何进行税收筹划可以最大限度减少税费呢?

【解析】

方案一:选择股权置换的方式进行并购。

这意味着K企业可以不用缴纳企业所得税,但K企业股东在处置其个人股票时要缴纳个人所得税。

企业并购后需要计提的年折旧额=(300-180)/(10-6)=30(万元)。

方案二:一半采用股权置换的方式,一半采用现金收购资产的方式进行并购。

此时采用现金收购的部分需要缴纳企业所得税,企业应纳所得税额=(320-120)/2×25%=25(万元),并购后需要计提的年折旧额=(320-180)/(10-6)=35(万元)。折旧额越大,应纳税所得额越少。

二、企业分立的税收筹划

企业分立是指一个企业依照法律的规定,将一家公司或公司的一部分业务分离成两家或更多的独立公司。企业分立也是企业产权重组的一种重要类型,对企业享受优惠政策、节税降费具有非常积极的作用。一般情况下,企业分立主要应用于以下几个方面。

(1) 企业分立出的多个纳税主体,可以形成相互关联的企业集团,以便进行联合管理和有计划的业务发展。

(2) 企业分立可以将享受优惠税收政策的企业分离出来,从而通过单独纳税减轻税负。

(3) 企业分立将原来适用累进制企业所得税的企业拆分为两个或多个适用低税率的企业,以减少企业的整体税负。

(4) 企业分立可以建立一种循环联系,有利于商品和服务税的抵扣和转让定价。

企业分立本质上是所有权结构的一种调整,势必会影响税收的核算。我国税法区分了应税拆分和免税拆分两种类型。企业在进行企业分立的税收筹划时,应该尽力创造免税分立的条件,利用免税分立合理降低企业的税收成本,有效节税。

企业在进行分立时,分离出去的资产通常按其公允价值进行转让,公允价值超过账面价值的部分,按财产转让所得缴纳企业所得税。

在企业分立的情况下,只要被分立企业所有股东拥有与原企业相同比例的股份,那么分立交易的双方均不会实质性改变其主要经营活动。在企业分立过程中,支付给被分立公司股东的资本金额最低要达到交易总金额的85%,因此相关会计处理可以按以下方式进行:被分立企业的资产和负债仍旧按原来的计税基础进行计税,且相关涉税事务由分立企业继承。例如,被分立企业存在法定弥补期限内的亏损额,可由分立企业按相应比例分配弥补。

此外,被分立企业的股东取得分立企业的新股权,若有意放弃部分或全部原有旧企业股权,应以放弃的原股权的计税基础确定新股权的计税基础。若计划同时持有新股权和原股权,那么新股权的计税基础的确定方法有以下两种选择:①直接确定新股权的计税基础为零;②将按照被分立出去的净资产占分立前企业的总净资产的比例调减的原股权,平均分配到新股权的计税基础上。

【案例7-23】

C建筑公司是一家从事工程建筑、安装和装饰的公司,2024年共实现应纳税所得额460万元。其中,建筑、安装和装饰业务的年度应纳税所得额分别为310万元、80万元、70万元。截至2024年12月31日,公司有员工150人,资产总额为6000万元,请问C建筑公司2024年应缴纳的企业所得税是多少?应该如何进行税收筹划?

【解析】

如果未作税收筹划,则C建筑公司2024年应缴纳企业所得税为
$$460 \times 25\% = 115(万元)$$

现提供以下税收筹划方案:C建筑公司将主营的建筑、安装和装饰业务分立成J、A、Z三家独立的子公司。其中,J对A和Z实行100%控股,且三家子公司的职工人数分别为70人、50人、30人,资产总额均为2000万元。

此时,A和Z符合小型微利企业的标准,可以享受20%的企业所得税税率优惠。

J企业应纳企业所得税=$310 \times 25\% = 77.5$(万元)。

A企业应纳企业所得税=$80 \times 20\% = 16$(万元)。

Z企业应纳企业所得税=$70 \times 20\% = 14$(万元)。

总计税负107.5万元(=77.5万元+16万元+14万元),相比税收筹划前减少企业所得税7.5万元(=115万元−107.5万元)。

值得注意的是,在税收筹划实践中,考虑到企业所得税是按月(季)先进行预缴,然后在年底进行汇算清缴的,所以在预付所得税款项时,税务机关主要是根据企业前一年的情况来确定其是否有资格被认证为小型微利企业或高利润企业。

三、资产重组的税收筹划

资产重组是指企业为准备上市而对资产和负债进行的划分和重组,或在企业合并或拆分后对资产和组织进行的重组。我们在这里主要介绍整体资产转让和整体资产置换的情形。

(一) 整体资产转让的税收筹划

整体资产转让是指将企业的全部业务活动(包括所有资产和负债)或独立运营的分支机构整体转让给其他企业的交易行为。此时,被转让的企业并没有解散,而是继续作为一个独立的应税企业存在,只是在转让后从经营活动转为投资活动。

整体资产转让的税务处理,以交易发生的时间为节点分为两个步骤:①按公允价值处置所有资产;②执行投资,分别进行所得税的税务处理,并就资产转让的收益或损失按照规则进行计算和确认。在纳税年度年末进行汇算清缴时,应税收入根据资产的公允价值和账面价值之间的差异进行调整。

在特殊情况下,企业所有资产的转让可以免于征税。在转让企业全部资产的情况下,如果转让企业支付的现金或其他非股权的交换金额不超过所付股权面值的15%,经税务机关调查确认后,转让企业可以暂时不用确认转让的收益或损失,不缴纳相关的企业所得税。然而,转让企业权益的收购价值是根据最初持有资产的账面价值而非评估价值来确定的,收购企业取得转让权益的收购成本是根据转让企业的原始账面净值确定的,该账面净值禁止被调整,以真实反映评估价值。

(二) 整体资产置换的税收筹划

整体资产置换是指某一企业或其单独核算的分支机构的所有经济活动与另一企业或其单独核算的分支机构的所有经济活动进行完全交换,其中任何一个实体都不会因资产互换而不复存在。

在对企业整体资产置换进行税务处理时,原则上有必要将交易分为所有资产按市场价值出售的交易和所有资产按市场价值向他人购买的交易,以便在交易发生时交易方能够单独纳税,并按照规则计算和确认资产转让的收益或损失。这与税法中"非货币性资产交换"的原则是相吻合的,交易双方应该按照正常的资产销售确认资产转让所得或损失。但是,在实际的资产交换中,如果资产置换双方的公允价值与账面价值存在差额,那么在后续补差价时,如果取得的全部资产的货币价值不超过公允价值的25%,双方在税务机关审查确认后,就不用再确认资产转让的任何收益或损失,也就无须缴纳企业所得税。

但是,从企业所得税实现原则来看,只要纳税人控制了收入或潜在收入,就应该对其所得进行税务核算。然而,整体资产置换交易的结束并不意味着整个权利置换事务的完成。因为资产公允价值与账面价值的差额形成的潜在收益或亏损在资产置换当期并未作为资本利得或损失确认,所以当期不确认资产转让所得或损失是有道理的。此外,资产置换过程中补差价的比例需要控制在公允价值的25%的范围以内,这与非货币性交易的原则相吻合。如果提升资产置换中补差价的比例,则纳税人可以将原来的货币交易转换为完全的资产互换交易来避免征税。

【案例 7-24】

H 企业计划将内部从事中低端产品生产的 M 部门分离出来成立子公司 M 公司,现有三种分立方案:①整体资产转让;②整体资产置换;③分立。现在 M 部门的非货币性资产价值为 600 万元。A 公司是一家上市企业,计划收购将要分离出来的 M 公司,愿意以现金或机器厂房(价值 400 万元)进行置换。假设此时 M 公司与 A 公司的股票交易单价比例为 1∶5,那么如何进行税收筹划可以最大限度减轻 H 企业的税收负担?

【解析】

方案一:H 企业采用整体资产转让的方式,将 M 公司全部资产转让给 A 公司。

此时,按照相关税法规定,若 A 公司支付的对价中,现金等非股权支付额不超过 H 企业取得 A 公司对价的 15%,那么就无须确认财产转让所得,也就无须缴纳企业所得税。

假设 A 公司支付的现金对价为 X 万元,支付的股票价值为 Y 万元,那么有:

① $X+5Y=600$。

又因为支付对价中现金等非股权部分不超过 H 企业取得 A 公司对价的 15%,假设占比刚好是 15%,则有:

② $X=15\%\times 600=90$。

结合①②,解得 $Y=102$。因此,当 H 企业取得 A 公司 90 万元以下的现金、102 万元以上的股票时,就可避免因财产转让而缴纳企业所得税。

方案二:H 企业采取整体资产置换的方式,将 M 子公司的全部资产进行置换。

A 公司以机器厂房作为投资,交易差额用货币性资产补齐。此时,若交易双方支付的货币性资产与所获资产的占比不高于 25%,则交易双方均无须确认财产转让所得,也无须缴纳企业所得税。

A 公司用于置换资产的机器厂房价值 400 万元,与交易标的的资产价值 600 万元相差 200 万元,所以 A 公司需要支付给 H 企业 200 万元的补差价。

(1) 200 万元补差价全部以现金支付,这时需要确认资产转让所得,缴纳所得税。

(2) 200 万元补差价中,以现金形式支付 X 万元,以非货币性资产形式支付 Y 万元,则:

① $X+Y=200$。

因为双方支付的货币性资产补差价与所获资产的占比不高于 25%,假设占比刚好是 25%,则:

② $Y/(600+X)=25\%$。

结合①②,解得 $X=40,Y=160$。

因此,当 A 公司支付补差价时,如果支付给 H 企业 40 万元以下的现金、160 万元以上的非货币性资产,双方就均无须确认财产转让所得,从而避免缴纳企业所得税。

方案三:H 企业采取分立企业的方式,将 M 公司分立出去成立具有独立法人资格的经济实体。

此时,M 公司需要向 H 企业支付资产价款。如果非股份支付金额(如现金支付金额)不超过实收资本名义金额的 15%,H 公司就不必确认资产转让利得,也就可以免缴企业所得税。由于货币性资产的支付额不高于股权面额的 15%,则 M 公司应向 H 企业支付现金 90 万元(=600 万元×15%),股权支付金额为 510 万元(=600 万元-90 万元)。

因此,当 M 公司向 H 企业支付 90 万元以下现金、510 万元以上股票时,H 企业无须就此交易缴纳企业所得税。

1. 怎样区分居民企业和非居民企业？请简要阐述它们分别适用的所得税税收政策。
2. 选择设立子公司或分公司带来的税收优惠有哪些不同？
3. 在企业所得税的税收筹划中，可以从哪几个方面就纳税人展开筹划？
4. 某品牌餐饮企业在全国各地有很多连锁机构，每年投入大量的研发支出推广无人餐厅。无人餐厅中，从点餐到配菜再到送餐，全部由机器人完成。由于该企业主营业务属于餐饮业，无法进行研发费用加计扣除。如果你是公司财务经理，你会提出怎样的税收筹划方案？

1. A公司刚创立一年，正处在市场开拓和资源整合的紧要关头。2023年，A公司的销售额达到4000万元，其从外部购入价值200万元的物资作为礼物，按业务招待费计入当年费用。该项费用大大超过其当年销售额的5‰，且超出的部分不能在下一个年度结转。A公司应该怎样做税收筹划？

2. 乙公司成立初期，消耗的开办费用总计2000万元，连续五年经营所得的利润均为800万元/年。假定每年的折现率不变，均为10%。依据税法规定，乙公司对筹办期间的开办费用有两种处理方式。

方式1：每年等额摊销，平均每年摊销金额为400万元。

方式2：前3年每年摊销600万元，后两年每年摊销100万元。

请通过计算帮乙公司开展税收筹划。

3. 甲公司欲购买一批材料，现有两种选择。

方案一：以40万元的价格从乙公司购买，并取得增值税发票。

方案二：以32万元的价格从个体工商户丙处购买，但不能获取发票。

从税收筹划角度考虑，甲公司应该如何选择？

4. 2020年2月初，甲公司向乙公司投入900万元的银行存款，这部分资金占乙公司总股本的70%。甲公司2021年的生产和经营收入为100万元。甲公司、乙公司适用的企业所得税税率分别为25%、15%。针对以上情形，甲公司设计了两种税收筹划方案。

方案一：2021年3月，乙公司董事会决议，将税后利润的30%拿出来进行分配，甲公司获得105万元分配利润。同年9月，甲公司以1000万元的价格将乙公司70%的股份全部转让给丙公司，转让费0.5万元。

方案二：乙公司决定不进行利润分配。2021年9月，甲公司将其持有的乙公司70%的股份以1105万元的价格全部转让给丙公司，转让费0.5万元。

请分析甲公司选择哪种方案可以少缴纳企业所得税。

第八章

土地增值税税收筹划

本章主要介绍土地增值税的税收筹划方式。税收类教材通常会介绍很多小税种,如资源税、车船税等,本教材只介绍其中的土地增值税。由于房地产行业在国民经济中具有重要作用,因此与房地产行业密切相关的土地增值税是一个不容忽视的税种,对土地增值税开展税收筹划有着非常积极的现实意义。通过本章的学习,读者可以了解土地增值税的筹划思路,掌握相应的筹划方法。

第一节 土地增值税税收筹划的概念

一、土地增值税的相关概念

(一)土地增值税的含义

通常来讲,针对转让国有土地使用权、地上的建筑物及其附着物所取得的收入征收的税,我们称为土地增值税。该税在一定程度上加强了政府对地产行业的开发和交易过程的有效监管,有利于规范房地产行业,增加政府的财政收入。

(二)纳税义务人和征税范围

1. 纳税义务人

转让国有土地使用权、地上的建筑物及其附着物(以下简称转让房地产)并取得收入的单位和个人,为土地增值税的纳税义务人。负有土地增值税纳税义务的单位通常包括各基层事业单位、国家行政机关、社会企业,以及其他社会性组织,负有土地增值税纳税义务的个人通常包括个体户和获取收益的相关个人。

总的来说,纳税人应遵循《中华人民共和国土地增值税暂行条例》中的相关规定,不论是法人还是自然人,是企业还是公共机构,不论经济性质,不论行业与部门,只要符合土地增值税纳税人的条件,都有义务缴纳土地增值税。

2. 征税范围

(1) 基本征税范围。土地增值税的征收范围特指转让国有土地、地上的建筑物及其附着物而取得的收入,并不包括国有土地使用权的出让所产生的相关收益。需要注意的是,只有国家可作为国有土地使用权的出让方,这类交易归属一级土地买卖市场;受让方在取得国有土地使用权后可以依照法律规定再进行转让,这类交易归属二级土地买卖市场。

未实质出现土地使用权转让、房屋产权变更的转让行为不纳入土地增值税的征收范围。是否属于转让行为,主要以房屋产权的变更为依据。

(2) 特殊征税范围。

继承房产发生后,相应房屋的权属便发生变更,但是原始产权所有人、土地使用权所有人并未从该权属变更中获取收益,因而继承房产行为不纳入土地增值税的征收范围。

赠与地产是指房产、土地使用者将名下土地、房屋产权无偿赠与他人的民事法律行为。由于房产的使用权人和所有人并未通过权属转让获取收益,赠与地产同样不纳入土地增值税征收范围。

出租房产过程中,使用权人和所有人虽通过出租获取了收益,但产权权属并未发生改变,该交易不纳入土地增值税征收范围。

对于抵押房产而言,在抵押期间,房屋的产权和土地使用权没有发生变化,房产的占有、使用权和收益权等一些权利仍然由土地使用权人持有。虽然贷款是通过抵押获得的,但实际需要将相关利益偿还给债权人。因此,抵押房产的行为,在抵押期间不属于土地增值税征收范围,但是在抵押期之后,要视房产使用权人是否发生转移或变更来确认其是否应被纳入土地增值税征收范围。对于以产权抵债而发生的权属转让过程,其中产生的获利是属于土地增值税征收范围的。

交换房产涉及房屋产权和土地使用权的转让,交换过程中,双方也获取了实质性的收益,因此应纳入土地增值税的征收范围。

合作共建房产是指交易双方通过协商,一方提供土地使用权,一方提供资金支持,在房屋建成后按协商比例分房自用的情况。我国对于合作共建产房暂免征收土地增值税,但房屋建成后转让的,则应纳入土地增值税征收范围。

代建房产通常指地产公司替代个体客户开发地产,待建成后收取代建费用的行为。该行为虽产生收益,但土地使用权、房屋产权并未发生实际转让,因此不纳入土地增值税征收范围。

地产经过重新评估后发生的增值行为,由于没有地产权属转让,也没有土地使用权人获益,因而不属于土地增值税征收范围。

(三) 税率及计算

土地增值税税率如表8.1所示。

表8.1 土地增值税税率表

级 数	增 值 率	税率(%)	速算扣除系数(%)
1	增值额未超过扣除项目金额50%的部分	30	0
2	增值额超过扣除项目金额50%,未超过100%的部分	40	5
3	增值额超过扣除项目金额100%,未超过200%的部分	50	15
4	增值额超过扣除项目金额200%的部分	60	35

一般情况下,增值率可以用下面的公式表示:

增值率=(销售收入总额-扣除项目金额)/扣除项目金额×100%
=[营业收入-(建造成本+建造成本×10%+建造成本×20%+税金)]
/(建造成本+建造成本×10%+建造成本×20%+税金)×100%

(四)应税收入与扣除项目

1. 应税收入

依据相关法律法规,通过房产转让产生的应税收入,应囊括纳税人转让房产的全额价款及其产生的相关经济收入。从形式上看,应税收入包括货币收入、实物收入和其他收入。

(1)货币收入,指房产转让过程中纳税人获得的现金、银行存款,以及流动性较强的资产等,流动性较强的资产包括支票、本票、汇票等信用票据,还包括国库券、金融债券、股票等金融工具。这些收益都属于纳税人在转让土地、房屋过程中获得的直接价款,其数额往往比较容易确定。

(2)实物收入,指房产转让过程中纳税人通过实物形式获取的收益,如建材、其他房屋、土地,等等。实物收入价值变化较大,通常需要根据取得收入时的市场价格对其进行评估,将其换算成货币收入后,纳入征税范围。

(3)其他收入,指房产转让过程中取得的隐形资产收入和具备变现价值的权利,包括专利、商标、著作权、技术使用权、商誉等权益。该类收入需要专门机构对其开展价值评估,进而纳入应税收入中。

2. 扣除项目

依据税法规定,在计算土地增值税的增值额时,准予从房地产转让收入中减除下列相关项目金额(表8.2)。

表8.2 土地增值税扣除项目

扣除项目	房产开发企业出售新房	转让旧房及建筑物
①	取得土地使用权所支付的金额	取得土地使用权所支付的金额
②	房地产开发成本	房屋及建筑物的评估价格
③	房地产开发费用	
④	相关税金	相关税金
⑤	加计扣除	

二、获取土地使用权需缴纳的金额

纳税人要开发房地产,获得土地使用权往往是第一步。与土地使用权相关的成本包括以下两个方面。

(1)纳税人为获取土地使用权而支付的地价款。获取土地使用权的方式包括招投标、拍卖、协议转让、行政划拨等方式,以前三种方式获得土地使用权的,地价款为约定价格;以行政划拨方式获取的,则以国家规定的价格为准。

(2)纳税人支付的与获取土地使用权相关的费用,如过户手续费等。

(一) 房地产开发成本

纳税人开发房地产项目过程中实际承担的成本统称为房地产开发成本,具体如表 8.3 所示,每个项目费用中可能会有交叉。

表 8.3 房地产开发成本类型

项 目	说 明
土地征用及拆迁补偿费	包括土地征用费、耕地占用税、劳动力安置费及有关地上、地下附着物拆迁补偿的净支出、安置动迁用房支出等
前期工程费	包括土地征用费、耕地占用税、劳动力安置费及有关地上、地下附着物拆迁补偿的净支出、安置动迁用房支出等
建筑安装工程费	指以出包方式支付给承包单位的建筑安装工程费,以自营方式发生的建筑安装工程费
基础设施费	包括开发小区内道路、供水、供电、供气、排污、排洪、通信、照明、环卫、绿化等工程发生的支出
公共配套设施费	包括不能有偿转让的开发小区内公共配套设施发生的支出。如开发间接费用,指直接组织、管理开发项目发生的费用,包括工资、职工福利费、折旧费、修理费、办公费、水电费、劳动保护费、周转房摊销等
开发间接费用	包括行政管理费、工程管理费、周转房摊销、物业管理完善费等

(二) 房地产开发费用

与房地产开发相关的费用,包括销售费用、财务费用、管理费用等。依据现有规定,房地产开发费用在计算土地增值税时应按照其实际发生额的一定的比例而非实际发生额来计算扣除。

对于开发费用中利息支出(属于财务费用)的处理,分为两种情形。

情形一:能提供金融机构相关证明文件并能按转让地产项目计算分摊的,可以根据实际发生额扣除,但可扣除的金额有限制,不能超过按照商业银行同期贷款利率计算的金额。对于除了利息支出之外的开发费用,按取得土地使用权所缴纳的金额和开发成本之和的 5% 计算扣除。在此情形下,允许扣除的**房地产开发费用**=利息+(取得土地使用权所支付的金额+房地产开发成本)×5%。(注意:结算利息时,金额不应超过商业银行同期贷款利率所计算的金额)

情形二:不能提供金融机构贷款证明文件的,按取得土地使用权所缴纳的金额和开发成本之和的 10% 计算扣除。在此情形下,允许扣除的房地产开发费用=利息+(取得土地使用权所支付的金额+房地产开发成本)×10%。

地产企业同时存在金融机构借款和其他渠道借款的,其开发费用扣除不适用于上述方案。

(三) 与转让房地产有关的税金

与转让房地产有关的城市维护建设税、印花税和教育费附加等,都可予以扣除。须重点注意的是，按照规定，由于房地产开发企业缴纳的印花税已列入管理费用，故不再重复扣除。除房地产开发企业之外的纳税人缴纳的印花税（按产权转移书据所载金额的0.5‰）仍可予以扣除。

（四）财政部确定的其他扣除项目

凡从事房地产开发的纳税人，可按取得土地使用权所支付的金额和房地产开发成本之和，加计20%扣除。需要注意的是，此优惠只适用于从事房地产开发的纳税人，不适用于其他纳税人。该优惠政策旨在杜绝买卖房地产的投机现象。

（五）旧房及建筑物的评估价格

纳税人转让旧房及建筑物，可扣除的项目与转让新房有所不同，主要体现在房屋和建筑物的评估价格、土地出让金以及相关税金方面。但是对于不能出示有效凭据的土地出让金，不得税前扣除。

以上扣除项目中的评估价格的计算公式如下

$$评估价格 = 重置成本价格 \times 新旧程度$$

例如，一栋房屋已使用近20年，建造时花费800万元，按转让时的建材及人工费用重新评估后，建造同样的房屋需要花费2000万元。如果该房的新旧程度为五成新，则该房的评估价格为1000万元（＝2000万元×50%）。如果评估价格无法确定，可根据购房发票的金额每年加计5%计算扣除，不满1年但超过6个月的，按照1年计算。评估价格和购房发票都无法取得的，采用核定征收的办法。

（六）应纳税额的计算

土地增值税按照纳税人转让房地产所取得的增值额和规定的税率计算征收。土地增值税应纳税额的计算公式如下

$$土地增值税应纳税额 = 土地增值额 \times 适用税率 - 扣除项目金额 \times 速算扣除系数$$

（七）税收优惠

1. 建造普通标准住宅的税收优惠

按照纳税人建造的住宅的性质，可将房屋分为两大类，即普通住宅和非普通住宅。符合当地民用住宅标准的房屋统一称为普通住宅，转让普通住宅有优惠政策，即增值率未超过20%的，无须缴纳土地增值税。转让普通住宅和非普通住宅两种情况同时存在的，需要分别核算其增值率，未分别核算的，不享受这一优惠政策。

2. 国家收回、征用的房地产的税收优惠

国家根据建设需要或其他需要（如实施城市规划），在政府批准和依法依规的前提下收回、征用房地产及其地上建筑物及其附着物的，免征收土地增值税。

3. 纳税人自行转让原房地产的税收优惠（仅限因城市规划、国家建设需要而进行的转让）

这一条优惠政策与第二条优惠政策有一定的关联性。由于国家的建设需要（指经国务院、省政府机关批准的建设项目）和实施城市规划等需要，纳税人需要搬离原地址而另择地址且发生转让房地产行为的，免征收土地增值税。

4. 转让旧房的税收优惠

转让旧房时，若增值率未超过20%则享受免税的优惠政策，但仅限于以改造安置住房和

公租房为目的的转让。这两种转让的认定有相关的标准,须满足标准才能享受相应的优惠政策。

5. 个人销售住房的税收优惠

对于个人销售住房的,从 2008 年 11 月 1 日起,我国就采用免征收土地增值税的政策,并一直延续至今。

6. 企业改制重组有关土地增值税政策

截至 2023 年底,企业改制重组有如下土地增值税优惠政策。

(1) 企业整体改制,即改变企业的组织形式,但不改变其原投资主体,例如从非公司制企业改制为有限责任公司或股份有限公司,将有限责任公司变更为股份有限公司等。在企业整体改制过程中,若原房屋或地上建筑物及其附着物的所属变更为改制后的企业,则暂不征收土地增值税。

(2) 企业若发生新设合并,即合并后原企业投资主体仍然存续(出资比例可以改变,但出资人不变),其间房地产从原企业转移、变更到新设企业的,暂不征收土地增值税。

(3) 企业若发生分立,其间房地产从分立前的企业转移、变更到分立后的企业的,暂不征收土地增值税。

(4) 在企业改制重组时,单位或个人以房地产出资入股的,该转移和变更行为暂不征收土地增值税。但以上与改制重组有关的土地增值税优惠政策在改制重组双方都是房地产企业时是不适用的。

三、土地增值税的税收筹划

土地增值税一般发生在房地产开发企业身上,土地增值税的税率和税基大,因此税额往往也较高,对企业的利润有着很大的影响。通过合理开展土地增值税税收筹划,房地产开发企业可以在一定程度上降低税负,这是房地产开发企业一项重要且必需的工作。土地增值税税收筹划乍一听很复杂,但只要将其拆分为收入的筹划、扣除项目的筹划、税收优惠的筹划,分步进行,就可以化繁为简。需要注意的是,无论是土地增值税的税收筹划,还是其他税种的税收筹划,都并非从缴税环节开始,而是在业务开展初期就进行的,因此,这需要相关的执业人员具有系统的专业知识、从业经验和全局思维。

由于土地增值税对房地产开发企业的经营业绩有着显著的影响,因此国家可以将土地增值税作为调控宏观经济的重要抓手,征收土地增值税是国家调控房地产开发交易行为的有力手段,可以约束不良的炒房行为,同时为社会经济发展积累资金。房地产开发企业必须履行自己的纳税义务,绝对不能逃避纳税责任,但可以在政策和法律允许的范围内进行合理节税。需要注意的是,不能简单地将节税理解为偷税、漏税,节税意味着根据现有的政策法规提前作出税收筹划方案,在事前、事中、事后都做到守法合法。

我国的土地增值税实行四级超率累进税率,这意味着在房地产转让过程中,增值额和税额是直接挂钩的。房地产行业向来竞争激烈,房企在建设、销售、融资、运营方面面临着较大的压力。因此,合理利用税收政策进行税收筹划,有利于房地产开发企业拥有健康的现金流,并在此基础上提高企业经营能力和盈利能力,增强核心竞争力。

第二节　利用分散收入进行税收筹划

简单来说,土地增值额是由收入减去成本得来的。成本固定,收入越低,土地增值额就越小,故而增值率也就越低,需要缴纳的土地增值税自然而然就越少。据此,可以将合理分散收入作为节税的关键点。本节介绍两个分散收入的思路。

一、成立装饰公司,分散经营收入

人类生活水平的提高可以在对住房的要求上得到很大体现,尤其是在对住房装修的要求上。精装房和毛坯房的成本有明显差异,适用的增值率自然也不同,精装房更容易将增值率控制在20%以内,这给税收筹划带来了操作空间。

房地产开发企业在与购房者签订合同时,可以稍加变通,将经营收入作分散处理,如单独成立装修公司,并由其提供装修服务。房地产开发企业负责销售毛坯房,装修公司负责向业主提供装修服务。提供装修服务获得的收入属于劳务收入,不属于土地增值税的征收范围,不用缴纳土地增值税。这一做法既减少了税基,又降低了税率,可以有效降低土地增值税税负。

我们可以用一个简单的数学模型来解释这个问题。

假设某房地产开发企业既可销售毛坯房,又可销售精装房。两类房屋的区别在于销售价格和成本不一样:毛坯房的销售价格为 X 元,可扣除成本为 Y 元,装修服务的价格为 Z 元,企业所得税税率为 T。

企业对外销售房屋时有如下两种方案。

方案一:直接出售毛坯房。此时增值率为 $(X-Y)/Y$。

方案二:将毛坯房装修后出售精装房。此时房屋的销售价格是 $X+Z$。根据规定,从事房地产开发的纳税人对于土地成本和开发成本可加计20%扣除,因此其可扣除成本为 $Y+1.2Z$。此时增值率为 $(X-Y-0.2Z)/(Y+1.2Z)$。

将两个方案的增值率作比较,可以发现方案一的增值率一定大于方案二的增值率。

【案例8-1】

L房地产开发企业开发了一个住宅项目。经计算,销售毛坯房可获得收入8210万元,加计扣除20%后的成本为5230万元。税务顾问在评估后认为应出售精装房,预计装修成本为1380万元,然后平价出售,可获得销售收入9590万元。

如果选择出售毛坯房,则:

增值率=(8210−5230)/5230=56.98%。

应交土地增值税=(8210−5230)×40%−5230×5%=930.5(万元)。

如果选择出售装修房,则:

增值率=(8210+1380−5230−1380×1.2)/(5230+1380×1.2)=39.27%。

应交土地增值税=(8210+1380−5230−1380×1.2)×30%=811.2(万元)。

通过比较,选择出售精装房相较于出售毛坯房,可以少交土地增值税 119.3 万元(=930.5万元-811.2万元)。因此,无论是从企业自身利益出发还是从履行社会责任出发,该房地产开发企业都应将房屋精装后再进行出售。

二、成立销售公司,降低增值率

房地产公司通过建立自己的销售公司,可以加强对自身营销业务的监管和治理。销售公司由于不属于房地产开发企业,不能享受加计扣除和免征土地增值税的优惠政策,但房地产开发企业可以先以较低的价格将房屋出售给销售公司,然后再由销售公司以更高的价格转手售出。这样便可以将较高的增值额拆分,拆分后增值率自然会降低,进而可以起到少缴纳土地增值税的作用。

【案例 8-2】

2020 年,房地产开发行业的 T 企业开发了一套住宅小区。该企业取得住宅小区的土地价格为 600 万元,建筑开发成本为不含税价 1260 万元(取得增值税专用发票,适用税率为 13%),总开发面积为 7885 平方米。可以扣除的房地产开发费用为土地成本和开发成本之和的 10%,普通标准住宅的销售价格为 4185 元/米^2,则 T 企业将住宅全部售出后可取得收入约 3300 万元(含税收入,适用税率为 9%)。(城建税和教育费附加税率分别为 7% 和 3%,契税税率为 3%)

T 企业聘请的税务顾问提出可以成立销售公司,以 3652.5 元/米^2 的价格将住宅销售给新成立的销售公司,则可获得销售收入约 2880 万元,销售公司再以 3300 万元对外销售。请问该方案是否可行?

【解析】

(1) 原方案。

T 企业负担的相关税费计算如下:

应缴纳增值税=(3300-600)/(1+9%)×9%-1260×13%=59.14(万元)。

不含税收入=3300-(3300-600)/(1+9%)×9%=3077.06(万元)。

城建税、教育费附加=59.14×(7%+3%)=5.9(万元)。

扣除费用=(600+1260)×10%=186(万元)。

加计扣除可抵扣成本=(600+1260)×20%=372(万元)。

土地增值税合计扣除项目金额=600+1260+186+372+5.9=2423.9(万元)。

增值额=3077.06-2434.5=653.16(万元)。

增值率=653.16/2423.9×100%=26.95%。

应纳土地增值税=653.16×30%=195.95(万元)。

(2) 新方案。

T 企业负担的相关税费计算如下:

应缴纳增值税=(2880-600)/(1+9%)×9%-1260×13%=24.46(万元)。

不含税收入=2880-(2880-600)/(1+9%)×9%=2691.74(万元)。

城建税、教育费附加=24.46×(7%+3%)=2.45(万元)。

土地增值税合计扣除项目金额=600+1260+186+372+2.45=2420.45(万元)。

增值率=(2880-2420.45)/2420.45=18.99%。

由此，房地产公司出售给销售公司的房屋可免征收土地增值税。

销售公司负担的相关税费计算如下：

契税＝2880×3％＝86.4(万元)。

增值税＝(3300－2880)/(1＋9％)×9％＝34.68(万元)。

城建税教育费附加＝34.68×(3％＋7％)＝3.47(万元)。

土地增值税扣除项目金额＝2880/(1＋9％)＋86.4＋3.47＝2732.07(万元)。

增值额＝3300/(1＋9％)－2732.07＝295.45(万元)。

增值率＝295.45/2732.07×100％＝10.81％。

应缴土地增值税＝295.45×30％＝88.64(万元)。

根据上述数据分析，虽然过户环节需要多负担86.4万元契税，但是从整体来看可以减少土地增值税107.31万元(＝195.95万元－88.64万元)，合计减少税款金额20.91万元(＝107.31万元－86.4万元)。

第三节　适度加大建造成本进行税收筹划

税额的计算与会计核算的方式密切相关。土地增值税的计算基础是为获取土地使用权支付的金额和开发成本，对于房地产开发企业来说可以被称为建造成本。因此，土地增值税额会在很大程度上受到制造成本的会计核算方式的影响。

根据第一节中的公式，我们可将增值率的计算简化为：

增值率＝(销售收入总额－扣除项目金额)/扣除项目金额×100％

　　　＝[营业收入－(建造成本×1.3＋税金)]/(建造成本×1.3＋税金)×100％

观察上式可以发现，建造成本每增加或减少1个单位，公式中的分子就会减少1.3个单位，分母则相应增加1.3个单位，此时增值率的值会下降，即增值率会因为建造成本的增加而降低。也就是说，我们可以通过增加建造成本使增值率显著减小。因此，房地产开发企业可以在市场可接受的范围内，增加公共设施投资，例如提高小区的绿化水平和整体装修水平，这不仅可以增强房屋对买家的吸引力，还可以通过增加建筑成本来降低增值率，从而减少缴纳土地增值税。

【案例8-3】

2021年，FZ房地产开发公司购入一块土地，共花费2288万元。截至2022年3月，该土地仍未得到开发，FZ公司打算转让该土地的使用权，估计价值为5288万元。由于该土地一直未进行实质性开发，计算土地增值税时扣除项目不得加计扣除。城建税和教育费附加合计税率为10％(即7％＋3％)。该公司聘请的税务顾问建议对土地先开发再转让，这样就可以享受30％的加计扣除优惠。总体的筹划方案如下：对土地进行前期开发，如拆除旧房、清运残土等，之后再对土地进行转让。预计需要的开发费用为1330万元，开发后的评估价为6330万元。(题中收入均为不含税价，增值税税率为9％)

如果不对土地进行开发直接转让土地使用权，则：

增值税＝(5288－2288)×9％＝270(万元)。
城建税和教育费附加合计＝270×10％＝27(万元)。
扣除项目金额＝2288＋27＝2315(万元)。
增值额＝5288－2315＝2973(万元)。
增值率＝2973/2315×100％＝128.42％。
计算土地增值税时适用税率为50％,速算扣除系数为15％,从而有：
应交土地增值税＝2973×50％－2315×15％＝1139.25(万元)。
如果先对土地进行简单开发再转让土地使用权,则：
增值税为(6330－2288－1330)×9％＝244.08(万元)。
扣除项目金额＝(2288＋1330)×1.3＋244.08×10％＝4727.81(万元)。
增值额＝6330－4727.81＝1602.19(万元)。
增值率＝1602.19/4727.81×100％＝33.89％。
计算土地增值税时适用税率30％,则：
应交土地增值税＝1602.19×30％＝480.66(万元)。

经过比较,在转让土地使用权前先对土地进行简单开发可少缴纳土地增值税658.59万元(＝1139.25万元－480.66万元)。因此,企业应加大开发成本方面的投入,这样就可以充分利用加计扣除优惠,有效降低土地增值税。

【案例8-4】

2020年,T房地产开发公司开发某小区。开发过程中,T公司支付了土地出让金1468万元,开发成本3246万元(含借款利息214万元,不能提供贷款证明)。小区开发完成后,可售面积2.88万平方米。现讨论销售策略,如果销售毛坯房,则售价为3333.33元/米^2,全部售出后可取得销售收入约9600万元(增值税税率为9％),城建税和教育费附加合计税率为10％。据此计算T公司应交土地增值税,并考虑T公司可以怎样开展税收筹划。(开发成本增值税税率13％,题中价格均为不含税价)

【解析】

方案一：直接销售毛坯房。
此时该公司应交土地增值税计算如下：
应缴增值税＝(9600－1468)×9％－(3246－214)×13％＝337.72(万元)。
城建税和教育费附加＝337.72×10％＝33.77(万元)。
不含息建造成本＝1468＋3246－214＝4500(万元)。
扣除项目金额＝4500×1.3＋33.77＝5883.77(万元)。
增值额＝9600－5883.77＝3716.23(万元)。
增值率＝3716.23/5883.77×100％＝63.16％。
计算土地增值税时适用税率40％,速算扣除系数为5％,则：
应交土地增值税＝3716.23×40％－5883.77×5％＝1192.30(万元)。

方案二：将毛坯房改为精装房再进行销售。
预计装修费用1245万元,依据税法允许税前扣除。装修完成后,预计售价为3854.17元/米^2,房屋全部售出后可取得销售收入11100万元,无其他变动因素,则该公司应交土地增值税计算如下。

应交增值税＝(11100－1468)×9％－(3246－214＋1245)×13％＝310.87(万元)。
城建税和教育费附加＝310.87×10％＝31.09(万元)。
不含息建造成本＝1468＋3246－214＋1245＝5745(万元)。
扣除项目金额＝5745×1.3＋31.09＝7499.59(万元)。
增值额＝11100－7499.59＝3600.41(万元)。
增值率＝3600.41/7499.59＝48％。
计算土地增值税时适用税率30％,速算扣除系数为0,则:
应交土地增值税＝3600.41×30％＝1080.12(万元)。
方案二与方案一相比,应交土地增值税减少了112.18万元(＝1192.30万元－1080.12万元)。

由上述案例可知,房地产开发企业可考虑适度增加建筑成本,以减轻土地增值税税负。对于普通标准住房,增加建筑成本可以降低土地增值税的增值率,实现少交甚至免交土地增值税的目的;对于非普通标准住房,增加建筑成本也可以减少增值额,降低增值率,从而适用较低的土地增值税税率。

第四节 利用费用转移进行税收筹划

在房地产开发过程中会发生一些间接费用,如项目员工的工资薪金、设备的折旧摊销和修理费、办公支出和劳保费等。这些费用虽然不属于房地产开发的直接费用,但与房地产开发有密切的联系。根据现有的企业会计准则,上述间接费用与期间费用之间并没有严格的界限,尤其是在实际业务中,很难区分房地产开发项目间接费用和总公司的管理、后勤、支持等工作支出。因此,企业在合规合法的前提下,可以根据自身情况选择将这些费用记入期间费用或间接费用。

房地产开发期间费用并非简单地按照实际发生金额在税前扣除,而是以房地产项目的直接成本为基础按照一定的百分比进行税前扣除,适用哪一百分比取决于纳税人能否按转让房地产项目分摊利息支出并能提供金融机构贷款证明。因此,纳税人可以考虑将总公司发生的期间费用转移到房地产项目的开发成本中,以此增加土地增值税扣除项目金额,从而降低增值率,达到税收筹划的目的。例如,可以由同一人同时担任开发项目的负责人和公司的副总经理,或同时担任开发项目的技术负责人和公司的总工程师,或同时担任项目的会计核算人员和公司财务主管。同时,根据房地产开发费用的扣除标准,对于不能提供金融机关贷款证明的,房地产开发费用可以按照土地使用权的支付对价和开发成本之和的10％在税前扣除,这为税收筹划提供了更大的空间。

公司总部员工的工资、福利费、办公费、差旅费、业务代表费等均计入期间费用。由于它们的实际发生不能增加土地增值税的扣除项目金额,因此,人事部门可以在不违反公司规定和相关法律法规的前提下,通过组织总公司的部分员工让其在具体房地产项目上兼职,使公司的组织架构适当向开发项目倾斜,这样总公司的管理成本就可以向项目成本上转移,使本应计入期间费用的成本转移至开发成本中,从而减少应交土地增值税。

换句话说,通过使用费用转移法,房地产开发公司可以在不增加成本的情况下增加土地增值税扣除项目金额,从而实现节税。

【案例 8-5】

沿用案例 8-4 的 T 房地产开发公司的案例(采用方案二)。现在,T 房地产开发公司需要开发一个新项目,开发此项目需要两年时间,T 房地产开发公司目前总计有 27 位管理人员,每年发生管理费用约 330 万元。经董事会决议,将 18 名公司管理人员的编制转移到开发项目上,负责具体的项目工作。经过调整,该公司每年减少管理费用 220 万元,同时增加项目开发间接费用 220 万元。请据此分析董事会这一决议对企业应交土地增值税的影响。

【解析】

调整部分公司管理人员的编制后,房地产开发费用的扣除限额仍为 10%。

不含息建造成本 = 1468 + 3246 − 214 + 1245 + 220 = 5965(万元)。

扣除项目金额 = 5965 × 1.3 + 31.09 = 7785.59(万元)。

增值额 = 11100 − 7785.59 = 3314.41(万元)。

增值率 = 3314.41/7785.59 = 42.57%。

计算土地增值税时适用税率 30%,速算扣除系数为 0,则:

应交土地增值税 = 3314.41 × 30% − 0 = 994.32(万元)。

经过计算可知,调整部分公司管理人员的编制后,公司可减少土地增值税 85.8 万元(= 1080.12 万元 − 994.32 万元)。

第五节 利用利息支出进行税收筹划

房地产行业具有高负债、资本密集的特点。高负债体现在项目开发过程中,常会发生大量借款,因此会发生大额利息支出。利息支出对土地增值税的核算也有很大影响。

根据企业会计准则的相关规定,房地产项目完工之前的借款费用,应计入房地产开发成本,开发成本是开发费用的扣除基数和加计扣除基数之和,可见完工前的借款费用可以加大扣除项目金额,进而帮助企业降低增值额,减轻土地增值税税负。

利息支出的扣除方式,可以按照公司的具体业务情况和负债规模来确定。例如,公司的利息支出占比较高,并能按照项目分摊,且能提供金融机构的贷款证明,则可以考虑据实扣除;如果利息支出占比较低,则可以考虑按照 10% 的比例计算扣除,这样可以最大化地利用利息支出的扣除限额。

【案例 8-6】

Q 房地产开发公司目前正进行某项目的开发,已花费 4000 万元土地价款和 3000 万元的开发成本。现分两种情形讨论。

情形一:采用据实扣除方法。

房地产开发费用 = (4000 + 3000) × 5% + 利息支出 = 350(万元) + 利息支出。

情形二：采用比例计算扣除方法。

房地产开发费用＝(4000＋3000)×10％＝700(万元)。

综上，如果 Q 房地产开发企业预计的利息支出大于 350 万元，则应采用第一种扣除办法，并需要力争满足适用该扣除政策的条件；反之，应该采用第二种计算扣除的办法。

【案例 8-7】

房地产开发行业的 D 公司位于 A 市，现对旗下开发的住宅小区进行销售，总销售面积为 4.32 万平方米，售价为 5925.92 元/米²，房屋全部销售后可取得销售收入约 25600 万元。前期，D 公司支付了 4777 万元的土地出让金，并发生了 8223 万元的开发成本，其中银行借款利息支出 1000 万元。除此之外的其他开发费用，该公司能够提供银行的贷款证明。综上，D 公司应该如何进行土地增值税税收筹划？(开发成本增值税税率 13％，题中均为不含税价，城建税和教育费附加税率为 7％和 3％)

【解析】

开发成本＝4777＋8223＝13000(万元)。

不含利息的开发成本＝12000(万元)。

银行借款费用/不含利息开发成本＝1000/12000＝8.33％＞5％。

(1) 比例扣除法。

应缴增值税＝(25600－4777)×9％－8223×13％－1000×6％＝745.08(万元)。

城建税和教育费附加＝745.08×10％＝74.51(万元)。

扣除项目金额＝12000×1.3＋74.51＝15674.51(万元)。

增值额＝25600－15674.51＝9925.49(万元)。

增值率＝9925.49/15674.51×100％＝63.32％。

计算土地增值税时适用税率 40％，速算扣除系数为 5％，则：

应交土地增值税＝9925.49×40％－15674.51×5％＝3970.2－783.73＝3186.47(万元)。

(2) 据实扣除法。

扣除项目金额＝12000×(1＋20％＋5％)＋1000＋74.51
　　　　　　＝15000＋1000＋74.51＝16074.51(万元)。

增值额＝25600－16074.51＝9525.49(万元)。

增值率＝9525.49/16074.51×100％＝59.26％。

计算土地增值税时适用税率 40％，速算扣除系数为 5％，则：

应交土地增值税＝9525.49×40％－16074.51×5％＝3810.2－803.73＝3006.47(万元)。

根据以上计算可以得出，此时采用据实扣除法比采用比例扣除法计算的应交土地增值税少，所以该公司应采用据实扣除法。

第六节　利用征免税规定进行税收筹划

在对土地增值税开展税收筹划之前，应对土地增值税的征税范围有准确的理解。判断是否属于土地增值税征收范围的关键,是看其是否涉及土地使用权和地上建筑物及其附着物等物权的转移。只有发生了权利的转移,才需要缴纳土地增值税。房地产开发企业应根据这一总体原则进行合理的税收筹划。

一、利用合作建房的形式

根据规定,纳税人采取合作建房的形式,即一方出土地,一方出资金,建成后按事先约定的比例分房自用的,暂免征收土地增值税,待房屋转让时,再征收土地增值税。举个例子,假如有一家房地产开发公司购买一块土地来建造房屋,那么它可以使用买方的预付款项来进行房屋的建造。从形式上来看,这属于一方提供土地,另一方提供资本。在开发商出售房屋之前,双方都无须缴纳土地增值税。

房屋建成后分房自用是免税的,土地增值税的缴纳只发生在房屋转让环节。例如,一家房地产开发公司想要建造办公楼,打算与另一家公司合作共建,该公司出土地,另一家公司出资,建成后按事先合同约定的比例分配该房产。在这种情况下,建成后自用的办公场所没有发生房地产所有权的转让,因此无须缴纳土地增值税。这种方式降低了房产的成本,提高了自身的市场竞争力。当未来再对房产进行处置时,公司只须就处置的部分房产支付土地增值税。

二、利用代建房的形式

房地产开发企业以客户的名义进行房地产开发,待开发完成后再向客户收取相关款项,这属于代建房行为。根据相关规定,代建房不征收土地增值税。因为对于开发公司来说,该收入属于劳务收入,并不是产权转移收入,所以不属于土地增值税的征收范围。根据这种政策,可以由房地产开发公司以客户名义购买土地使用权和购置各种材料和设备,也可以由客户自行协商购买。为了使该筹划过程更加顺利,房地产开发公司可以根据自身和市场情况,在提供代建服务取得的收入方面适当让利客户,以赢得与客户的合作。在房地产开发之初,房地产开发商可以利用这种形式来确定客户,进行定向开发,以减少税收负担,避免在开发后的销售中缴纳土地增值税。

【案例 8-8】

2021 年 6 月,Z 服装销售公司拟将土地使用权转让给 W 房地产开发公司,土地使用权转让后由 W 房地产开发公司负责开发。该土地使用权的评估价格为 8000 万元,是 Z 公司于 2014 年拍卖取得,当时 Z 公司支付了土地出让金 3000 万元。已知适用的增值税税率为 9%,城市维护建设税税率为 7%,教育费附加率为 3%。请问上述企业可以怎样开展税收筹划降低土地增值税税负?(上述价格均为不含税价)

【解析】

(1) 转让方案:Z 服装销售公司将土地使用权转让给 W 房地产开发公司。

根据相关规定,Z 公司应交土地增值税计算如下:

扣除项目金额 = 3000 + (8000 − 3000) × 9% × (7% + 3%) = 3045(万元)。

增值额 = 8000 − 3045 = 4955(万元)。

增值率 = 4955/3045 = 162.73%。

计算土地增值税适用的税率为 50%,速算扣除系数为 15%,则:

应交土地增值税＝4955×50％－3045×15％＝2020.75(万元)。

(2) 筹划方案：改为合作建房，建成分得房产后，再将房产进行转让。

Z公司出土地，W公司出资8467万元建相同的两栋写字楼，建成后两公司各分得一栋，假设Z公司分得的写字楼的评估价值为5500万元。Z公司以地换房，涉及土地使用权的转让，纳税情况如下：

应交增值税＝(5500－3000)×9％＝225(万元)。

城建税和教育费附加＝225×10％＝22.5(万元)。

转让土地使用权所得价值＝5500－1500－22.5＝3977.5(万元)。

Z公司分得楼房后再转让，楼房原价为5500万元加上土地使用权1500万元，总成本7000万元。假设Z公司以8000万元转让分得的写字楼，应交土地增值税计算如下：

应缴增值税＝(8000－5500)×9％＝225(万元)。

城建税和教育费附加＝225×10％＝22.5(万元)。

扣除项目金额＝5500＋1500＋22.5＝7022.5(万元)。

增值额＝8000－7022.5＝977.5(万元)。

增值率＝977.5/7022.5×100％＝13.92％。

计算土地增值税时适用税率为30％，速算扣除系数为0，则：

应纳土地增值税＝977.5×30％＝293.25(万元)。

相比(1)的转让方案减少土地增值税1727.5万元(＝2020.75万元－293.25万元)。

第七节　利用"起征点"优惠进行税收筹划

根据相关规定，纳税人销售的住宅，有普通标准住宅和非普通住宅两种，这两种情况所对应的优惠政策存在一定差异。纳税人销售普通标准住宅的，如果增值率不超过20％，则免征收土地增值税，若增值率大于20％，则要对全部增值额征税。对于纳税人出售非普通住宅的情形，税法的免税政策则严格一些，只有满足增值率小于0的条件时，销售非普通住宅才能享受免税。但需要注意的是，如果纳税人建造普通标准住宅和开发其他房地产，必须单独登记增值额，如果增值部分没有单独登记或不能准确记录，纳税人建造的普通标准住宅将不能享受这一免税待遇。

根据这一规定可以知道，企业是否有资格享受免税的关键在于土地增值率的计算，而这取决于两个因素，即转让房地产获得的收入和可以税前扣除的金额。因此，如果企业能够合理地确定房地产的转让价格，充分利用扣除项目，将增值率控制在20％以下，就有可能获得免税资格。企业可以借助这个原则，通过对临界值交界处的转让收入与扣除项目金额的筹划，使增值率降至20％以下，从而达到免税目的。

土地增值率的计算公式为

土地增值率＝增值额/扣除项目×100％＝20％

为了找到合适的定价，我们需要找出最佳免税临界值。

一、普通标准住宅项目

假设销售收入为 X(不含税),不含息建造成本为 Y。

按照建造成本 10% 计算的房地产开发费用为 $0.1Y$;财政部规定的 20% 加计扣除额为 $0.2Y$;允许扣除的城建税、教育费附加税率分别为 7% 和 3%。(按照 5% 的营业税税率测算)

那么,允许扣除的项目金额为

$$5\% \times X \times (1+7\%+3\%) = 0.005X + 0.05X$$

当增值率为 20% 时,

$$[X-(1.3Y+0.005X+0.05X)]/(1.3Y+0.005X+0.05X) = 20\%$$

求得 $X=1.67024Y$,即增值率为 20% 时,销售收入是建造成本的 1.67024 倍。当销售收入小于建造成本的 1.67024 倍时,增值率小于 20%,根据税法规定,普通标准住宅免交土地增值税。故可以把 1.67024 称为"免税临界值定价系数"。

增值额小于等于扣除项目金额 50% 的部分,税率为 30%,因此当提价所带来的收益大于增值额的 30% 时,就能获利。参考以上计算,可以得到的高收益最低定价系数为 1.82014。

二、非普通标准住宅

房地产企业出售非普通标准住宅,只有满足增值率不大于零的条件时,才可以免交土地增值税。根据这个原则,当增值率为零时,销售收入 X(不含税)与建造成本 Y(不含息)的关系如下:

$$[X-(1.3Y+0.055X)]/(1.3Y+0.055X) = 0$$

可求得 $X=1.37566Y$。可见,当销售收入小于等于建造成本的 1.37566 倍时,可以免交土地增值税。

【案例 8-9】

2024 年初,位于某市的 H 房地产开发公司出售住宅楼一栋。该住宅楼的面积为 12000 平方米,单价为 2000 元/米²。住宅楼全部销售完毕总销售额为 2400 万元(增值税税率为 9%)。H 公司前期支出了 324 万元的土地出让金和 1200 万元的开发成本,其中包含 100 万元的利息支出,但无法提供金融机构的借款费用证明。城市建设税税率为 7%,教育费附加税率为 3%,当地政府允许房地产开发费用的扣除限额比例为 10%。请计算该项目的利润。(开发成本增值税税率为 13%,营业税税率为 5%,所有价格均不含税)

【解析】

(1) 以单价 2000 元/米² 销售住宅楼取得收入总额 2400 万元时,扣除项目金额(不含利息支出 100 万元)如下所示。

①取得土地使用权金额:324 万元。

②房地产开发成本:1100 万元(1200 万元－100 万元)。

③房地产开发费用:(324+1100)×10%=142.4(万元)。

④加计 20% 的扣除项目金额:(324+1100)×20%=284.8(万元)。

⑤增值税和附加:

增值税=(2400-324)×9%-(1200-100)×13%=43.84(万元)。

城建税和教育费附加＝43.84×10％＝4.38(万元)。
扣除项目金额合计：324＋1100＋142.4＋284.8＋4.38＝1855.58(万元)。
增值额＝2400－1855.58＝544.42(万元)。
增值率＝544.42/1855.58×100％＝29.34％。
适用土地增值税税率为30％,速算扣除系数为0。
应交土地增值税＝544.42×30％－0＝163.33(万元)。
利润＝收入－成本－费用－利息－税金及附加
　　＝2400－324－1100－100－4.38－163.33＝708.29(万元)。

(2) 根据免税临界值公式计算。

该项目建造总成本＝取得土地使用权金额＋房地产开发成本
　　　　　　　　＝324＋1100＝1424(万元)。

单位建造成本＝建造总成本/总建筑面积＝1186.67(元/米^2)。
免税临界值定价＝1186.67×1.67024＝1982.02(元/米^2)。
高收益最低定价＝1186.67×1.82014＝2159.91(元/米^2)。

①定价为1982元/米^{2}时(取值低于1982.02)。
销售收入＝单位价格×总面积＝1982×12000＝2378.4(万元)。
扣除项目金额＝1424×1.3＋2378.4×5％×1.1＝1982.01(万元)。
增值额＝2378.4－1982.01＝396.39(万元)。
增值率＝396.39/1982.01×100％＜20％。
由于增值率小于20％,可以免交土地增值税。
税金及附加＝2378.4×5％×1.1＝130.81(万元)。
利润＝收入－成本－费用－利息－税金及附加
　　＝2378.4－324－1100－100－130.81＝723.59(万元)。

②定价为2159.8元/米^{2}时(取值低于2159.91)。
销售收入＝2159.8×12000＝2591.76(万元)。
扣除项目金额＝1424×1.3＋2591.76×5％×1.1＝1993.75(万元)。
增值额＝2591.76－1993.75＝598.01(万元)。
增值率＝598.01/1993.75＜30％。
应交土地增值税＝598.01×30％＝179.4(万元)。
税金及附加＝2591.76×5％×1.1＝142.55(万元)。
利润＝收入－成本－费用－利息－税金及附加
　　＝2591.76－324－1100－100－142.55－179.40＝745.81(万元)。

比较结果如表8.4所示。符合我们推导的规律。

表8.4　不同定价对利润的影响

定价(元/米^2)	1982	2000	2159.8
土地增值税(万元)	0	163.33	179.40
利润(万元)	723.59	708.29	745.81

【案例 8-10】

A 房地产开发企业销售商品房,销售额为 5000 万元,其中 3000 万元为普通标准住宅房地产的销售额,2000 万元为豪华住宅房地产的销售额。扣除项目金额为 3200 万元,其中普通住宅房地产扣除项目金额为 2200 万元,豪华住宅房地产扣除项目金额为 1000 万元。企业应交土地增值税计算如下。(营业税税率为 5%,城建税税率为 7%,教育费附加税率为 3%)

(1) 销售普通标准住宅。

税金及附加 $=3000\times5\%\times(7\%+3\%)=15$(万元)。

扣除项目金额 $=2200+15=2215$(万元)。

增值额 $=3000-2215=785$(万元)。

增值率 $=785/2215\times100\%=35.44\%$。

适用土地增值税税率为 30%,则应缴纳的土地增值税为 235.5 万元($=785$ 万元 $\times30\%$)。

(2) 销售豪华住宅。

税金及附加 $=2000\times5\%\times(7\%+3\%)=10$(万元)。

扣除项目金额 $=1000+10=1010$(万元)。

增值额 $=2000-1010=990$(万元)。

增值率 $=990/1010\times100\%=98.02\%$。

根据税率表可计算应交土地增值税为:

$990\times40\%-1010\times5\%=345.5$(万元)。

土地增值税合计 $=235.5+345.5=581$(万元)。

如果可以将普通标准住宅的增值率控制在 20% 以内,那么这一部分就可以享受免交土地增值税优惠政策。筹划方法有增加扣除项目金额和降低销售价格两种。

① 增加扣除项目金额。

假设本例中普通标准住宅的扣除项目金额为 X,其他条件不变,那么:

扣除项目金额合计 $=X+15$。

增值额 $=3000-(X+15)=2985-X$。

增值率 $=(2985-X)/(X+15)\times100\%=20\%$。

可求得 $X=2485$ 万元。当扣除项目金额不小于 2485 万元时,普通标准住宅可以免交土地增值税,仅销售豪华住宅的部分须缴纳 345.5 万元土地增值税。A 公司可以通过增加房地产开发成本、房地产开发费用等方法增加扣除项目金额。

② 降低销售价格。

降低销售价格,也会降低增值率,但销售收入也会随之减少,进而企业的利润会受到影响,因此采用此方法时应进行综合考虑。现假设普通标准住宅的销售价格为 Y,其他条件不变,则:

税金及附加 $=Y\times5\%\times(7\%+3\%)=0.5\%Y$。

扣除项目金额 $=2200+0.5\%Y$。

增值额 $=Y-(2200+0.5\%Y)=0.995Y-2200$。

增值率 $=(0.995Y-2200)/(2200+0.5\%Y)\times100\%=20\%$。

可求得 Y=2656 万元。也就是说,当销售价格为 2656 万元时,普通标准住宅可以免交土地增值税,仅销售豪华住宅部分须缴纳土地增值税 345.5 万元。此时,销售收入减少 344 万元,而土地增值税纳税仅减少 235.5 万元,这说明此时降低销售价格不合理。

第八节 利用公共配套设施进行税收筹划

企业在建造不动产时,经常会单独或利用地下人防设施等建造停车场所。根据相关规定,企业单独建造的停车场所,应作为成本对象单独核算。利用地下基础设施形成的停车场所,可以作为公共配套设施进行处理。

目前关于出售地下停车场产生的收入主要有三种计算方式:一种是对低下停车位的收入单独核算;一种是将收入分业主和非业主两种情况进行核算;最后一种是不出售而计入项目总成本核算。下面是一个具体的案例。

【案例 8-11】

K 房地产开发公司现打算出售已开发完成的房地产项目,同时一并出售项目中的地下停车位。地下停车位的建筑面积为 5000 平方米,共计 200 个地下停车位,市场售价为 50000 元/个,出售全部停车位可获得收入 1000 万元。该房地产项目的总建筑面积为 50000 平方米,出售地上房屋可获得收入 30000 万元,开发成本(含土地价款)为 3000 元/米^2,总成本共计 15000 万元,另外地下车位的开发成本为 1500 万元。请问 K 公司应如何进行税收筹划?(城市建设税税率为 7%,教育费附加税率为 3%,营业税税率为 5%)

【解析】

方案一:出售的地下停车位和地上房屋分别核算收入和成本,分别计算增值率和土地增值税。

出售地下停车位的收入=1000(万元)。

出售地下停车位扣除项目金额=1500(万元)。

增值额=1000-1500=-500(万元)。

出售地下停车位的部分无须缴纳土地增值税。

出售地上房屋的总收入=30000(万元)。

出售地上房屋扣除项目金额=15000×(1+10%+20%)+30000×5%×(3%+7%)=19650(万元)。

增值额=30000-19650=10350(万元)。

增值率=10350/19650=52.67%。

根据税率表,应交土地增值税:10350×40%-19650×5%=3157.5(万元)。

方案二:将出售的地下车位分为两部分分别核算。出售给业主所获得的收入计入转让不动产所得收入,该部分成本按销售面积进行计算。出售给非业主所获得的收入视为只转让了停车位使用权,但是未转让所有权,所以仍然可以作为企业的固定资产进行核算,该部分收入作为租赁收入缴纳增值税。

假设出售车位所获收入中有 600 万元是来自小区业主的,该部分车位的建筑面积为 3000 平方米,则:

分摊成本＝1500/5000×3000＝900(万元)。

出售不动产总收入＝30000＋600＝30600(万元)。

扣除项目金额＝(15000＋900)×(1＋10％＋20％)＋30600×5‰×(3％＋7％)＝20823(万元)。

增值额＝30600－20823＝9777(万元)。

增值率＝9777/20823＝46.95％。

根据税率表,可计算应交土地增值税:9777×30％＝2933.1(万元)。

方案三:地下停车位不进行出售,而是将其作为住宅区的公共配套设施,先无偿划拨给业主委员会,再由物业公司代管,物业公司收取租金并缴纳增值税。这样一来,停车位的成本就能全部计入项目的总成本当中。

总收入＝30000(万元)。

扣除项目金额＝(15000＋1500)×(1＋10％＋20％)＋30000×5‰×(3％＋7％)＝21600(万元)。

增值额＝30000－21600＝8400(万元)。

增值率＝8400/21600＝38.89％。

根据税率表,可计算应交土地增值税:8400×30％＝2520(万元)。

综上所述,如果企业保留对地下车位的所有权,那么企业可以采用方案三降低土地增值税;如企业不保留对地下车位的所有权,那么企业可以采用方案二降低土地增值税。具体选择哪一种方案,需要企业根据自身的实际情况进行选择。

某房地产开发公司建成一栋楼房,拟将该楼房的一、二层销售给商贸公司作为商场营业用房。双方初步商定的交易价格为 1800 万元,按税法规定计算的扣除项目金额为 1300 万元。请计算该房地产开发公司应交的土地增值税,并指出其可以从哪些方面进行税收筹划。

土地增值税可以采取哪些方法进行税收筹划?

引用作品的版权声明

为了方便学校教师教授和学生学习优秀案例，促进知识传播，本书选用了一些知名网站、公司企业和个人的原创案例作为配套数字资源。这些选用的作为数字资源的案例部分已经标注出处，部分根据网上或图书资料资源信息重新改写而成。基于对这些内容所有者权利的尊重，特在此声明：本案例资源中涉及的版权、著作权等权益，均属于原作品版权人、著作权人。在此，本书作者衷心感谢所有原始作品的相关版权权益人及所属公司对高等教育事业的大力支持！

与本书配套的二维码资源使用说明

　　本书部分课程及与纸质教材配套数字资源以二维码链接的形式呈现。利用手机微信扫码成功后提示微信登录，授权后进入注册页面，填写注册信息。按照提示输入手机号码，点击获取手机验证码，稍等片刻收到4位数的验证码短信，在提示位置输入验证码成功，再设置密码，选择相应专业，点击"立即注册"，注册成功。（若手机已经注册，则在"注册"页面底部选择"已有账号？立即注册"，进入"账号绑定"页面，直接输入手机号和密码登录。）接着提示输入学习码，需刮开教材封面防伪涂层，输入13位学习码（正版图书拥有的一次性使用学习码），输入正确后提示绑定成功，即可查看二维码数字资源。手机第一次登录查看资源成功以后，再次使用二维码资源时，只需在微信端扫码即可登录进入查看。